臺灣歷史與文化 研究輯刊

十三編

第 1 冊

《臺灣民報》的中國論述 1920～1927

徐國誠 著

花木蘭文化事業有限公司

國家圖書館出版品預行編目資料

《臺灣民報》的中國論述 1920 ～ 1927 ／徐國誠 著 — 初版 —
新北市：花木蘭文化事業有限公司，2018〔民 107〕
序 2+ 目 4+228 面；19×26 公分
（臺灣歷史與文化研究輯刊十三編；第 1 冊）
ISBN 978-986-485-293-2（精裝）
1. 中國研究 2. 新聞報導
733.08   107001571

ISBN- 978-986-485-293-2

9 789864 852932

臺灣歷史與文化研究輯刊
十三編 第 一 冊   ISBN：978-986-485-293-2

《臺灣民報》的中國論述 1920 ～1927

作   者　徐國誠
總 編 輯　杜潔祥
副總編輯　楊嘉樂
編   輯　許郁翎、王筑　美術編輯　陳逸婷
出   版　花木蘭文化事業有限公司
發 行 人　高小娟
聯絡地址　235 新北市中和區中安街七二號十三樓
　　　　　電話：02-2923-1455 ／傳眞：02-2923-1452
網   址　http://www.huamulan.tw 信箱 hml 810518@gmail.com
印   刷　普羅文化出版廣告事業
初   版　2018 年 3 月
全書字數　198756 字
定   價　十三編 24 冊（精裝）台幣 60,000 元

《臺灣民報》的中國論述 1920～1927

徐國誠 著

作者簡介

徐國誠，國立中正大學歷史系文學學士，中等學校歷史科教師，國立清華大學歷史研究所文學碩士。現任臺中市立后綜高級中學國中部歷史科專任教師。專攻日治時代的臺灣人民族意識與兩岸關係，以及共產主義在臺灣的早期發展，擅長以平面輿論媒體與時人文獻傳記進行文本分析與質化研究。碩士論文爲《臺灣民報的中國論述 1920～1927》，曾獲 103 年中山學術論文競賽社會組第二名。

提　　要

　　日治時代號稱「臺灣人之唯一言論機關」之《臺灣民報》系列報刊，刊行之初正值一戰甫結束，民族自決、自由主義與社會主義等思潮風行於世的時代，該刊代表差別待遇的殖民體制下，臺灣人的一種聲音。在此局勢下，夾雜負棄臺卻又血濃於水的情感的「中國」對臺灣人而言，是怎麼樣的存在？

　　本研究透過地氈式翻閱《臺灣民報》，找尋與中國高相關的文章進行摘要，之後以文本分析、史料比對，並參考、統整先行研究，整理分析該刊於 1920 年到 1927 年的中國論述，以試圖還原當時的中國對臺灣人的意義、價值與實際功能。

　　本文先從《臺灣民報》創刊號羅素評論中國民族性與中國未來的文章，比對《臺灣日日新報》相同議題文章，探究總督府官方與臺灣民間對「中國」此議題前提立場的差異，接著透過《臺灣民報》對 1920 年初期紛亂中國的報導與價值評論，找出當時臺灣知識分子的立場。

　　1925 年第二次直奉戰爭後，《臺灣民報》對南方孫文與國民黨政權的積極正向報導漸多。唯 1925 年孫文逝世以及共產國際漸趨積極，左右翼檯面下的對立漸次浮現，同時代的臺灣也正醞釀社會運動陣營左右翼對立分裂之局勢。兼容左右的《臺灣民報》出現的中國改造論筆戰，見證臺灣、中國左右翼各自在共產國際革命與民族資本主義大纛下，藕斷絲連地走向新時代。

自　序

　　五星霜轉瞬即逝，意氣風發的清大青年已成昔影，這些年發生的許多事，種種甘苦五味點滴在心頭，唯應無愧領一紙畢業證書乎？

　　面對雙親五年以來的鼓勵、督促與支持，兒謹以此論文與一世之尊親、弗辱奉獻報答。姊姊、弟弟等家人一路陪我走過種種，能有你們，是我莫大的福報，非常感謝！

　　邱馨慧老師在清大陪我最久。指導論文時，您的嚴謹讓我在研究上得到不少成長，更總是在我最低落沮喪時給我平靜、支持。您提醒著我研究歷史應進入一個時代，除去個人立場和現代人眼光，以達成真正的了解與同理，豐富了我研究的生命力與深度。您也勉勵我不只要「做完」，還要「做好」以無愧於己，重視自己的修煉，相信上天恩賜考驗背後的正面意義，論文完成讓我有自我實現的快意。

　　修習清大臺灣文學所的課，讓我與柳書琴老師結下師生良緣。謝謝您欣賞我對孩子們的真誠與熱心，「為了學生，無論如何學位一定要完成」一句提醒，重振了我寫論文的士氣。您總是在百忙之餘，仍仔細評閱當時仍不成熟、字句阻滯的論文，不惜時間與金錢，冷靜認真地指導我。兼顧行政事務、學術研究與指導學生的您，給予我的不只是論文上專業且深入精闢的建議，更身教力行告訴我什麼是一位好師長，是我心中一生的典範。

　　猶記得離開中正大學之前，三人把盞互約：「請最早完成當兵、研究所、就業『鐵人三項』者，其他兩人請吃大餐！」於是各奔前程。吳尚潔當兵、張翰中念書、徐國誠就業。縱使我是最後完成的人，十幾年的友誼卻歷久彌堅，此生抬棺者已然不乏，福豈非大？

　　清大歷史所的同學吳政龍期勉我要做個像樣的研究，這本論文有幸能得到兄青睞，弟於有榮焉；我奔走於臺中、新竹兩地時，幸賴林至軒很多幫忙，特此感謝。洪詩惠、李立帆、許文賢、邱逸凡、黃依婷、簡湛竹、林啓揚、陳孟杰…能與你們同窗共學，吾甚幸矣！

　　感謝后綜高中的同仁們，在這五年給予我各方面的支援、協助，讓我得以順利完成這份研究。還有我親愛學生們，期勉身爲臺灣青年的你，在今後的荆棘之路上，練就一身俠氣、骨氣與溫文。

　　最後特別感謝陳涵澐女士，微夫人之力不及此，盡在不言，長在我心。

目次

緒　論

第一節　研究動機

　　「第二次世界大戰，『臺灣』是贏了？還是輸了？」、「我是臺灣人，為什麼要學中國的歷史？」、「我爸是大陸來臺灣的軍人，我到底是中國人，還是臺灣人？」

　　筆者在國民中學任教歷史科，孩子們的幾個問題常引發我深思，無法給予標準答案，只能試著引導他們從不同的立場、層面思考。

　　「我是誰」豈非一生之大哉問？蘇格拉底畢生指導學生「認識你自己」，孔子年過五十方知天命，許多前人窮其一生追尋的生命課題，豈能在三言兩語之際向涉世未深的孩子們講明？

　　對 1990 後出生的年輕人來說，「中華民國」與「青天白日滿地紅旗」所涵中國意義，僅在過去，不在當下，現今的「中華民國」就是臺灣。一個法理上宣稱主權及於中國大陸、外蒙與臺灣，事實上卻只統治臺澎金馬的「中國」，對新生代臺灣人來說，極不切實際。中華民國的「臺灣」與中華人民共和國之「中國」為兩個各自獨立的法人團體，新生代學子的這種認知，顯然和筆者求學時期被要求「當個堂堂正正的中國人」已有顯著落差；兼之來自中華人民共和國的不友善對待：千島湖事件、1996 導彈危機、SARS 風暴、兩岸開放後所見的落差，乃至《反分裂法》制定、網路間不計其數的相互侮辱與漫罵等，一再加深臺灣人對中國的負面感情，亦更難認同兩地同屬一個國家。

　　曾幾何時，臺灣的「臺灣民族主義」與「中國民族主義」成為兩個互斥概念？筆者中學時代，這種矛盾、對立並未如此鮮明，當時的我相信：中華

民國是正統中國，臺灣與大陸都是中華民國的土地，也是中國的土地，所以同時認同自己是中國人與臺灣人，並無矛盾、困難。

那麼，我是誰？吳老《亞細亞孤兒》書名，竟在腦海中低迴不已。

清領時代，閩南人、客家人等漢人「唐山過臺灣」，橫越黑水溝到臺灣，成為我們的先祖，起點就是中國大陸。然而，二十世紀之百年間，兩岸同屬於一個政權的時間僅有四年（1945～1949），如同大陸歷史教師袁騰飛所言：「你對臺灣人說他是中國人，他信嗎？」〔註1〕筆者認為，從中國認同轉向臺灣認同，日本統治的五十星霜，必有深遠影響。

吳濁流先生於 1967 年，白色恐怖背景下，寫下一些饒富興味的文字：

> 在等待復等待中，國軍終於在十月十七日來臨了。全島六百萬的同胞都齋戒沐浴去迎接。台北市不管男女老幼，全部出來，整個都市沸騰般的熱鬧。在長官公署前面，日本的中學生、女學生、高等學校學生、民間團體、紳士，甚至大學教授都出來，立在大馬路兩側，乖乖的排列著。在這些行列前面，大鼓聲、鑼聲以及長長的行列浩浩蕩蕩地走過去。學生，各團體、三民主義青年團、獅子陣以及高舉著光復的旗幟在前頭，意氣揚揚地往松山的方向行進。范將軍、謝將軍、嗩吶、南管、北管、十多年來隱藏起來的中國色彩的東西接二連三地出籠了。至於那五十年間的皇民運動，只僅一天就被吹走了……。

>   *   *   *

> 在祖國參加抗日行列的本省人，和前進指揮所主任一塊兒回到臺灣來了。其中有一位是我上級的同學。我出席他的歡迎會，在會席上，聽到他這樣的演說：「且說中國是一個奇特的國家，和日本頗為不同。在日本，二乘二必定是一個答案：四。但在中國，二乘二會變成三，或五，甚至有時會變成六或八的時候也有。」

> 我聽到這些話無論如何也得不到了解，但很久的後來謎底解開了。原來這只不過是一種警告，就是說，如果不把過去的觀念改變，那就不適合中國社會的一種寓意罷了。〔註2〕

〔註1〕出於 Youbube 上的視頻：〈袁騰飛：臺灣人缺少中國意識〉，Xiangchen Qian 於 2012-02-15 上傳。2008 年之課堂 http://www.youtube.com/watch?v=-D2J_IAhvnA&feature=related

〔註2〕吳濁流《無花果》（台北：草根，1995），頁 145～146。

　　前揭兩段文字描寫的都是 1945 年國民政府接收臺灣的景況，前段描述的是為了迎接「祖國」官兵，臺北市萬民歡騰，簞食壺漿以迎王師的熱鬧景相，完全看不出來對中國有排斥的感覺；後段卻則傳神地暗示「半山」在大陸體驗到難以名狀的潛規則，以及隱約透露之不安。此段文字更透露一訊息：當時臺灣人面對中國，有一種不得不改變「過去的概念」。

　　這種「過去的概念」意涵為何？讓筆者陷入深深的好奇：是對當時中國的認識需要調整？還是臺灣人在日本時代建立的習慣已在新政權行不通？而臺灣人在日本時代對中國所謂「不適合中國社會的過去的概念」究竟是什麼？又是如何建立的？筆者認為，從標榜「臺灣人唯一之言論機關」的《臺灣民報》系統相關報導，必可一窺。〔註3〕

　　陳培豐於《同化的同床異夢》一書，提及行政長官公署於 1946 年 8 月 15 日發布為了「消毒」被「奴隸化」的臺灣人之命令：禁止平面媒體刊登日本語，完全改刊北京話。此命令招致了不滿，竟也是構成二二八事件的原因之一！黃呈聰於日治時期以「待機」的心情，忍著「我手寫他口」之不便，堅持懷抱「祖國（漢民族）意識」，但因為他的「中國白話文」仍是混合了中文、日文、閩南語而不純粹的「臺灣白話文」，乃至到了中國接收以後，「臺灣白話文」竟因為導入「祖國國語」而被扯裂。〔註4〕另外，本來只被當作吸收「現代化」之工具，而被廣泛使用，兼具「工具上的友性語言」與「敵性語言」雙重色彩的日本語，竟成為臺灣本島的共同經驗與記憶，被自動自發地講起來了，以反抗「祖國的再殖民」。〔註5〕

　　這些現象說明：日本時代，臺灣居民抗拒「同化於大和民族」；但進入民國時代後，也難以接受「祖國的再殖民」。對於這種現象，陳培豐提出解釋，認為對日本語的維護是基於對「近代文明」的認同，而祖國意識卻是基於反抗異民族差別待遇統治，為爭取平等，保家衛鄉或漢民族尊嚴使然。〔註6〕然

〔註 3〕文化部，《臺灣大百科》，蔡錦堂編「臺灣民報」條目，且一些頭版有這行字。
　　　　http://taiwanpedia.culture.tw/web/content?ID=3830&Keyword=%E8%87%BA%E
　　　　7%81%A3%E6%B0%91%E5%A0%B1
〔註 4〕陳培豐，《同化的同床異夢：日治時期臺灣的語言政策、近化化與認同》，（台
　　　　北：麥田，2006），頁 330～333、476。
〔註 5〕陳培豐，《同化的同床異夢：日治時期臺灣的語言政策、近化化與認同》，頁
　　　　477。
〔註 6〕陳培豐，《同化的同床異夢：日治時期臺灣的語言政策、近化化與認同》，頁
　　　　478。

而，有意思的是，日治時代臺灣居民對中國的認同，反而在真正被中國政府統治後不再強烈，甚且林獻堂等人選擇日本為其終焉之地。〔註7〕

從清朝時代臺灣居民對自己是「邊陲中國人民」的認同，到後來在臺灣住了數個世代，擁有「臺灣人」與「中國人」的雙重認同；儘管他們認定的「中國」可能是漢民族的明朝或中華，未必是滿洲族建立的大清帝國，但這時對中國的理解與想像已漸有落差。〔註8〕之後日本接手被割讓的臺灣，使臺灣與中國的歷史斷裂，轉而加入日本歷史的一部分，成為日本殖民史的開端。在異民族的統治下，臺灣將辛亥革命後中國，視為漢民族的再興，連帶對中國未來的充滿正面期待，並視為臺灣漢民族再興的可能與希望。這種期待是解讀國民政府接收臺灣初期，臺灣人民對中國由支持轉向徹底失望，甚至趨於厭惡的重要關鍵，也影響了的臺灣民族認同。

移民社會的臺灣，是否如同新大陸的盎格魯・撒克遜人一般，在這片大地上建構起一個新的國族？價值上安土重遷、強調族系與血統，重視關係甚於利益的儒家文化與漢文化，是否影響臺灣對於中國，產生與英美之間不同的關連糾葛？在臺灣進入異民族殖民統治體系底下時，認同拉扯掙扎，夾雜在血濃於水的溫情、文明開化的世界腳步以及現實的利害關係上，於文化人類學上對於種族認同「我者」與「他者」的框架上，呈現出怎麼樣的特色？

依陳培豐提出「同化於民族」與「同化於文明」，及這兩條路線在不同時期交織起落外，筆者想進一步假設：臺灣對中國的審視角度，有民族與文明需求與情感的糾結。於現代文明的角度上，中國在臺灣人眼中是落後的「他者」；在民族的角度上，中國則是臺灣漢族有所期待的「我者」。這種「民族的我者」與「文明的他者」看待中國的眼光，在《臺灣民報》上會有怎麼樣的呈現，且該如何解讀與如何變遷？這種血統上對中國的「我者」認同產生對其期待、溫情，與現實的反差，是否更加劇二二八事件前後的期望與現實落差而造成心理上更大的傷害？

從《亞細亞的孤兒》到《無花果》，吳濁流先生呈現出「認同」與「歸屬」在臺灣的錯綜複雜；近二十年來的年輕世代，對「臺灣人」的身分認同卻與日俱增，這種認同漸漸地與「中國人」的認同從相容轉為相斥。歷經荷蘭、

〔註7〕 文化部，《臺灣大百科全書》，許雪姬編，「林獻堂」條目，2014年5月24日檢索 http://taiwanpedia.culture.tw/web/content?ID=5485
〔註8〕 吳濁流，《無花果》，（台北，草根，1995），頁7。

清朝，乃至日本、中華民國的統治，直到二十一世紀的今日，劇變的臺灣使
「臺灣人是什麼？」成了筆者最好奇的問題。要解答這個問題，臺灣與中國
並非置於同一政權的日本時代五十年，絕對有探討之價值與必要。

　　陳翠蓮於《台灣人的抵抗與認同》一書自序和筆者有類似的心路歷程：「在
困惑中前行」。她從體制下受黨國教育成長的少女，到林義雄滅門血案時發生疑
惑，乃至受曹永和先生啓發，感受到自己與腳下土地的連帶感，走向臺灣人認
同研究之路。〔註 9〕荊子馨《成爲日本人》一書指出日治時代菁英的認同，於
國籍、種族上的中國、日本，以及意識型態上的自由、共產，交織而成的四個
象限，時人從中動態轉移，構成當時臺灣思潮的複雜性，對筆者有頗大的啓發，
也深深引起筆者好奇。〔註 10〕因此，筆者希望透過細讀與剖析《臺灣民報》，了
解日治時代臺灣對中國的認同、歸屬與敘述，以及對臺灣的意義與影響。

圖（1）：臺灣「光復」歡迎場景〔註 11〕

〔註 9〕　陳翠蓮，《台灣人的抵抗與認同 1920～1950》，頁 5～7。
〔註 10〕荊子馨，《成爲「日本人」：殖民地台灣的認同政治》，（臺北：麥田出版，2006），
　　　　頁 86～87。
〔註 11〕新浪網 http://book.sina.com.cn/nzt/his/suiyuetaiwan/4.shtml

第二節　研究議題與目的

　　作為一種史料，《臺灣民報》在日治時期臺灣史的研究中，必然是不可忽視的材料，故常被單篇引用，然而目前鮮少直接以《臺灣民報》整體報導內容為研究客體，分析該刊物的立場脈絡，並深入探討該刊呈現當時臺灣人的「中國觀」為何。另一方面，臺灣目前對 1927 年前左翼活動的相關研究頗少，但筆者在《臺灣民報》中卻發現，該刊可用以了解左翼是如何在臺灣的宣傳、醞釀與形成。事實上，《臺灣民報》作為異議報刊，要面對總督府嚴厲的新聞審查，又如何像李承機所言，以迂迴繞路、拐彎抹角的方式引進迥異於代表總督府的「御用三紙」以外的視角與論點？《臺灣民報》如何在日本對有臺灣漢民族的種族偏見下，呈現不同於日本主流的漢民族風貌，乃至引領臺灣人提升「民度」，走向現代化？

　　本研究以 1923 年《臺灣民報》創刊，到 1927 年臺灣左右翼決裂為斷限，一方面此時期中國與日本尚未進入戰爭對立，且是自由主義興盛的時代，較能依自主意識發揮對中國的立場。另一方面此時週刊《臺灣民報》依然富有較強的政論色彩與批判性，且左右兼容，頗能代表臺灣部分菁英的觀點。中國方面，這段時期與臺灣相同，同時面對帝國主義之侵略與左翼思潮的興起，只是其承受軍閥割據與南北分裂的混亂背景與臺灣不同。當時號稱「臺灣人唯一言論機關」的《臺灣民報》，將站在怎麼樣的立場，如何呈現、報導中國的種種？又為何如此呈現？在時序上《臺灣民報》立場又有何變化？

　　《臺灣民報》雖非當時發行量最大的報刊，但作為臺灣人自辦的期刊，其立場代表了當時部分臺灣菁英；且其背後的主要相關人士：林獻堂、蔡培火、楊肇嘉等，更在當時深具影響力，領導著當代社會運動，其言論具有相當份量。此外，《臺灣民報》也常常刊載、轉載中國大陸人士之文章，如丘念臺、汪兆銘與蔣介石等，呈現出海峽兩岸的互動與連繫。另一方面，如葉榮鐘於《日據下臺灣政治社會運動史》一書所述，這份期刊從 1920 年創刊，直到《興南新聞》時代，當臺灣社會運動已陷入沉寂時，《臺灣民報》系列刊物卻能「苟延殘喘，先開而後謝」，其為見證臺灣一個時代的異議刊物之重要性，可見一斑。〔註12〕

〔註12〕 葉榮鐘，《日據下臺灣政治社會運動史》，（台中，晨星出版，2000），頁611。

　　《臺灣民報》系列報刊創辦於 1920 年。當時東京的臺灣留學生們在蔡惠如寓所組成的「新民會」開會時，彭華英、林仲澍等人提議創辦雜誌，得到認同，卻苦於經費不足，最後由蔡惠如捐出 1500 元，加上辜顯榮、林獻堂等人的捐款，乃於同年 7 月 16 日，在東京以日語發行《臺灣青年》月刊第一號。〔註 13〕新民會以林獻堂為會長，蔡惠如為副會長，報刊則以林呈祿、蔡培火、彭華英為主要編輯，日本人亦多有支持，不少學者曾為之無償撰稿，故也可以成為部分內地日本人對臺灣的發聲平臺。〔註 14〕

　　1922 年，因創刊的「青年」們多已畢業，故將期刊改名為《臺灣》，並於 4 月 1 日發行創刊號，日文部、漢文部各半，內容不同。為確立經濟基礎，蔡培火將編輯工作交予林呈祿，回臺募款籌組公司，與林獻堂、葉榮鐘等於 1923 年 6 月 24 日，在臺中成立「臺灣雜誌株式會社」，資本額 25000 元。同時，該社也有意創辦有別於之前的漢和各半，是純中國白話文的報刊，故於 1923 年 4 月 15 日，在日本東京又創《臺灣民報》半月刊，標榜「臺灣人唯一之言論機關」。〔註 15〕因為發行量佳，同年 10 月 15 日起改為旬刊；1925 年 7 月 12 日後，更改為週刊。1923 年，因關東大地震與治警事件，《臺灣》曾停刊過兩次，兼之在《臺灣民報》發行之後，又將日文版移入發行，為避免葉榮鐘所言「一馬兩鞍」，乃於 1924 年 6 月停刊《臺灣》，併入《臺灣民報》。〔註 16〕

　　在《臺灣》第 4 卷第 3 期，增刊以「臺灣雜誌社」為名義發表的《臺灣民報》預告，可能出於黃呈聰之手，可做為《臺灣民報》的創刊理念：

　　　一個大大的臺灣，有三百六十萬的同胞，實在沒有一個代表我們的言論機關，使世間的人，幾乎不知天下有個臺灣。你道可愧不可愧呢？時勢的變遷，雖然極愚劣的民族，亦曉得言論是人類共同生活的指針！因此即有《臺灣》雜誌的發刊。本誌自從成立以來，雖受種種的艱難，幸有眾兄弟的熱誠，極力聲援，百折不屈，奮發到今日，已過了有三、四年了！發行的部數，日多一日，我們當事的人，

〔註 13〕葉榮鐘，《日據下臺灣政治社會運動史》，頁 614。
〔註 14〕葉榮鐘，《日據下臺灣政治社會運動史》，（台中，晨星出版，2000），頁 615。
〔註 15〕文化部《臺灣大百科》「臺灣民報」條目，且一些頭版有這行字。
　　　　http://taiwanpedia.culture.tw/web/content?ID=3830&Keyword=%E8%87%BA%E7%81%A3%E6%B0%91%E5%A0%B1
〔註 16〕葉榮鐘，《日據下臺灣政治社會運動史》，頁 620。

雖然犧牲一點兒時間，精神上的快樂，實在受益不淺。可不是對諸君應該要表個感謝嗎？噫！同是一家人，客氣的話，卻也不必多說了！且說本誌雖是積極進行，欲副讀者諸君的盛意！因爲紙數有限，和漢兼寫，人人的趣味各不相同，像本誌現時的内容，恐怕難得各方面的滿足？所以自四月一日起，欲發行一種半月刊，名叫《臺灣民報》THE TAIWAN MINPAO 目的是要普遍，使男女老少知。所以用平易的漢文，或是通俗白話，介紹世界的事情、批評時事、報導學界的動靜、内外的經濟、株式（股票）糖米的行情、提倡文藝、指導社會、聯絡家庭與學校等……與本誌並行，啓發臺灣的文化，實在於我們將來，大大可爲祝福哩！〔註17〕

臺灣雜誌社創社後，以王敏川爲社長，增設臺北支社，負責在臺灣的通路運銷與宣傳，並與總督伊澤多喜男談判將報社遷回臺灣的事宜。1927 年 8 月 1 日，臺灣雜誌社與總督上山滿之進達成協議，以增加日文版爲條件，遷社返臺。1930 年 3 月，增資改組後，改稱《臺灣新民報》，並於 1932 年 4 月 15 日起，獲批准由週刊改爲日刊，1934 年更發行晚報，且拓展到海外。〔註18〕

在當時，《臺灣民報》被視爲激進言論，儘管有不少對該刊的同情者，但只要訂閱，就會成爲警察注意的對象，故不敢訂閱卻匿名認股者不少。爲避免讀報者的麻煩，《臺灣民報》也和臺灣文化協會合作，於各地成立讀報社，這些讀報社也購置了中國、日本與臺灣各地報刊、雜誌，並在殖民解放、民族自決等重大議題與消息上，以紅筆圈點。〔註19〕

儘管困難重重，《臺灣民報》還是成爲是僅次於《臺灣日日新報》、《臺南新報》，發行量最多的報刊，甚至 1925 年 8 月 26 日發行的第 67 期設定爲「創立五週年及一萬份突破」的紀念特刊。縱使以當時臺灣 400 萬人口來算，發行比率雖然只有 400：1，但《臺灣日日新報》也僅 18970 份，《臺南新報》則是 15026 份。後兩者不但有政府津貼，更可能有佔有三分之一的機關團體「義務訂戶」，且不用擔心出版檢查等來自政府的刁難。葉榮鐘估計若以純粹讀者來看，《臺灣民報》會是第一報。〔註20〕

〔註17〕 葉榮鐘，《日據下臺灣政治社會運動史》，頁 618。
〔註18〕 黃俊傑，《臺灣意識與臺灣文化》，（台北，臺灣大學出版中心，2011），頁 100。
〔註19〕 葉榮鐘，《日據下臺灣政治社會運動史》，頁 340～341。
〔註20〕 葉榮鐘，《日據下臺灣政治社會運動史》，頁 622～623。

之後幾年，該報刊事業扶搖直上。昭和4年（1929年），羅萬俥回國，讓報社希望將週刊擴展成為日刊，但大東信託公司董事長林獻堂持悲觀態度，認為總督府難妥協此事。之後蔡培火努力奔走，加上願意為了日刊發行而努力者多，終於該年1月13日成立「株式會社臺灣新民報社」。該社資本金30萬圓，林獻堂為董事長，羅萬俥任常務董事，林呈祿、林履信、林資彬三人為董事，李瑞雲、楊肇嘉、劉明哲三人為監察人，從3月2日起，「臺灣民報社」併入「臺灣新民報社」，自3月29日起，《臺灣民報》正式改稱為《臺灣新民報》，仍為週刊，並在1932年4月15日起，首度發行日刊。〔註21〕

然而，隨著中日局勢緊張，日本朝野走向軍國主義，1937年6月《臺灣新民報》廢止漢文欄；1941年2月，林呈祿、羅萬俥更不得不讓步，將報刊改為《興南新聞》，已無法如之前般批判時局。1944年4月，東京當局派員來臺，將最具規模的6家報紙《興南新聞》、《臺灣日日新報》（臺北）、《臺灣新聞》（臺中）、《臺灣日報》（臺南）、《東臺灣新聞》（花蓮）、《高雄新報》（高雄）合併為《臺灣新報》，《興南新聞》正式停刊。儘管在民國之後，仍有被行政長官公署掌控的《臺灣新生報》，與之後被查禁的《民報》，但性質與影響力已大不如前。〔註22〕

《臺灣民報》是當時社會運動團體極重要的發言刊物，從一開始的臺灣文化協會，到1927年初，文協發生了路線之爭而決裂，林獻堂等因不接受左傾而出走，另組「臺灣民眾黨」，《臺灣民報》成為民眾黨的發聲機構；「新文協」則發起反制《臺灣民報》的活動。昭和4年（1929年）3月29日，《臺灣民報》改名為《臺灣新民報》，但次年8月，地主出身的林獻堂、蔡培火等因與左傾的蔣渭水不和，離開臺灣民眾黨，另組「臺灣地方自治聯盟」，《臺灣新民報》也隨林、蔡立場而轉。爾後，臺灣民眾黨、蔣渭水無法與新文協合作，兼之東京當局的反共政策，左傾的臺灣民眾黨被迫解散。昭和6年（1931年）2月，蔣渭水被捕，半年後因傷寒亡於獄中。〔註23〕

如上所述，《臺灣民報》與當代不少知名人士、社會團體有千絲萬縷的關係，討論的議題也甚多、甚廣。例如：在推廣白話新文學與新思想上，張我

〔註21〕葉榮鐘，《日據下臺灣政治社會運動史》，頁624～625。

〔註22〕文化部，《臺灣大百科全書》，「臺灣民報」條目，2014年5月22日
http://taiwanpedia.culture.tw/web/content?ID=3830&Keyword=%E8%87%BA%E7%81%A3%E6%B0%91%E5%A0%B1

〔註23〕葉榮鐘，《日據下臺灣政治社會運動史》，頁488～489、頁503～504。

軍、許乃昌、蔡培火、蘇維霖、半新舊、蔡孝乾都是其中健將，又如賴和、
楊守愚、楊雲萍、楊華等人的優秀詩文作品也在此發表；此外，除了自中國
大陸引入胡適、魯迅、冰心、郭沫若等人的作品，也譯介一些歐、美、日等
諸國的著作與時事。

　　基於《臺灣民報》系列的這些特性，筆者試圖探討這一系列報刊究竟對
中國有怎麼樣的報導？這些報導又呈現當時臺灣人怎麼樣的民族認同與文化
歸屬？這些對中國的報導對臺灣本身而言，有什麼價值與意義？希望藉由對
這些問題的研究，從日治時代臺灣人的自我定位，深化了解當今臺灣人的認
同；同時嘗試由殖民地臺灣的角度，解讀中國民國初年的歷史，找尋兩者的
脈絡。

　　處理臺灣社會頗敏感的認同問題，筆者只能盡一己之力，盡量從中尋找
線索，試著設身處地同理當代的人們。內在層面，筆者期能追逐柳書琴於《荊
棘之道：臺灣旅日青年的文學活動》一書的研究精神：無懼冒著「創造新父」，
或是無法超越抵抗／屈從二元論之譏，透過對謝春木、王白淵、張文環與吳
坤煌等去過日本，體驗過內地、臺灣兩地反差的「殖民地現實」後的失意青
年研究，致力描繪、建構出他們在反抗系譜中的脈絡。〔註24〕

　　柳書琴從日治臺灣不同時期的殖民地知識分子，與帝國主義、母土論者
的對話中，找出同中有異、異中有同的文藝思想特色；那些人也從日本、中
國、臺灣、社會主義與國際社會各方面，探尋母土的出路可能。在很多異同
之下探尋臺灣母土的出路，不也是 21 世紀的臺灣人的重大課題？〔註25〕柳
書琴研究日治時代「本土」的內涵、活力等為何，且可帶來怎麼樣的影響，
去根本性地思考臺灣是否又擁有那樣的「本土」，以作為引領自己持續前進
的笛聲，這樣勇於探尋根本，乃至展望未來的努力與勇氣，讓筆者深深感動。
〔註26〕筆者也期許自己，若能從這份研究，作為看待臺灣、中國、日本三方
關係與認同、歸屬，提供新的可能路徑，或可對位於東亞海洋樞紐的臺灣，
找出得以開闢新路的時代意義。

〔註24〕 柳書琴，《荊棘之道：臺灣旅日青年的文學活動》，（台北：聯經，2009），頁
　　　　524～525。
〔註25〕 柳書琴，《荊棘之道：臺灣旅日青年的文學活動》，頁 524。
〔註26〕 柳書琴，《荊棘之道：臺灣旅日青年的文學活動》，頁 525。

圖（2）：《臺灣青年》刊影　　　　圖（3）：《臺灣》刊影

圖（4）：《臺灣民報》刊影　　　　圖（5）：《臺灣新民報》刊影〔註27〕

〔註27〕　http://www.tonyhuang39.com/tony0551/tony0551.html

第三節　研究回顧

　　日治時代臺灣人如何看中國的相關研究已有不少，《臺灣民報》也常是研究史料，然而多從該刊中選擇單篇或數篇與其研究主題相關的材料，較少以《臺灣民報》本身為主要研究客體，且對其中國書寫進行較長時間、大範圍的縱貫、橫貫研究。儘管如此，許多相關研究對筆者而言，仍是極具參考價值的巨人肩膀，也是指引筆者研究進路的明燈。

一、《臺灣民報》研究

　　葉榮鐘以其親身經歷者身分，對《臺灣民報》有深入且價值極高的研究，其《日據下台灣政治社會運動史》部分論述堪為一手史料，上一節許多資料即源出於斯。儘管這本書成於國民黨統治的威權時代，無法理解葉老對日本殖民統治的批判有多少成分是為配合當局出版檢查而成，且時間上用民國紀年也造成閱讀上略有不便，但仍無損於此書價值。葉老書中對當年一起奮鬥的人們、出錢出力相助的人們，字裡行間均流露出真誠的懷念與感謝，例如他在提及蔡惠如在公司營運不順時，還「由其羞澀的旅囊，榨出一點點資金做為起暴力，則《臺灣青年》的起飛也許要遲延一段時間也說不定。」〔註28〕又一位不知姓名的日本女子，在辭世前，將《臺灣民報》移回臺灣發行，視為重大遺願，打動了其丈夫：當時的警務局保安課課長小林光正，使事情進行順利，讀來令人動容。〔註29〕

　　《臺灣民報》系列報刊相關研究中，李承機的文章絕對有無可取代的價值。他的〈日本殖民地統治下「臺灣人唯一之言論機關」的「苦鬥」──日刊《臺灣新民報》創始初期史料解題〉，以及〈殖民地臺灣「輿論戰線」之變遷──〈輿論〉兩義性的矛盾與「臺灣人唯一之言論機關」的困境〉兩篇文章，對《臺灣民報》系列報刊有縱貫全系列時期的探討，兼論及臺灣、日本兩地政治角力，極具深廣度，也給予筆者極大的啟發，筆者有必要將其詳細介紹。

　　〈日本殖民地統治下「臺灣人唯一之言論機關」的「苦鬥」──日刊《臺灣新民報》創始初期史料解題〉一文指出，《臺灣民報》更名後的《臺灣新民

〔註28〕　葉榮鐘，《日據下台灣政治社會運動史》，（台中，晨星出版，2000），頁 611。
〔註29〕　葉榮鐘，《日據下台灣政治社會運動史》，頁 620～621。

報》接續《臺灣民報》的理念與風格，同時具有「抵抗日本統治」與「經營新聞媒體」兩個面相：一方面要秉持著對抗日本殖民政府的理念，同時也要在資本主義市場競爭下求生存，這便是該報刊所要面對的「苦鬥」。在對抗總督府方面，為規避當時的新聞審查，自《臺灣青年》以來均在東京出刊，再以「移入紙」方式引進臺灣。隨後適逢日本政黨政治起步期，「內地」（日本本土）政友會與民政黨的政爭也襲捲到臺灣：伊澤多喜男等所屬的民政黨為創造開明形象，除了與《臺灣新民報》有關且被認為是「穩健派」的林獻堂等重要幹部相善，也允許《臺灣新民報》移回臺灣發行，讓這些穩健派者一方面可以成為伊澤系統的支持者，另一方面也能藉此打擊臺灣的左翼輿論。〔註30〕

　　至於資本主義市場競爭方面，要面對來自左翼與日本本土雙方面的挑戰。1927 年臺灣文化協會左右分裂之後，《臺灣民報》主要由「穩健派」掌握，左傾記者漸漸自動或被迫辭職，左翼掌控的新文協更發起「臺灣民報同盟不買運動」，並在東京創辦《臺灣大眾時報》，除了對《臺灣民報》進行負面宣傳，更挑戰《臺灣民報》身為「臺灣人唯一之言論機關」之招牌。臺灣民報社於 1928 年由盈轉虧，不得不做一些回應、調整：強調自己「當以擁護臺灣大眾之利益」、「不偏不黨」為使命，以排除「偽造的輿論」與「官製的思想」，提高了該刊新聞性，並降低運動性。〔註31〕

　　另外，1930 年前後，總督府許可兩部週刊創刊，以及兩部旬刊改為週刊；其中《新高新報》標榜「全島四百萬同胞之言論機關」，該報主筆唐澤信夫傾民政黨，也挖角彭英華為漢文欄主筆，批評總督政治更是不遺餘力，影響了《臺灣新民報》進行「紙面改革」。當時開始標榜重時效「新聞性」的臺灣民報系列週刊，除要面對總督府支持的日刊「御用三紙」，以及因為經濟不景氣而意圖打進臺灣市場的日本內地若干娛樂性大眾雜誌，還有「天下兩大新聞」：《大阪朝日新聞》、《大阪每日新聞》欲擴大臺灣市場，迫使《臺灣新民報》不得不往日刊化的方向前進，並進行改善營業方法等「內部整理」。〔註32〕

〔註30〕李承機，〈殖民地臺灣「輿論戰線」之變遷──〈輿論〉兩義性的矛盾與「臺灣人唯一之言論機關」的困境〉，六然居存《日刊臺灣新民報社說輯錄 1932～1935》，（臺南：國立臺灣歷史博物館，2009 年 12 月），頁 3-6～3-10。

〔註31〕李承機，〈殖民地臺灣「輿論戰線」之變遷──〈輿論〉兩義性的矛盾與「臺灣人唯一之言論機關」的困境〉，頁 3-11～3-13。

〔註32〕李承機，〈殖民地臺灣「輿論戰線」之變遷──〈輿論〉兩義性的矛盾與「臺灣人唯一之言論機關」的困境〉，頁 3-14～3-16。

　　爾後，日本內地伊澤系統的民政黨因九一八事變失去政權，「御用三紙」背後的支持者政友會再度掌權。然而 1932 年 1 月 8 日發生暗殺昭和天皇未遂的「櫻田門事件」造成一日空檔，總督府總務長官木下信趁機批准《臺灣新民報》的日刊發行，卻也同時允許「天下兩大新聞」在臺灣發行「臺灣號外」，除了可討好兩家全國性報社，也符合「言論開放」的口號，更讓《臺灣新民報》被迫再加強新聞性，以因應帝國資本主義的市場競爭。〔註33〕

　　李承機指出，儘管歷此「苦鬥」，《臺灣新民報》仍堅持是百分之百臺灣人資本經營的日刊，不獨是一份證明臺灣人也有經營新聞事業最高地步-日刊-能力的新聞紙，也是試圖建立某種「臺灣人觀點」以對抗日本人視角的抗日活動，更是「民族資本」對抗「帝國主義資本」，尋求臺灣人「自尊（pride）」的方法。日刊化後的《臺灣新民報》儘管削弱了運動性與批判性，卻用迂迴的方法「天天在抗日」，甚至在 1934 年發行量突破三萬份，成為僅次於《臺灣日日新報》的臺灣第二大日刊。之後中日戰爭開打，總督府對新聞管制日益強化，《臺灣日日新報》最後被併入《臺灣新報》而實質消滅。〔註34〕

　　另一篇李承機的文章〈殖民地臺灣「輿論戰線」之變遷——〈輿論〉兩義性的矛盾與「臺灣人唯一之言論機關」的困境〉，則從「輿論」的兩義性：即新聞具有「被表出的（be represented）」與「被製造的（be produced）」兩種意義，來探討《臺灣民報》以及《臺灣新民報》在「輿論戰線」上的狀況。「被表出的」即輿論的「理念型」，重在政治議論或決定過程；「被製造的」即輿論的「操作型」，重在呼籲與實踐政治意識行動。李承機指出，近代式新聞自日本引入臺灣之後，也必定受到輿論此「兩義性」的影響。《臺灣民報》系列報刊，在殖民體系下擔負於「日本人 V.S 臺灣人」之民族對立軸下的輿論兩義性衝突矛盾，除了要擴大自身規模以成為臺灣輿論的載體，更要應付統治者的媒體政策與輿論控制，形成代表輿論的媒體，對抗控制輿論的政治權力，形成兩者之間的「輿論戰線」。〔註35〕

〔註33〕李承機，〈殖民地臺灣「輿論戰線」之變遷——〈輿論〉兩義性的矛盾與「臺灣人唯一之言論機關」的困境〉，頁 3-17～3-25。

〔註34〕李承機，〈殖民地臺灣「輿論戰線」之變遷——〈輿論〉兩義性的矛盾與「臺灣人唯一之言論機關」的困境〉，頁 3-26～頁 3-27。

〔註35〕李承機，〈日本殖民地統治下「臺灣人唯一之言論機關」的「苦鬥」——在「抵抗日本統治」與「經營新聞媒體」之間〉，《日刊臺灣新民報創始初期 1932/4/15～5/31》，（台南：國立臺灣歷史博物館，2008 年 7 月），頁 2-1～2-4。

　　李承機指出，在輿論戰線部分，從一開始後藤新平等主張嚴厲的媒體政策，到爾後日本內地走向議會政治，反對黨以輿論政治為武器進行政爭，這樣的背景為臺灣民報社製造出舞臺空間。然而，卻也必須留意若與統治者對抗關係太過刺激，可能會受到「發行許可取消」的處分，後藤新平即以此處分過在臺灣至少五種「民間紙」，讓「御用三紙」寡佔臺灣新聞界。在政論與宣傳活動相結合可能被當時臺灣當局封殺的情況下，在日本內地得到許可再以「移入紙」方式傳進臺灣，成為突破總督府媒體掛制的重要模式；但總督府在這方面的管控也日益嚴峻。至於《臺灣民報》系列報刊因為有民族對立軸的層面，不單單要被動機械式地寫出輿論，更要主動精神式地產出輿論，創造輿論的兩義性，形成以他們為代表的「民間紙」得在輿論代表性上，與「御用三紙」競爭。雙方互相指稱對方的輿論是不具代表性、被製造的東西，交互攻擊，延伸為「官制輿論 V.S 民間輿論」的對立軸。〔註36〕

　　李承機這篇文章綜合了從 1919 年《臺灣青年》，到 1927 年《臺灣民報》所遇到的苦鬥與困境：1、1924「有力者大會」與「無力者大會」在輿論代表性上的對峙。2、1923 年治警事件發生時來自御用三紙的挑戰。3、1927 年文協左右分裂時對《臺灣日日新報》的穩健派與急進派上下其手。4、來自《臺灣大眾時報》對臺灣民報社「唯一之言論機關」的挑戰。5、1927 年 4 月中旬的「臺灣銀行事件」。6、1927 年 5 月《臺灣日日新報》舉辦「臺灣八景募集」活動，以企圖拉回輿論代表。7、1932 年後，來自新增期刊與「天下兩大新聞」的競爭。

　　《臺灣民報》系列報刊面對這些挑戰，被迫得高舉「不偏不黨」口號以面對來自左派的攻擊，並進行「紙面改革」與「營業改善」等措施因應，從運動本位的政論中心，轉換為不偏不黨的報導中心，在輿論的兩義性中陷入一種苦澀的困境，「日刊化」與《臺灣日日新報》正面對決，乃被認為跳脫此困境的出路。〔註37〕

〔註36〕李承機，〈日本殖民地統治下「臺灣人唯一之言論機關」的「苦鬥」──在「抵抗日本統治」與「經營新聞媒體」之間〉，頁 2-6～2-11。

〔註37〕李承機，〈日本殖民地統治下「臺灣人唯一之言論機關」的「苦鬥」──在「抵抗日本統治」與「經營新聞媒體」之間〉，頁 2-12～2-27。

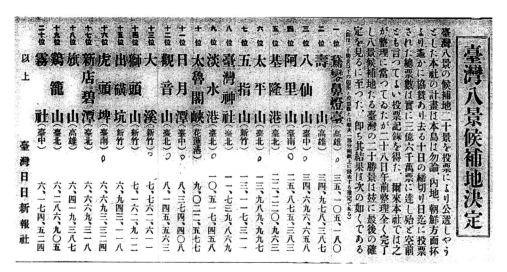

圖（6）：《臺灣日日新報》〈臺灣八影候補地決定〉報影〔註38〕

　　李承機引用核可《臺灣新民報》為日刊的總督府總務長官木下信的說法，指出老謀深算的木下信「陰險」設想讓《臺灣新民報》成為日刊後，將由運動本位的政論中心轉向新聞本位的報導中心，被迫與挾鉅額資本與政治實力的御用三紙、天下兩大新聞赤裸裸地競爭。另一方面，《臺灣新民報》還得面對來自左派的惡宣傳與攻擊，以及改變路線後內部的不滿，如黃旺成等資深記者集體退社後，回頭攻擊《臺灣新民報》。然而，《臺灣新民報》依然在〈社說〉與讀者投書等少數專欄下，勉力維持「臺灣人觀點」。文章引葉榮鐘日記提到該刊〈社說〉不得不絞盡腦汁以含糊其詞、模稜兩可、迂迴繞道、拐彎抹角的方式，寫出想表達的政論，以通過總督府嚴厲的檢閱、避免被處以「發賣頒布禁止」之極刑，但依然有多處在版樣時被刮除。儘管如此，這些塗削之處，也具有抵抗殖民政權痕跡的意義。〔註39〕

　　李承機的文章表現出《臺灣民報》系列報刊受到來自日本內地政友會／憲政會之政局變化影響，以及來自總督府方面殖民者、官方、日本人／被殖民者、民間、臺灣人的民族對立軸，還有左派／右派的對立，形成《臺灣民報》系列報刊 4 分之 1 世紀的熱鬧輿論陣線。這些文章對照葉榮鐘的敘述，驚見對「日刊化」呈現兩樣情感外，更有對該報刊內外局勢的通盤了解，也

〔註38〕　http://wp.iqcat.com.tw/siraya/wp-content/uploads/2013/02/%E5%8F%B0%E7%81%A3%E5%85%AB%E6%99%AF.jpg
〔註39〕　李承機，〈日本殖民地統治下「臺灣人唯一之言論機關」的「苦鬥」——在「抵抗日本統治」與「經營新聞媒體」之間〉，頁 2-27～2-34。

更見識這份材料的多樣、複雜與精彩。漢民族爲主體，兼有左右對立的「中國」，在這場熱鬧的輿論陣線，又扮演著怎麼樣的角色？筆者深感好奇而意欲細究。

《臺灣民報》系列報刊由留日臺灣青年們所創，柳書琴《荊棘之道：臺灣旅日青年的文學活動》自文學領域研究出這些留日學生的行動與理念，也正是《臺灣民報》的基本精神所在。她提及部分臺灣旅日青年佇立帝國內地後，更深刻感受到故鄉被殖民的種種慘狀，因而悖離留學初衷，踏上反日反帝的荊棘之道。該書四位主角：極有可能是寫信給郭沫若的 S 君－表達希冀「遙飛祖國，向文學煅己一身」，放棄學業，返台聲援農運的謝春木；〔註40〕赴「祖國」抗日的王白淵；期以文學提昇文化的張文環；與浪跡在左翼文化圈的吳坤煌。儘管他們的選擇大相逕庭，卻都擁有「日本經驗」與「中國經驗」。〔註41〕

其中，張文環曾在《臺灣民報》上發表文章，謝春木也曾擔任過《臺灣民報》的記者，他們的留日經驗，不僅刺激著他們走向文化抗日，其經歷、政治立場與中國觀，也深刻影響著這份報刊。

陳翠蓮在《台灣人的抵抗與認同》一書的第三章〈以文化做爲抵抗戰場：《臺灣民報》中的臺灣文化論述〉，對《臺灣民報》有非常深入且獨到的見解。此文從丁瑞魚受「文化抗日」路線刺激後，想要打造一個臺灣文化，所以東京留學生們創立《臺灣青年》，並在之後改爲《臺灣》，漸次成爲《臺灣民報》。陳翠蓮很敏銳地對這份報系重心、內容的變化做了如下解析：

> 《臺灣青年》多著力介紹世界殖民情勢、進步的殖民政策、六三法案問題。《臺灣》則援引日本內地進步學人與政治家的學說，充分闡述殖民地自治趨向、臺灣議會設置運動的訴求。《臺灣民報》則加入新聞報導功能，不僅介紹世界各國情勢，殖民地動向，並密切報導中國政發；另方面則配合政治與社會運動，要求殖民地自治、合理的殖民地統治、確立法治原則、新聞與言論自由、內台平等待遇等等。〔註42〕

〔註40〕一說 S 君也可能是許乃昌，見於邱士杰，〈從〈黎明期的臺灣〉走向「中國改造論」——由許乃昌的思想經歷看兩岸變革運動與論爭（1923～1927）〉，《批判與再造》Vol.20、21（2005：台北）

〔註41〕同上，頁 142、522。

〔註42〕陳翠蓮，《台灣人的抵抗與認同（1920～1950）》，（台北：遠流出版社，2008），頁 109～110。

　　對《臺灣民報》該用怎麼樣的文體，黃朝琴、黃呈聰、張我軍和蔡培火有很大的歧見：蔡培火等主張用羅馬拼音來出版，未在文體中流露對中國的嚮往，屢以日台融合的角度，以謀統治者支持臺灣文化向上；黃朝琴等卻不避現實的不便，堅持推廣對一般臺灣人較不親切的漢字白話文，試圖將臺灣文化搭上中國，將臺灣話統一於中國話，希望可以與中國永久連結，最終成為一體。〔註43〕接著，陳翠蓮指出在《臺灣民報》中的新舊文學論戰，以及對民間戲曲、信仰與迷信等的討論，均呈現文化抗日的方針的具體表現。只是對「文化」的認知，新舊知識分子仍有差異，故《臺灣民報》在此成了雙方交戰、擴大影響力的戰場。

　　矢內原忠雄以當代人的角度，對《臺灣民報》的發展提供了深入的分析，其《日本帝國主義下之臺灣》一書亦有一手史料的價值。〔註44〕本書雖然為討論臺灣資本主義發展的經濟史論述，但在第一篇第五章寫到民族問題時，矢內原氏對文化協會進行剖析。他指出，文化協會後來分裂為兩派，一派是以馬克思主義為主的「文化協會」，與其主導的「農民組合」，受「日本勞工農民黨」指導；另一派則是信奉三民主義的「臺灣民眾黨」，與其主導的「工友總聯盟」，有中國國民黨之色彩。對於兩大集團的共同敵人，即日本的總督府與資本家，前者採行階級運動，後者推動民族運動，兩者間互相競爭多於互相排斥。〔註45〕

　　矢內原忠雄提供了筆者重要視角：大陸的國共之爭與臺灣的左右派之爭，有強大的連帶關係，這種關係為何值得細究。

二、日治時代中國觀相關研究

　　除了前揭矢內原忠雄、葉榮鐘、陳培豐、荊子馨、柳書琴等前輩學者的研究，尚有不少相關先行研究，茲列於下。

（一）通論與通史性研究

　　對日治時代臺灣的中國觀點研究，若林正丈在《台灣抗日運動史研究》一書，依據殖民地體制受益度高低，以及對中國期待度高低，設定縱、橫座標，劃出四個象限以分類臺灣抗日分子：對中國期待度高者，會追求光復，

〔註43〕陳翠蓮，《台灣人的抵抗與認同（1920～1950）》，頁118～122。
〔註44〕矢內原忠雄著，林明德譯《日本帝國主義下之臺灣》（台北：吳三連臺灣史料基金會，2004）。
〔註45〕同上，頁229。

反之則追求獨立；在殖民體制內受益度高者，會追求改良，反之則追求革命。依此，坐落在這些向度的臺灣知識分子，若林正丈分爲：待機派、祖國派與臺灣革命派三者。〔註46〕

　　殖民體制受益度高，且對中國期待度高者，是爲「待機派」，林獻堂、黃呈聰等當屬之，主要包括留日學生，以及地方士紳等。殖民體制受益度低，而中國期待度高者，是爲「祖國派」，這一派多爲中國留學生爲主，追求革命與光復，後來即是臺灣民眾黨的主流人士，與待機派有部分重疊，蔣渭水等人屬之。另一方面，1927 年蔣介石清黨之後，在殖民體系下受益度低的祖國派，受莫斯科第三國際殖民地解放戰略的指示，放棄對中國的期待，轉向支持世界共產革命，主張臺灣獨立與無產階級政權，即「臺灣革命派」，以蔡孝乾、謝雪紅等臺共、中共系統成員爲主。日共派可分爲山川派和福本派，對革命階段和國際關係、共產國際等問題，有著相異的對應態度。〔註47〕至於殖民地受益高，對中國期待度低者較不會走向抗日，故若林正丈沒有特別論述。

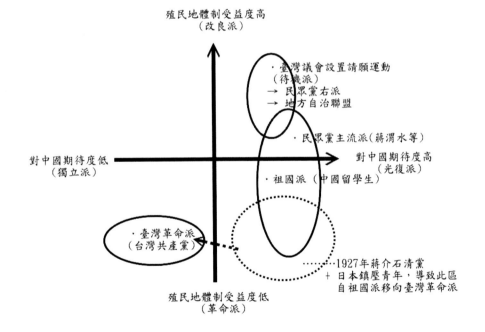

圖（7）：若林正丈的抗日分類〔註48〕

〔註46〕　若林正丈，《台灣抗日運動史研究》，（台北：播種者，2007），頁 177～179。
〔註47〕　若林正丈，《台灣抗日運動史研究》，頁 177～179。
〔註48〕　參照若林正丈《台灣抗日運動史研究》，頁 177～179 後，筆者自繪。

　　殖民地受益程度與對中國期待程度的高低雖無法量化，只能從文本分析中得知，但這種視角卻有助於理解當時臺灣的認同歧異與向度。《臺灣民報》主要呈現待機派與祖國派的立場，也呈現了不同立場之移易與拉扯。若林正丈的座標對筆者解讀《臺灣民報》相關人員的的理念動態變遷，有很大的幫助，並試圖將觀察《臺灣民報》於 1920 年到 1927 年間的種種報導與變化，呈現於該座標上，更了解該報的中國描述背後之意涵與立場。

　　陳翠蓮《台灣人的抵抗與認同》第五章〈臺灣人的祖國印象〉，以葉榮鐘感嘆「如果臺灣人早點對『祖國』有所認知，或許就不會有悲劇」為出發點，也指出當時臺灣其實已有人對中國有真實且深刻的認識。陳翠蓮用謝春木（追風生）、黃旺成（菊仙）兩位短期旅居者，以及吳濁流、鍾理和兩位長期旅居者為例，論述他們雖看到中國大陸人民貧窮、不衛生、自私、消極、習於偷拐搶騙等勾當，卻也為這些負面形象辯護，並對未來寄予希望與期待。這種現象乃是因為臺灣人受了日本現代化的薰陶，理智上不自覺地展現優越者、進步者的心態，但卻又對中國產生情感上的靠攏，因此出現批評與辯護並行特殊現象。〔註 49〕

　　陳翠蓮的論述相當完善有力，給予筆者很大的啟發，雖然她研究的四人都是相對較具文明水平的知識分子，也難以從書中了解一般沒有接觸中國的臺灣人，如何看待這個國家。但筆者認為，這些社會菁英在《臺灣民報》或其他場域發表之見聞，是臺灣大眾看待中國的重要視窗。

　　荊子馨《成為日本人》一書是討論日治時代臺灣民族認同的重要著作。作者因年少時期歷經身邊人們的中國、日本、臺灣經驗，產生「試圖去理解個人與歷史之間的某種關係，想在不可能一致之處找尋一致性……試圖理解這些認同的形構如何反過來重新接合或重新定義歷史事件，以及人們想像政治可能性的方式。」〔註 50〕

　　荊子馨以「新民族主義」來描述特定時期臺灣認同的依賴性與關係性，此自我意識交織、潛藏在「中國民族主義」與「日本殖民主義」兩個向度上；這兩個向度又交錯於「自由主義」與「馬克思主義」兩項下，形成四個象限的座標圖。例如，臺灣文化協會就是從自由主義×日本殖民主義，到馬克思主義×日本殖民主義，最後走向馬克思主義×中國民族主義；一直走自由主

〔註 49〕陳翠蓮，《台灣人的抵抗與認同（1920～1950）》，頁 220～222。
〔註 50〕荊子馨，《成為「日本人」：殖民地台灣與認同政治》，頁 86～87。

義，卻從日本殖民主義走向中國民族主義的是蔣渭水；而林獻堂、蔡培火除了走過蔣渭水的路之外，最終仍回歸日本殖民主義。〔註51〕

　　「新民族主義」在荊子馨的書中有三種可能：第一，繼續附屬在日本帝國結構下爭取自治；第二、與新建立的中華民國統一；第三，追求獨立，又分爲視獨立爲統一於中國的手段，或眞正獨立兩系。總督府意圖讓臺灣政治運動封閉，反而促進了政治認同和新民族主義認同的形成、串聯。〔註52〕

　　荊子馨提出的「新民族主義」、對臺灣進行現代政治、社會學的分析，也包括吳濁流《亞細亞的孤兒》一書，並釐清不同向度的臺灣認同與依賴的自我意識，還有這些意識的動態變化等，提供了筆者在解讀《臺灣民報》上的重要參考。

　　黃俊傑的《臺灣意識與臺灣文化》一書，討論日治時期臺灣人的中國觀。其中第三章〈日據時代臺灣知識份子的大陸經驗：「祖國意識」的形成、內涵及轉變〉與第四章〈日據時代臺灣知識份子對中國前途的看法：以一九二〇年代「中國改造論」的辯論爲中心〉，成爲筆者想研究「從臺灣看中國」的重要參考。在臺灣對中國的「祖國意識」形成議題上，黃俊傑認爲除了漢族文化的背景認同之外，殖民統治下被差別待遇，更是激化臺灣人的民族精神與祖國認同的最重要因素。〔註53〕討論到祖國意識內涵時，黃俊傑認爲當時臺灣人視大陸爲臺灣的文化母根，只是這種「祖國意識」是抽象的心理建構，並非具體現實的存在與理解，因此當臺灣人親自到中國大陸時，親身經歷產生的理想與現實落差，讓他們悵然若失乃至有幻滅感，直到二二八事件前後，「祖國意識」可謂隨風而逝。〔註54〕

　　黃俊傑指出，日治時代臺灣人對中國的認識是「美好的祖國」，這種感覺原先在清代並不強烈，直到後來臺灣人被殖民壓迫，致使被推向「視中國爲祖國」。另一方面，臺灣人對於被認爲是祖國的中國大陸，只將之視爲一種概念而非實體，儘管當時臺灣人對中國存有很多美好幻想，一旦他們與中國有直接接觸時，得到的往往是巨大的反差與失落感。

〔註51〕荊子馨，《成爲「日本人」：殖民地台灣與認同政治》，頁87～88。
〔註52〕荊子馨，《成爲「日本人」：殖民地台灣與認同政治》，頁88。
〔註53〕黃俊傑，《臺灣意識與臺灣文化》，（台北：臺灣大學出版社，2006），頁73～74。
〔註54〕黃俊傑，《臺灣意識與臺灣文化》，頁79～80、頁96～97。

黃俊傑的論點正好爲《臺灣民報》對中國投入熱烈視線的現象，做出解釋，然而《臺灣民報》也有抨擊中國大陸男女不平等、政治惡鬥、軍閥亂政等現象的文章，也有臺灣人到中國大陸去的親身經歷、見聞與遊記。這些都促使筆者進一步思考：《臺灣民報》系列呈現的中國，較諸其他報刊是否眞的更加不切實際？又若將中國與日本，甚至其他國家都視爲一種相對於臺灣的「他者」、一種「概念」，「中國」這個國家相對於對日本、歐美、印度等他國，有著怎麼樣的異同？筆者認爲，臺灣人可能反而更能以「外國人」的角度，不只是「概念」，更爲深刻地看待中國的現象與問題。

（二）專論與期刊論文相關研究

處理 1920 年的《臺灣民報》對中國的論述，必定要探究日治時期臺灣的三民主義（孫文主義）者，這方面陳君愷有精闢的研究。陳君愷〈我本將心託明月——日治時期臺灣的「孫文主義者」〉一文述及日治時代臺灣的三民主義派對孫文與其理念之嚮往景仰，乃至戰後對宣稱代表三民主義，卻「言行不一」的國民政府由期待，轉爲驚訝、批評、失望，最後走向對抗的歷程。該文提及《臺灣民報》與《臺灣新民報》造就了臺灣人對孫文本人與三民主義的正面印象，並以吳新榮、李篤恭、葉紀東、甚至燒磚勞工之子葉世傳等人士，或以閱讀總督府禁止的孫文主義相關書籍並互相交流，或以親炙孫文尊容爲榮，更有甚者私藏孫文照片、銅像並早晚崇拜。

該文章接著提到臺灣的孫文主義者從崇拜到實踐，甚至冒險加入中華革命黨、中國國民黨，如陳江山、翁俊明、杜聰明、陳新彬、李友邦等；也有像蔣渭水、謝春木、何景寮等未加入國民黨，卻奉三民主義爲宗旨發表言論，甚至進行社會運動。這些人在中日戰爭乃至二戰決戰體制下，受盡日方軍警各種刁難，仍不改其志，最後竟淪爲被現實主義者淘汰的理想主義者，遭自稱孫文主義者的國民黨背叛，最終走向失望、痛心、折磨甚至死亡之路。〔註55〕

陳君愷於戰後的論述雖非本文著重的年代斷限，但其研究有助於筆者了解日治時代的孫文、國民黨、三民主義對臺灣的意義與影響，也引起筆者的好奇：首先，除了三民主義，臺灣人顯然在當時有其他的選擇，包括共產主

〔註55〕陳君愷，〈我本將心託明月——日治時期臺灣的「孫文主義者」〉，《孫山中與日本殖民時期臺灣政治社會運動學術研討會論文集》（臺北：國立國父紀念館，2005 年），頁 197～228。

義、自由主義、無政府主義，或選擇接受同化成為日本人，然為何三民主義
會成為當時《臺灣民報》一些重要關係人的選擇？又這樣的選擇與中國、臺
灣的現實，又有怎麼樣的關聯？筆者難以在本論著完全解答這些問題，卻想
嘗試從《臺灣民報》中找尋其間脈絡與可能。

　　許雪姬〈1937～1947 年在上海的臺灣人〉一文也提供了另一種值得參考
的視角，雖然其主論述是開戰後在上海的臺灣人職業結構、立場派系等，但
對臺灣人能活躍於中國舞臺的哪些場域，仍具參考價值。許雪姬以日本外務
省外交史料館的檔案〈臺灣人關係雜件〉、《支那在留邦人人名錄》、《滿華職
員錄》、〈六然居典藏臺灣史料〉等文獻，探討以楊肇嘉為首，親國民黨的臺
灣重建協會上海分會，以及以李偉光（原名李應章）為首，親中共的上海同
鄉會兩派的鬥爭，最後討論兩者於二二八事件前後期在中國的活動。許雪姬
指出，1937 年前來上海的臺灣人以經商、就學為主，也有金融業、醫療人員、
黑幫份子等。中日戰爭開始後，上海的臺灣人則有情報工作者、共產黨員、
純粹的商人、臺籍軍屬、通譯，或替汪政權、日本政府工作的人。

　　這篇文章表達了中、日、臺之間錯綜複雜的面向，例如國共之間舉凡意
識型態到民眾領導權之爭，均從大陸延燒到臺灣，形成臺灣文化協會的分裂，
爾後又從寶島燒回魔都上海，致楊肇嘉與李偉光為爭取上海臺灣人的領導地
位，各顯神通。另就臺灣的共產黨系統來說，謝雪紅一派的日共系統，與蔡
孝乾、蘇新、王萬得、李偉光等中共系統，背後的指揮體系不同，民族主義
的理念亦有出入。〔註56〕這些人都是擁有中國經驗的臺灣人，卻錯綜在日本、
中國、臺灣三地與三民主義、共產主義等不同理念之下，構成在大陸的臺灣
人多面向的活動場域。

　　另外，劉名峰以社會學的視角，從蔡培火與林獻堂的合作關係，解析臺
灣國族問題。他將臺灣對中國的想像分為四個時期，並將日治時代的中國定
位成對臺灣人而言，是「友善的東方化他者」，參照於當時工業化後社會秩序
混亂、帝國主義侵略等亂象叢生的世局之理想客體。作者以蔡培火〈漢族之
固有性（1921）〉及〈中華文化之特色（1969）〉兩文為分析對象，意圖將蔡
氏表現出來之客觀要素「加上現象學的括號」。這種操作乃因蔡培火對事實是
「選擇性的引用（selective appropriation）」，並組合、詮釋，呈現蔡培火特定

〔註56〕民視〈臺灣演義：臺灣共產黨史〉記錄片中，徐宗懋等的發言。
　　　　http://www.youtube.com/watch?v=3zkl23BVpxI

意向的情節（eplotment），並以「漢族」建立與中國的連結，創造相對於「大和民族」的優越性。不過，這種優越性並非蔡氏所處的 1920 年代，而是在時間軸上往前或往後延伸的：縱使現在漢民族不優越，但過去悠久的中國文化，與未來復興的中國，均充滿可欲性。〔註57〕

劉名峰觀察到蔡培火文中仍有道德與不道德配對東方與西方的隱喻：以漢族看重人際關係、愛好和平等的王道文化主義，對比於列強看重霸權的軍國主義；或是以重視平等、博愛與社群、和平的東方，對比於重視自由、個人與戰爭衝突的西方。筆者從《臺灣民報》亦有見到對中國的過去與未來的讚揚、期待，然而如陳翠蓮指出的，更有對中國的批判省思。因此筆者認為，中國不純然對當時臺灣人而言是「友善且道德的東方化他者」，實則有多面向的意涵。這種多面向意涵的中國對臺灣有怎麼樣的意義，筆者意欲探究。

陳慧先〈華麗島看中國：日治時期臺灣公學校歷史、地理科的支那意象〉一文，則透過分析教科書審視日治臺灣的「支那意象」。陳慧先認為，當時的歷史、地理課文當中，中國是占最大比例的「外國」，且不諱言地指出華南對臺灣的影響深遠。這些教材也提到古代中國的高度文明、態度的傲慢，乃至近代的衰敗，衰敗的原因則來自歐美帝國主義的威脅。日本的時代使命，是維持東亞和平與解放東亞弱小民族。〔註58〕陳慧先認為儘管教科書對中國的描述以正面敘述居多，〔註59〕但像伊原末吉寫給教師的授課細目《公學校地理教育解說第六學年》中，還是有不少對中國的負面描述；此外，耆老們口述教師在上課時，也對中國有不少批判。陳慧先提到《臺灣日日新報》新聞標題對中國的指稱，使用頻率的高低依序為：支那、清國、中國，最後才是中華民國；這些指稱出現在教科書與官方報刊，也代表當時官方期能加諸於臺灣人的中國觀。

陳慧先的研究的教科書、報刊，可以視為日治時期官方的中國觀，意即在當時教育體系或正規官方體系下呈現的中國，也是《臺灣民報》的對手。《臺灣民報》要對抗這些強大、主流對中國的負面敘述，又將採取怎麼樣的策略？筆者意欲探究之。

〔註57〕劉名峰，〈現代性與國族認同的建構：從日治時期到民主鞏固期間之想像中國時的道德視域〉，《臺灣社會研究》第 79 期，（台北：2010.9）頁 159～202。

〔註58〕陳慧先，〈華麗島看中國：日治時期臺灣公學校歷史、地理科的支那意象〉，《臺灣文獻》第 62 卷第 3 期，（台北：2011.09），頁 117。

〔註59〕同上，頁 109。

　　林美秀〈一種想望中國姿態的辯証——論日治時期王則修的殖民地經驗與文化敘事〉一文，以王則修這位橫跨三種不同政權的臺南文人為主角，透過其作品了解當時臺灣文人與中國、日本的複雜關係。〔註60〕作者提及王則修曾內渡中國又返臺，於棄文從商失敗後，再任塾師。他教過楊肇嘉、加入臺南詩社，也受過公學校教育。王則修有時強調儒家傳統價值與漢文化傳統，有時讚頌日本統治與大和民族、日本皇室；有時強調現代化的進步，有時緬懷傳統價值的淳美。林美秀認為臺灣漢族的「中國想像」成為了被殖民者心靈的桃花源，會出現如此現象乃因移民的漢族相對於原住民而言，乃「外來殖民者」，這些人儘管被中國邊緣化，但仍有相對於原住民的民族優越感。只是到了日治時代，卻成為「被殖民者」而被迫接受更多不同的價值。現代化的訴求與中國的積弱不振，導致王則修的祖國政治認同鬆動，甚至願意接受、謳歌同化與皇民化政策，以謀擺脫次等國民的地位；但另一方面，卻又以臺灣是「海濱鄒魯」的想像來提振自尊心。〔註61〕

　　林美秀的說法可以用以理解中國對當時臺灣人的特殊意義。她指出原先漢人在臺灣是相對於原住民的優越者，但在代表著現代文明的日本人統治下，漢人成為相對落後者。故臺灣部分知識分子以儒學道統繼承者自詡，平衡被殖民者的屈辱感，以得到心中的補償；如王則修在讚頌皇民化的同時，也引儒家經典為輔翼。「儒家」做為臺灣、中國、日本的東亞共同文化，以儒學正統自居，不但滿足了被殖民的臺灣人自尊心，也維持了和中國之間的連繫。

　　陳芳明從陳逢源等人〈中國改造論〉論戰切入研究，認為只要將文章的「中國」改成「臺灣」，一切迷霧將昭然若揭。這場號稱為中國提出的改造論，實際上是以「中國」為掩護迷霧，討論臺灣社會主義的可能，不但省去不少來自總督府的壓力與麻煩，又可清楚表達自己的論點，如蔡孝乾曾將重點一度拉回臺灣，且通篇文章對左翼思想的討論的比例：國家社會主義／共產主義的激辯，遠高於以中國為客體的討論。陳芳明大膽指出，該論戰中的「中國」其實不是「中國」，而是一種做為客體的一種存在，只是一個用來論理的

〔註60〕　林美秀，〈一種想望中國姿態的辯証——論日治時期王則修的殖民地經驗與文化敘事〉，《高雄應用科技大學學報》第37期，（高雄，2008.05），頁23～44。

〔註61〕　林美秀，〈一種想望中國姿態的辯証——論日治時期王則修的殖民地經驗與文化敘事〉，頁43。

他者，這個他者的意義是被借用來鑑照臺灣，完成思想上的偷渡，也反映了臺灣知識分子在殖民統治有限條件下的因應策略與調整。〔註62〕

陳芳明提供了非常獨到的見解，一種「以中國論臺灣」的可能：〈中國改造論〉系列文，對中國的關注，仍應回歸到臺灣來思考。沿此線索，《臺灣民報》其他文章是否也有如這次論戰一樣，以關切中國之名行關切臺灣之實，將「中國」作為思想偷渡至「臺灣」的舞臺？這些偷渡的內容又有哪些？

綜上所述，大致可以從先行研究中得到幾個概念。首先，《臺灣民報》貫串整個 1920 年代到 1930 年代前期，是日治時代臺灣人自辦報刊中，最具影響力、也最能代表臺灣異於總督府立場的本土菁英想法之刊物，堪稱研究當時臺灣思想的重要材料。另一方面，《臺灣民報》描述中國的報導頗為豐富，然而學界目前較少有探討整個系列報刊中國報導的研究，吸引筆者投入並試圖提出系統性的論述。

再者，儘管臺灣政治上進入日本殖民統治，但在文化與種族認同上，依舊與中國有所連結，原因有很多：包括以儒家正朔自居以滿足自尊心，或是在殖民體系下，將中國視為理想中的桃源鄉，抑或將中國視為相對於西方野蠻帝國主義，是有文明、理想的「友善東方化他者」。有時「中國」只是當作一種思想偷渡或單純的客體，論述中國時，實際上的眼光仍在臺灣本島，而非真正的中國；或者，直接將中國成為自身商業、政治、求學甚至軍事目的等活動的舞台……。總之，日治時代臺灣與中國的關係，不只維繫在同文同種的民族情感，還有更多交錯複雜的面向。

依上述的先行研究，再深究《臺灣民報》的內容，將得出怎麼樣的印證、解釋或補充？筆者非常期待。

第四節　研究方法與研究史料

一、研究方法

《臺灣民報》有關中國的文章很多，在網路資料庫檢索 1925 年到 1930 年間「中國」一詞，出現在標題的條目即有 585 條，若加上 1932 年改為日刊

〔註62〕陳芳明，〈「中國改造論」論戰與二〇年代臺灣左翼思想的傳播〉，收於第六屆「中國近代文化的解構與重建」學術研討會論文集，《中華文化與臺灣文化：延續與斷裂》

前的《臺灣新生報》，則高達 791 條；《臺灣民報》系列鮮少用「中國」來稱
呼日本本州山陽山陰等「中國地方」，故可知其對中國的高度關注。若以「支
那」為關鍵字檢索，只有一篇 1926 年的〈几上談天〉一文，抗議日本稱中國
為「支那」，另外就是連載四期的小說〈支那女兒〉。如果以「中華」為檢索，
找到的資料有 100 筆，而單以「華」字來檢索，資料共有 415 筆，但需要消
除歧義。〔註63〕

　　弄清《臺灣民報》的報導脈絡變化，從中探索臺灣知識分子於思想、行
動與立場關連，尋找當時臺灣人對中國的意象，了解他們的認同與歸屬，是
這份研究的主要目的，因此要從《臺灣民報》中盡量取最有代表性、立場多
元、立論自由的部分。整個《臺灣民報》系列報刊資料豐富，但包容度最高、
思想最富激盪精彩的時期，依前揭李承機、葉榮鐘的文獻，當屬創刊以來，
到 1927 年中國大陸與臺灣都發生左右派決裂事件之間，故筆者取材將以 1923
年到 1927 年為主。

　　為了對《臺灣民報》系列能有見樹又見林的整體瞭解，兼之資料庫並不
包括 1925 年以前的報導，筆者地氈式翻閱了自創刊以來，到 1927 年〈中國
改造論〉論戰結束前後關於中國的重要報導，並找出較有代表性的文章深入
剖析研究。

　　臺灣留學生到了日本本土之後，赫然見到與臺灣不同風貌的日本，刺激
了他們意欲回頭來改變臺灣。另一方面，在思潮蓬勃百家爭鳴的大正時期，「改
造臺灣」之路有很多選擇：荊子馨和若林正丈以民族的傾中、傾日和政治的
左右翼為縱橫座標，劃出四個象限，儘管相對於左翼的另一個向度，有民族
主義與自由主義之歧異，但顯然後兩者都是與共產主義相左的理念。這些留
學生基於共同的對手——臺灣總督府——而團結起來，團結創辦了《臺灣青
年》，以此為平台宣揚各自的理念。

　　中國大陸也面對類似的問題，無論是左右翼，反帝國主義均是其號召，
日本又是臺灣、中國大陸兩地留學生連結的橋樑，讓「中國」成為臺灣人可
以盡情揮灑才華的舞臺之一。如陳芳明所言：中國可以成為不方便宣揚左派
思想與批判總督專制體制的臺灣「思想偷渡」之論述客體；中國政局可以成
為這些理念可以交會、驗證甚至筆戰的題目。

〔註63〕得泓資訊：臺灣民報線上資料庫
　　　　http://lib055.lib.nthu.edu.tw/nthulib-oc.nthu.edu.tw/ tm/

　　還有一些人甚至成爲中國歷史參與者：黃朝琴踏上中國大陸的土地，成爲國民黨的外交官員；蔡孝乾隨著毛澤東走完二萬五千里長征之途，進入延安；張我軍近乎一生都在中國大陸活動，以其所見聞的中國白話文，透過《臺灣民報》掀起臺灣新舊文學論戰，其子張光正加入中共、張光直則是著名的中國考古學學者；其他如吳濁流、鍾理和等均在中國大陸長住過，希冀尋求心中嚮往的安身立命之處或實現淑世抱負。

　　《臺灣民報》自然而然地成爲當時散居四海的臺籍菁英連結的園地，對它的研究也將漸漸導出當時臺灣人各自的追尋目標，與對中國了解的樣貌。

　　研究方法上，筆者擬以《臺灣民報》系列報刊爲研究主線，大量閱讀 1923 年到 1927 年間關於中國的報導，同時從該報刊的資料庫中，檢索和「中國」有關的報導，擇其重要、有代表性者進行文本分析。之後，參酌先行研究與文獻記錄，例如從《臺灣日日新報》視其論述的同一件事情中，有何異同正反的立論，再透過這些文章報導，探尋當時臺灣人對中國理解、立場，與對中國議題的操作，並討論這些立論對臺灣有怎麼樣的價值、意義與現實目的。

　　臺灣與中國最顯著的連結，在於同屬漢文化圈與漢民族：日本人對臺灣人以「清國奴」辱之，視之爲較劣等的民族；臺灣人則如林美秀提出的，以儒家正統道統、海濱鄒魯自居，滿足自尊心，平衡來自大和民族的歧視。因此，在第一章，筆者擬先探討「御用三紙」之首《臺灣日日新報》對中國人的民族性與中國未來有怎麼樣的論述報導，再看《臺灣民報》在相同的主題上如何呈現，以從中了解雙方型塑出怎麼樣的中國人與中國未來，這樣的中國對臺灣而言又有怎麼樣的意義與價值。

　　第二、三章的部分，筆者意欲從時事報導解析中國政局在《臺灣民報》是如何被報導、書寫，故將眼光聚焦在《臺灣民報》對中國北方政局的描述，同時參酌《臺灣日日新報》相關報導，以了解該報刊對 1923 年（民國 12 年）到 1927 年（民國 16 年）間軍閥混戰、南北分裂等政壇紛擾。

　　第二章主要研究這段期間北方局勢，包括有直系當權、第二次直奉戰爭、反奉戰爭等事件，細究這些事件如何被報導、解讀，可以了解臺灣人當時對這些軍閥、時事持有的態度與立場，以及在時序上的變化趨勢。

　　第三章基本上承接第二章，將視角移到同時期的南方政局，以了解《臺灣民報》怎麼看待相對無力的南方孫文政權，乃至聯俄容共實力大增後，中國國民黨的發展。筆者先以南方政府的靈魂人物：孫文爲研究客體，看《臺

灣民報》形塑出一位怎麼樣的孫文，接著整理、介紹《臺灣民報》對國民黨
理念與行動的報導。接著，探究孫文逝世後日益激化的廣州左右翼對立火焰
如何從《臺灣民報》延燒到臺灣，同時也研究 1927 年以前共產主義如何隨同
三民主義傳入。最後，試著從第二、三兩章，解析臺灣當時不同抗日立場：
祖國派、革命派、待機派，各自會有怎麼樣的看法，試圖梳理出這些立場的
左、右傾向與相關人士。

　　第四章將重心放在臺灣、中國兩地的左右派分立對立日趨明顯之際，《臺
灣民報》有右翼陳逢源，對上左翼許乃昌、蔡孝乾等人的〈中國改造論〉論
戰。雙方均以中國為立論客體，探討馬克思主義的進程、民族資本主義適用
與否、蘇聯的政局、世界局勢等。筆者將透過細讀這場論戰文本，分析雙方
論點，找尋這些文章在臺灣刊出的意義與價值，並從中研究 1927 年前後，
臺灣、中國、日本幾乎同時期發生的左翼興盛與左右決裂，其中的連帶與異
同。

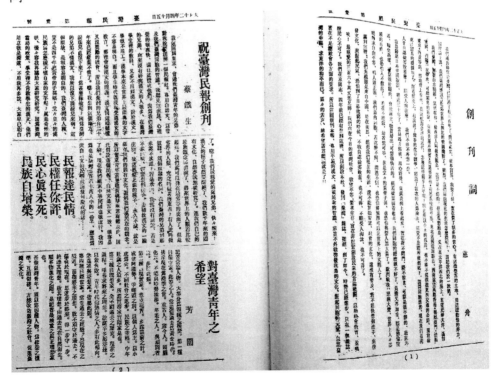

圖（8）：《臺灣民報》創刊號前兩頁〔註64〕

〔註64〕　《臺灣民報》創刊號，1923 年 4 月 15 日，頁 1～2。

二、研究材料

（一）報刊

1.《臺灣民報》系列報刊

詳情已如前述，本研究主要集中於 1923 年創刊起，迄 1927 年左右派論戰之間，並佐以這段時間前後的《臺灣》、《臺灣青年》等同系列刊物討論。

2.《臺灣日日新報》

為日治時代發行量最大，發行最久的日刊，與中部《臺灣新聞》、南部《臺南新報》並稱為日治三大報。本報前身是田川大吉郎主筆之《臺灣新報》，與內藤湖南主筆的《臺灣日報》兩份刊物。在後藤新平的調解下，兩刊結束筆戰和解並合併，由守屋善兵衛收購而發行。〔註 65〕該報會以附錄方式刊登總督府命令，是代表總督府立場的御用新聞報社，也是可以了解日本官方希望加諸臺灣人的論點，適合與《臺灣民報》進行比較研究。

（二）官方文書

《臺灣警察沿革誌》：王乃信等譯，本研究採臺灣總督府《警察沿革誌》第二篇領台以後的治安狀況中卷，即《臺灣社會運動史（一九一三～一九三六）》一系列五冊，從中尋找一些報告和統計數據來印證《臺灣民報》內提及的事物。

（三）傳記小說

《亞細亞孤兒》、《無花果》兩書均為吳濁流所著，給予筆者當代人第一線的氛圍描述，可為背景補充。《亞細亞孤兒》原為日文寫就的小說，後有中文譯本，描寫日治時期臺灣人認同困惑：在中國大陸、日本都不被接納，受到不平等待遇，最後以主人公胡太明發瘋告終。《無花果》則是以中文寫就，吳濁流半自傳性質的著作，記載吳老親自見聞、體略日治後期到中華民國接收初期的種種，可作為時代現場的參考資料。

〔註65〕 中華民國文化部《臺灣大百科全書》，蔡錦堂編：《臺灣日日新報》條目，2014年 5 月 21 日檢索：http://taiwanpedia.culture.tw/web/content?ID=3829&Keyword=%E8%87%BA%E7%81%A3%E6%97%A5%E6%97%A5%E6%96%B0%E5%A0%B1

第五節　章節安排

本文分四章，概述如下：

緒論

第一章　《臺灣民報》上的中國民族性與中國未來相關論述

筆者遍尋《臺灣民報》1920 年代對中國民族性與中國未來的主題時，發現英國學者羅素（Bertrand Arthur William Russell, 3rd Earl Russell，1872.5.18－1970.2.2）的兩系列文章：1923 年的〈中華之將來〉，與 1922 年、1925 年一稿兩度刊登的〈中國國民性之幾個特點〉。羅素曾親臨中國，引起極大的風潮，毛澤東是其記錄員，孫文也譽之為「唯一真正理解中國的西方人」，其〈中華之將來〉一文出現於《臺灣民報》創刊號，是 2 頁賀刊辭後第 3 頁的首篇文章，足見此文之重要與對報社的代表性。

另外，筆者也以小野西洲的論述為羅素的比較客體。小野西洲（1884～1965），原名小野真盛，日籍漢學家，在臺灣總督府下擔任多年法律部門通譯，多次以「西洲生」為筆名在《臺灣日日新報》發表文章。小野氏在 1915 年發表的〈論支那將來〉，與 1922 年〈支那文化與民族性〉兩系列文章，均刊登於《臺灣日日新報》的重要版面，足見其論點對該報刊與總督府的立場具代表性。面對所見所聞幾乎相同的中國，小野西洲與羅素的解釋幾乎相反，且發表時間較早。因此筆者認為，可以將《臺灣民報》所刊羅素的文章，視為對小野氏以及總督府立場的反駁，並解析羅素和小野西洲兩位非漢族人士，對中國觀感的歧異，以及這些意見對臺灣人的意義。

第二章　1923～1926 年《臺灣民報》的中國北方政局論述

中國政局發展是《臺灣民報》各立場人士宣揚意識型態的場域，因此關於中國的新聞事件回到臺灣來時，同一件事情於各派在闡述上、解讀上、立場上必會有所不同。此章筆者將細閱《臺灣民報》之後，在若干重大中國時事中，選出篇幅較大、立論較深的報導，解讀這些報導背後的立場以及對臺灣的意義。

首先，筆者選黃朝琴 1924 年寫的〈中國政局概觀〉系列文為開始。黃朝琴在《臺灣民報》呈現中國各軍政集團的群像，影響臺灣人對其觀感。接著，筆者透過整理《臺灣民報》對第二次直奉戰爭到反奉戰爭前後有關北洋軍閥的敘述，來了解當時臺灣人看到的是怎麼樣的中國北方政府，並以何種態度

面對之。最後，筆者特別將馮玉祥與國民黨結盟提出討論，觀察《臺灣民報》的焦點如何漸漸移轉到南方政權。

第三章　1923～1926 年《臺灣民報》的中國南方政局論述

此章筆者將焦點轉向南方政權，探究《臺灣民報》中孫文與國民黨一派自聯俄容共以來，有怎麼樣的發展與變化，循線找出左右派分裂的端倪，進而從中國看這種決裂是如何對臺灣造成影響。本文從探討《臺灣民報》對孫文的報導開始，到該報刊如何報導甚至宣揚中國國國民黨的理念與行動，最後以蔡孝乾、翁澤生的文章，看當時臺灣左翼人士如何在國共合作近乎破局之的形勢下，以《臺灣民報》作為向臺灣宣揚左翼思想的工具。

第四章　《臺灣民報》的左右派論戰：〈中國改造論〉筆戰

1920 年代，世界正處於左右翼思潮激烈碰撞的時代，這種激辯從大陸、日本延伸到臺灣，兩翼的激盪如何在《臺灣民報》閃耀各自的花火？本章期能探討臺灣最大的左右翼報紙筆戰：陳逢源對上許乃昌、蔡孝乾的〈中國改造論〉論戰。《臺灣民報》對這場論戰連載近半年，雙方深入彼此的論點激辯，從翻譯問題到論點討論，筆戰愈演愈烈，甚至最後走向情緒化的人身攻擊。

《臺灣民報》對左翼思潮的接受度向來很高，翻譯、介紹的文章也不少，這是自《臺灣青年》創刊以來即有的傳統。但在 1927 年之後，反共文章明顯增加，但對左翼依舊有很大的包容，左傾人士的論述仍常常在報上可見，何以會如此？「中國改造論論戰」明顯是一座重要分水嶺。對於這場論戰，陳芳明的看法是以中國之名，行探討臺灣社會主義是否可行之實；黃俊傑則認為本論戰是因為臺灣對中國不了解，故討論都比較理論而不務實。筆者則要回到筆戰本身，深入詳細看待雙方這次論戰的經過，以及彼此的論點，以文本分析與臺灣、中國、日本歷史系統脈絡，找尋這次論戰的實情。

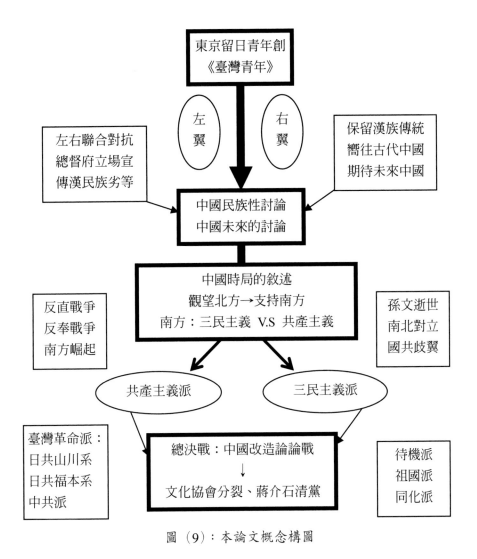

圖（9）：本論文概念構圖

第一章 《臺灣民報》的中國民族性與中國未來相關論述(1923～1925)

　　荊子馨《成爲日本人》一書曾指出，殖民當局在回應臺灣人的抵抗運動時，爲推卸自己責任，往往利用臺灣與中國在種族和歷史上的淵源，建構「劣等」的「漢民族性」之論述。〔註1〕他援引《日本統治下の民族運動》一書的內容提及：台灣總督府警政當局對1920年代前後的社會運動，列出三項監測的基礎概念：本島人民族意識、殖民地政治地位及叛亂潛在傾向。〔註2〕

　　儘管處於不同政權統治之下，臺灣與中國在1920年代仍保有血統上的漢民族與文明上的漢文化圈兩層關聯。殖民當局將臺灣社會運動的發起原因推託到本島人的漢民族因素，這樣將臺灣人推向中國人一方的做法，反效果地加強臺灣人對中國的連繫，也可呼應林美秀提出的結論：總督府種族歧視與差別待遇，更讓中國成爲臺籍菁英心中理想的桃花源。〔註3〕

　　臺灣的殖民當局用血統、種族來解釋臺灣人的反抗，對於這樣的解釋，臺灣人採取怎麼樣的回應？《臺灣民報》與《臺灣日日新報》均有對中國前途和中國民族性的論述，可以將之視爲兩方的攻防筆戰。筆者希望在這個章節呈現兩報刊當中具有代表性的文章來交互比較研究。《臺灣日日新報》述寫大和民族的文章較「支那人」的更多，且形塑出日本民族性堅強、勤勞、勇

〔註1〕 台灣史料保存會，《日本統治下の民族運動》，（東京：風林書房，1969），頁317。轉引自荊子馨，《成爲「日本人」：殖民地台灣與認同政治》，頁91。
〔註2〕 荊子馨，《成爲「日本人」：殖民地台灣與認同政治》，頁92。
〔註3〕 林美秀，〈一種想望中國姿態的辯証——論日治時期王則修的殖民地經驗與文化敘事〉，《高雄應用科技大學學報》第37期，（高雄，2008.05），頁23～44。

敢；若要描述中國人，必定要由對中國與中華文化有深入了解的人擔當，方
具說服力，日籍漢學家小野西洲當爲首選。另一方面，《臺灣民報》則引用國
際知名的中國通英國學者羅素來與之抗衡。

　　本章將在「《臺灣日日新報》的中國民族性論述」、「《臺灣民報》的中國
未來論述」兩節，以小野西洲和羅素兩位非漢民族的他者觀點爲中心，介紹
兩人對「中國民族性」與「中國未來」的論述，藉此分析不同兩報刊對中國
現勢的觀察與解釋，包括雙方各出於怎麼樣的背景？代表著怎麼樣的立場？
對臺灣有怎麼樣的意義？

第一節　《臺灣日日新報》的中國未來與民族性論述
　　　　——以小野西洲爲中心

前言

　　日治時期臺灣人最能見到日本官方對中國訊息報導的報刊，當屬日本人
創辦，半官半民色彩的《臺灣日日新報》。〔註4〕該報刊是當時發行量最大、
發行時間最久且最普及的日刊：曾工作於臺灣民報社的葉榮鐘表示，1925 年
《臺灣民報》1 萬份發刊紀念同時，《臺灣日日新報》有 18970 份的長期訂閱。
〔註5〕針對本文關注議題，該刊有關中國民族性與國家未來的文章，筆者認
爲，以小野西洲在該刊上日文譯中文的〈論支那將來〉，及其所著〈支那文化
與民族性〉兩系列文章最具代表性。

　　小野眞盛（1884～1965），號西洲，世稱小野西洲或西洲生，旅台日籍
漢學家，通曉日文、漢文，有若干漢文寫作的出版品。曾任臺南檢察局通
譯、臺灣高等法院通譯，也是臺灣語學雜誌《語苑》的主要執筆人。〔註6〕
小野氏常常在《臺灣日日新報》撰文，讚揚日本皇室與總督府統治政策，
也在《臺灣日日新報》的〈藝苑〉、〈詞林〉、〈詩壇〉等欄位頻繁發表作品。

〔註4〕文化部：臺灣大百科，《臺灣日日新報》條目，2014 年 4 月 12 日檢索
　　　　http://taiwanpedia.culture.tw/web/content?ID=3829&Keyword=%E8%87%BA%E
　　　　7%81%A3%E6%97%A5%E6%97%A5%E6%96%B0%E5%A0%B1
〔註5〕葉榮鐘，《日據下臺灣政治社會運動史（下）》，（台北：晨星出版，2000 年），
　　　　頁 622。
〔註6〕黃美娥，〈日、臺漢文關係初探（1895～1945）：以臺灣視域爲出發點的思考〉，
　　　　2007 年度日台交流 センター 日台研究支援事業報告書，頁 4。

小野氏著有〈論墨子〉三篇，參與臺灣儒墨論戰，並在《語苑》期刊上發表〈讀臺灣話改造論〉等文，加入臺灣新舊文學論戰。〔註7〕楊承淑認為，小野西洲在日治時代臺灣的翻譯工作上功績斐然，除了本身是語言與文學領域的創造者外，更是該領域知識與文化的傳播者，同時擁有權力與譯者的主體性。〔註8〕

　　小野西洲是《臺灣日日新報》重要論客，在當時以官方言論為言論界主導的時代，有舉足輕重地位。本節將小野氏為中心，從他翻譯增述的〈論支那將來〉，以及他撰寫的〈支那文化與民族性〉兩篇文章，分析以小野西洲與《臺灣日日新報》代表總督府，有關中國民族性的論述。

一、小野西洲譯述〈論支那將來〉之中國民族性論述

　　筆者翻閱《臺灣日日新報》，佐以資料庫檢索該報討論中國未來的文章，發現其中篇幅最大、論述最深且連載最久的，當屬中島端著、小野西洲譯的〈論支那將來〉系列文章。這些文章刊載於《臺灣日日新報》專載譯文的版面〈譯叢〉，由日文譯為中文，幾乎都刊載於第6版，字體略小，置於版面下部位置。本系列文在1915年連載，計50回，從4月24日第一回開始，到5月27日第31回，曾中斷刊出，直到6月12日直接跳到第33回，沒有第32回，到第51回後即不再連載，具體原因仍待研究。

　　雖然〈論支那將來〉系列文出現的時間早於本論文研究的1920年代，也正因如此，更能表現在《臺灣民報》發刊前，總督府方面欲呈現怎麼樣的中國民族性與前景，代表官方主流日本人意欲傳達給臺灣人的中國觀。另一方面，此文之後整個1920年代，《臺灣日日新報》再也沒有比這篇更大規模深入討論中國的文章。〔註9〕這些文章可視為總督府試圖替臺灣人建立的認識中國先備知識，直到1920年代，《臺灣日日新報》於中國前途相關議題的文章，

〔註7〕翁聖峰，〈一九三〇年台灣儒學、墨學論戰〉，《國立臺北教育大學學報》，第19卷第1期，2006年3月，頁12、16、19。

〔註8〕楊承淑，〈譯者的角色與知識生產：以臺灣日治時期法院通譯小野西洲為例〉，《編譯論叢》，第7卷第1期，2014年3月，頁72。

〔註9〕包括1925年10月的〈支那の將來は　豫期が出來ぬ　渡支の坂西中將談〉一文規模過小、1926年12月後藤朝太郎著〈漸く覺醒せんとする　支那民族の將來（下）　其勃興は列國の鼻柱を挫く〉則是在中國時局在北伐進行順利時所寫，反映日本對中國已漸改觀，然與《臺灣民報》羅素討論中國民性的時代相比，中國時局已大不同。

立論均與此篇雷同，可知其代表性。〔註 10〕

〈論支那將來〉之原作作者中島端，是日本知名文學家中島敦之伯父，出生於漢學世家，爲漢學大師。他在 1914 年（大正 2 年）曾著有《支那分割之運命》一書，與酒卷貞一郎均主張中國未來將亡於列強分割或內部分裂，認爲日本宜及早參與瓜分中國的行動，以獲得軍事戰略與經濟上的優勢，藉此保護亞洲文明。〔註 11〕據小野西洲所言，中島端是東京的評論家，在政治學、哲學方面相當出色。小野氏也坦言在翻譯中島端這一系列對中國的觀察文章時，有加入個人判斷和取捨：取理念相合之處，捨意見不同者，並加上了自己的意見。〔註 12〕因此，此文雖是中島端著、小野西洲譯，但在台刊行之版本已爲小野氏重新譯述之作，他借助中島氏論著呈現了自己的價值與觀點。

總計 51 回的報導中，作者在第 1 回到第 35 回採用共時性的「橫觀法」，以當時中國全面現況來論述；進入第 36 回以後則用「縱觀法」之歷史性追溯，探討現代中國的形成。作者表達清末以來中國種種政治改革的成敗，非一時之結果，實受中國民族性與自古以來王朝體制、文化傳統所限。作者用縱觀法補充解釋橫觀法所得現象，但歷史文化因素對民族性的影響部分，並非本論文探究重點，且限於篇幅有限，故本節僅聚焦橫觀法部分進行探討。茲將〈論支那將來〉的內容歸納爲以下數點一一介紹。

（一）中國為太平洋世紀之中樞：〈論支那將來〉的前言

本文前言目的在表明研究支那的重要性。中島端認爲中國是個「奇」國：將亡不亡，將分裂而不分裂，忽起忽滅。舉例來說，清朝歷經了洪秀全之亂、英法聯軍，連戰連敗，卻沒有滅亡；甲午一役，山海關被佔，北京岌岌可危，

〔註 10〕 相關文章有 1926 年的〈漸く覺醒せんとする　支那民族の將來　其勃興は列國の鼻柱を挫く〉、〈支那の將來と外國勢力　支那人士の猛省を望む〉，以及 1922 年〈支那の現在と將來　英人シンプソヌ氏の觀察〉，其他多爲短篇評論，或是論中國經濟、農業、外交未來的文章。

〔註 11〕 中島端，《支那分割之運命》，電子書
http://kindai.ndl.go.jp/info:ndljp/pid/942661/34。（2014 年 7 月 3 日檢索）
日文維基百科「支那分割論」條目，2014 年 6 月 8 日檢索，
http://ja.wikipedia.org/wiki/%E6%94%AF%E9%82%A3%E5%88%86%E5%89%B2%E8%AB%96

〔註 12〕 小野西洲譯，〈論支那將來〉，《臺灣日日新報》，第 5331 號，1915 年 4 月 25 日，頁 6。

也得以倖免。爾後義和團之役,光緒帝與慈禧太后出奔半年,滿清王朝依然苟安,乃至光緒帝、太后相繼駕崩後,開國會、立憲,中國人民都在等待大清憲政施行,卻因武漢「亂兵」一起,各省響應,導致王朝崩解。辛亥革命後,愛新覺羅家族的宣統皇帝,仍擁皇帝之名,享三百萬乾俸;南北理應分裂卻協商統一;時局對共和黨有利卻造福專制政治家,孫逸仙突然讓位給袁世凱,旋即又爆發二次革命……等等。〔註13〕

接著,此文強調中國自有其千百年醞釀、不可思議之特性,日本人如若不知而妄計中國未來,則不能中乎肯綮。中國人多地大,歷史久遠,民族性深。開國以後,內亂外患不斷,但迄今卻日益繁衍。此文被形容中國人:「耐久力強、反撥力剛、同化力堅、執持力專。雖有小挫折微微動搖,但根本依然堅固,不可動搖。」〔註14〕因此日本人若想用狹隘的島國民族性去批評大國將來,產生的錯誤可能累及政治,影響實業發展。〔註15〕

儘管如此,〈論支那將來〉也以警語表示:國家興亡就像人體,被刺會痛、被割見血,都是常態;一旦異常,則如上麻藥或被蛇咬,有傷害卻不疼痛見血。中國做亡國的事卻反而興國,為興國之事卻遭亡國,這不能只看五年、十年,而應看數千年的脈絡,該活的會活,該死的還是會死,種什麼因,得什麼果。儘管中國土地大、人多、歷史久,但印度也是如此,卻淪為英國殖民,中國當今就像亡命王孫在述說先祖光榮一樣。〔註16〕

該文接著寫到強大的民族如果不知戒謹,終歸滅亡,羅馬、希臘均是如此,現今中國只是自負於過去的強盛,卻不擔心將來的大事,自誇自愚。世界各國都有治亂交替之事,中國朝代廢立,最後都歸統一,沒有長期佔據者,而今後七年到十二、三年間,中國政局必能敉平,悲觀中國分裂的人是愚蠢的。只是,當前時勢是前所未有的,不能用唐宋元明相承來看。〔註17〕漢族

〔註13〕 小野西洲譯,〈論支那將來〉,《臺灣日日新報》,第 5331 號,1915 年 4 月 24 日,頁 6。

〔註14〕 小野西洲譯,〈論支那將來〉,《臺灣日日新報》,第 5331 號,1915 年 4 月 24 日,頁 6。

〔註15〕 小野西洲譯,〈論支那將來 (二)〉,《臺灣日日新報》,第 5332 號,1915 年 4 月 25 日,頁 6。

〔註16〕 小野西洲譯,〈論支那將來 (三)〉,《臺灣日日新報》,第 5333 號,1915 年 4 月 26 日,頁 4。

〔註17〕 小野西洲譯,〈論支那將來 (四)〉,《臺灣日日新報》,第 5334 號,1915 年 4 月 27 日,頁 6。

雖然人數最多，但五胡十六國時代，道德敗壞，帝王家族豚犬之子居多，所以一時被胡人壓倒，其他朝代也大略相同，不過中國之治亂興亡，大多仍在「民族內部」而已。〔註18〕

〈論支那將來〉將 20 世紀世界的中心定為太平洋，以此視之，則中國為世界之中樞，一旦中國被列強佔據，其利害禍福關係到全世界，對日本的影響尤大，因此不能輕忽，更不能與唐宋明清的衍替視作相同。小野西洲與中島端咸認為，樂觀或悲觀看待中國都不宜，但嚴格說來，悲觀者至少謹慎，樂觀者卻可能會狼狽倉惶，因此宜採審慎、保守的態度。這種悲觀論點，並非詛咒中國，也不是因為中國強盛恐不利日本，而是就東亞與黃種人在世界大局中的未來來看。文中寫著希望中國奮起為雄，早日自富自強，但中國險象日日加深，令人憂心。因此，欲知中國盛衰，必先知中國民族性；欲知中國民族性，就要兼具縱橫觀察；前者觀中國歷代沿革，後者看現前形勢。就橫觀法而言，從政治狀態到個人行為皆須注意，合而觀之，就能看到中國國民性全貌。〔註19〕

（二）中島端對中國的第一印象：中國人的弱、貪、凶殘好虐

中島端從他的中國經歷談起，他看到到船靠岸時，一群苦力邊吶喊邊衝到船舷，搶著要搬運客人的行李到旅館，船員、乘客、苦力們亂成一團，所幸給一些錢就可以了事。要雇人力車時，車夫們便開始爭吵搶客；上車後，車夫不會問要去哪裡，只是任意盲走，就像牛馬一樣，直到客人以杖指人力車夫肩頭，指示方向為止。這些車夫看起來像垂死老人，步履蹣跚蹌；挑行李的人，一步一搖，滿口嗳喲嗬嗬，如泣如訴，像在說我的肩膀好累，怎麼不來救我。這種聲音必定不是出於興國之民，而是亡國之民；這些苦力沒有紀律、秩序與活潑，只有羸弱和溷穢。〔註20〕

中島氏寫到他在虹口市場時，人來人往、各類貨色兼有之，只是賣者與買者均有自己的秤：賣者秤太輕、買者秤太重，雙方均不公正，各自競價。

〔註18〕 小野西洲譯，〈論支那將來（五）〉，《臺灣日日新報》，第 5335 號，1915 年 4 月 28 日，頁 6。

〔註19〕 小野西洲譯，〈論支那將來（六）〉，《臺灣日日新報》，第 5336 號，1915 年 4 月 29 日，頁 6。

〔註20〕 小野西洲譯，〈論支那將來（七）〉，《臺灣日日新報》，第 5337 號，1915 年 4 月 30 日，頁 6。

又例如賣魚的人將魚鱗塗紅，迷炫買家，可見中國的商業無法無律，出言不足取信且矯揉造作，貪得無厭，趨利忘義，可惱可惡。中國政府設立度量衡，本來是爲了以均平之法治民，但人民反而相爭相奪；政府不嚴格糾舉，連貨幣標準也沒有，居然如此放任，可知政府智識低劣之一斑。〔註21〕進入市場，中島端則見到中國人無情殘忍的一面。例如賣鵝的人，把鵝像薪炭一樣載滿一車，鵝伸頸車外哀叫，人們卻置若無聞；賣雞的婢女，手持綁雞腳的繩子，將雞倒吊提走，雞「椀身動目，眼部血衝如火」，婢女毫不同情其痛苦，這樣含怨的雞，還不如乾脆給予一刀。像這樣的中國人，不知天良仁慈爲何物，如同他們不屑一刀斃命，非得使用炮烙、挖眼、殘肢…等酷刑，持如此觀念的中國人不只一二，乃數百年來中國社會的習慣。〔註22〕

（三）中島端的上海見聞：好色好賭的中國人

中島端繼續寫他在上海的見聞，提到上海最繁華熱鬧的四馬路，茶館、酒樓、妓院、娼家林立，「紅綠花燈、絲弦歌唱，少女美人，香氣襲人，見到客人就頻送秋波，引客入室」，上海的「野雉」充盈如此，其他還有公娼寮。接著，中島氏反諷章炳麟曾笑日本是「淫賣國」，但遠不及中國名副其實；且中國公私娼寮不下於四千，特別是私娼未經檢驗，聽說十之八九的黃、白人青年患有梅毒，逢人便傳，因此中國不只是淫賣國，更是「梅毒之國」。茶館又熱鬧又臭穢，娼女送媚妖眸，厚顏無恥，因爲作者身穿和服，引來很多人喃喃不已，擅取其帽杖，一笑逡去，直到朋友叱之奪回，可笑又可惱。〔註23〕中島端說那不是他應駐足之處，倉皇下樓，甫下樓就聞到撲鼻的鴉片臭氣，那些吃鴉片的中國人如醉如死，各自沉溺於黑甜鄉中。據說二、三年後，英國人在租界內下禁菸令，也試圖禁「野雉」，但令人懷疑這些禁令是否有成效。〔註24〕

接著提到中國人的好賭。中島氏寫道他看到上海在春天時，英國人、美國人、貪財的中國人，都不是去賞景，而是爭著看賽馬。賽馬場外也有各種

〔註21〕 小野西洲譯，〈論支那將來（八）〉，《臺灣日日新報》，第5338號，1915年5月1日，頁6。

〔註22〕 小野西洲譯，〈論支那將來（九）〉，《臺灣日日新報》，第5339號，1915年5月2日，頁6。

〔註23〕 小野西洲譯，〈論支那將來（十）〉，《臺灣日日新報》，第5340號，1915年5月3日，頁6。

〔註24〕 小野西洲譯，〈論支那將來（十一）〉，《臺灣日日新報》，第5341號，1915年5月4日，頁6。

賭場，片刻幾十回輸贏，作者只待片刻，即「頓生厭賤之心，不能久視，也勘破歐美人士好賭，中國更是先天的賭國之國。」〔註25〕之後英國工程局雖禁止跑馬場與公開賭場，但中國人的賭癖比歐美人更強，小學兒童就會投銅錢在路上相較輸贏了。中國正月的前三日之間，是他們的賭博節日，流氓老幼、上下階層都會相誘相邀，公然聚賭。舉例來說，清朝時的段芝貴曾佯裝敗賭以賄賂於慶親王之子，恭親王之父與瑞郡王都是大賭棍；民國之後，兩院議員，也不顧輿論，以嫖賭為事。〔註26〕

圍棋方面，中國的汪雲峰、趙樂山雖是一流高手，但遇到日本的高部道平，還是得讓一步。中國人常常賭棋，但喜歡圍棋的並不多，中日雖是同一系文明，但志趣大相逕庭，令人不解。中國人獨具的特性，就是「食色財」，日本人雖非全無，但卻鄙忌賭博，這是武士道的遺風。賭徒一變就成為盜賊，因此中國人的賭癖近乎盜心，日本的奴僕雖也會買東西時抽錢，但中國的奴僕卻是見米竊米、有炭偷炭，他們面飾忠實，心藏奸險，行為巧妙，令人難測。中層階級，身著綾綢、胸掛金錶的堂堂紳士，也會竊人財物，中島端在往蘇州的火車上，就親眼所見，手法敏捷，遠非日本人所能及。〔註27〕

（四）中島端遊黃浦灘、西湖：勝景中骯髒無禮的中國人

中島氏夏季遊黃浦灘，花園的美景與海面的熱鬧讓他感動，就算四億中國人艱難莫名，但只有黃浦灘海岸熱鬧非凡。只是中國人年年瘦，外國人年年肥，並非因為外人吸中國人之膏血，「閒處廈屋者自瘦，偬居廊廡者自肥」，讓作者感嘆良久。之後，作者聽到洋樂聲，看到一座花園，大多是白人，還有二、三位的日本人，沒有中國人，原來花園大門前有：「不準華人進入」六字。外人租界對中國人甚為無禮，他們卻又讓華籍婢女自由進入，桀驚極了。〔註28〕

〔註25〕 小野西洲譯，〈論支那將來（十二）〉，《臺灣日日新報》，第 5342 號，1915 年 5 月 5 日，頁 6。

〔註26〕 小野西洲譯，〈論支那將來（十三）〉，《臺灣日日新報》，第 5343 號，1915 年 5 月 6 日，頁 6。

〔註27〕 小野西洲譯，〈論支那將來（十四）〉，《臺灣日日新報》，第 5344 號，1915 年 5 月 7 日，頁 6。

〔註28〕 小野西洲譯，〈論支那將來（十五）〉，《臺灣日日新報》，第 5345 號，1915 年 5 月 8 日，頁 6。

　　中島端詢問為何禁止中國人進入時，得到的答案是中國人身體不乾淨、不懂禮儀，連中流以上的紳士也是。外國人對中國的倨傲到這樣，中國人卻任由外人如此欺凌二十幾年，也不見中國有英豪志士驚悟奮起，四億人盡入黑甜鄉，花園一事雖小，但一切重要事情均是如此。後來中島端去遊吳王廟，見到一衣著華麗，三十幾歲的紳士蹲在廟前大便，看到他便大喊：「日本人！日本人！」中島氏逕去不回頭，唯嘆這個人如此無禮，也不怕進香女士看到，後來聽朋友說，這在中國是常見，他反而被笑為迂腐。〔註29〕

　　對於西湖，中島氏說他想看的是天然湖畔風光，而非人工土木建築，因為這些廟祠、文瀾閣等，都是「荊棘縱橫、惡臭狼籍，糞氣撲鼻，鬼氣嘔人」，其中最醜齷不潔的，就是岳王廟。從湖岸到岳王廟前一路上兩側人家，都像乞丐寮，塵芥堆積、屎尿成溝，這些廟前康熙所題「赤心報國」匾在一起，可見中國人對之毫無敬意。岳飛像更是面貌極醜，目怒肘張，宛若閻魔。〔註30〕中島氏認為，「赤心報國」者古來罕有，中國人卻任其衰頹不顧，更不用說各地孝子節婦之碑，因此懂了一個道理：中國人所謂的「忠孝節義」，只是文字上的詮說。〔註31〕

　　離開了岳王廟，中島端要去岳王墓時，墓門被鎖，有一位農夫出來怒聲不許他們進去，他猜想農夫定是愛錢奴，給了少許錢，果然農夫就很高興地引大家進去。中島氏痛念岳飛的慘死，在塚背寫上：「千古恨、千古血、千古淚」九字，聊表憑弔之意。出來後，看到秦檜、張俊兩人被鞭的雕像，穢氣衝天，乃因遠近遊人來此時，就會以小便侮辱兩人之像，這種心態讓中島端不禁憤怒。他認為，當年岳飛受冤時，大家因為怕秦檜、張俊的勢力，沒有一個人為岳飛報仇，六七百年後他們化為灰土，才讓他們永遠受鞭笞尿辱，對他們也沒用。這樣駑怯陰惡，真的會是興國的民族嗎？〔註32〕此外，中國人的葬禮最能看出其虛偽：哭號者沒什麼眼淚、三年之喪只是25個月，期間只穿著黑衣服，飲食起居與平時無異；邀客暢飲、攜妓觀戲照常，就算是忠

〔註29〕　小野西洲譯，〈論支那將來（十六）〉，《臺灣日日新報》，第5346號，1915年5月9日，頁6。

〔註30〕　小野西洲譯，〈論支那將來（十七）〉，《臺灣日日新報》，第5348號，1915年5月11日，頁6。

〔註31〕　小野西洲譯，〈論支那將來（十八）〉，《臺灣日日新報》，第5349號，1915年5月12日，頁6。

〔註32〕　小野西洲譯，〈論支那將來（十八）〉，《臺灣日日新報》，第5349號，1915年5月12日，頁6。

義篤實的文天祥，也在母喪中生子，禮教不彰。〔註33〕

（五）中島端遊蘇州：欺善怕惡、無紀律的中國軍

中島端在蘇州看到練兵紀律不整的狀況：穿破袍破靴、槍揹在左右肩的士兵都有，操演完畢後，把軍槍當扁擔，一邊挑白菜，一邊挑豬肉，三三五五不等地走回去。詢問隊長是新式或舊式部隊時，說最初受教於德國士官，二傳三傳後變成這副樣子。有一次，一隊蘇州兵行經中島寓所門前，當時在寓所的書生某人，穿著白色西裝站在外面，蘇州兵紛紛向他行禮，在樓上看到這一幕的他不禁噴飯，嘆中國士卒居然將那位書生當作日本軍官而行禮，其軍人常識大概可見。中國軍雖然經過幾次改組、用新式教練、拿精銳兵器，卻不能鍛鍊國民性，就像糞土之牆在千百年後，還是糞土之牆。事實上，不只是蘇州兵，中國南北各地差不多都有這樣的「國民性」。又因中國人秉性殘忍，士兵只要是婦女無不縱淫；雖是老幼，也遭屠戮，掠奪財物，毫無顧忌，就好像官方許可的公盜一樣，以致中國人怕官軍甚於盜匪。〔註34〕

中島端指出，中國人怕身材雄偉的歐美人與印度人，就像老鼠怕貓一樣，任其毆打、驅使。日本人則不一樣，儘管是世界上第一矮小的民族，但勇氣充盛，臨戰直進，遇敵而前，有挫強扶弱之志氣。但中國人卻有侮小欺寡之心，所以會說日本是蕞爾小島，日本人是東洋野蠻、海島小丑，但轉個頭又是怕猛畏強，這樣會是興國之民嗎？〔註35〕

（六）從中國近代史事件探討中日民族之昇沈：甲午戰爭

〈論支那將來〉第20回以後，中島端開始從中國近代史的事件探討民族性。他認為觀察中國人不能只看一些個體，要從社會事件來看，並從整個民族探討。〔註36〕從社會事件來看中國未來、國民性與將來，相關的證據不在少數：甲午戰爭（日清戰爭）、團匪之亂、革命之變均有。〔註37〕

〔註33〕小野西洲譯，〈論支那將來（十九）〉，《臺灣日日新報》，第 5350 號，1915 年 5 月 13 日，頁 6。

〔註34〕小野西洲譯，〈論支那將來（二十）〉，《臺灣日日新報》，第 5352 號，1915 年 5 月 15 日，頁 6。

〔註35〕小野西洲譯，〈論支那將來（廿一）〉，《臺灣日日新報》，第 5353 號，1915 年 5 月 16 日，頁 6。

〔註36〕小野西洲譯，〈論支那將來（廿一）〉，《臺灣日日新報》，第 5353 號，1915 年 5 月 16 日，頁 6。

〔註37〕小野西洲譯，〈論支那將來（廿二）〉，《臺灣日日新報》，第 5355 號，1915 年 5 月 18 日，頁 6。

中島端指出，甲午戰爭是中國先起釁欺日本的，也因爲中國小看日本而自取敗績。十九世紀後，東亞各國除了中、日、朝三國，均已瀕危或滅亡，故三國親疏離合利弊清楚。唯中國一直以來輕視日本，不以日本爲一大民族，反如李鴻章一派大言不慚，說日本小兒學西方文明之皮相，脅臺灣、取琉球、迫朝鮮，忘恩膽大……。〔註 38〕甲午戰爭前，日本正在議會開設之初，當時中國就有伐日之議，正好朝鮮遇到東學黨之亂，北京政府就送保韓護日的文書予兩國，態度傲慢，這才是甲午戰爭的開端。明治 16 年（1883 年）朝鮮京城之亂時，因爲朝鮮政權被袁世凱所掠，結果中勝日敗，日本政治家感到遺憾，中國方面卻揚揚得意。〔註 39〕隔年，北洋水師訪日，然而日本海軍軍力不足，只能袖手旁觀其暴橫，不敢責其非法，中國將卒更橫行於長崎間，暴躁猖狂，只是當時日本未有戰意，但求不失鄰邦友誼，但中國迂闊粗浮，侮辱日本，終成自誤。〔註 40〕

中島端認爲，李鴻章是中國舉世無雙的大政治家，文勳武功兼有之，又懂權謀術數，儘管他能看破伊藤博文，卻沒計及日本五千萬人之元氣難擋，自以爲有朝鮮淮軍、北洋海軍，孰知海陸戰交鋒結果都令其膽寒。中國用五連發火槍，日本只用單發銃，但日軍奮勇百倍，戮死而戰，攻破平壤、進入遼東，可惜秋山騎兵隊被徐家軍所敗。中國軍侮辱日軍屍首，將其割腹填砂、糞穢塗面、斷睪剖陰、切其四肢等…種種殘虐，獨眼的日軍將領山路氏親眼所見，憤然叱喊，率軍連下金州等地，進山海關，直指北京，於是李鴻章、翁同龢便打算利用滿洲誘俄國南下，牽制日本。〔註 41〕

此後李鴻章欲引美國調停，派張蔭桓來商談，均爲日本所拒，只好親自出馬；之後被狙擊，面受一彈，引起內外人士同情，只得遽爾休戰，轉敗爲

〔註 38〕 小野西洲譯，〈論支那將來（廿二）〉，《臺灣日日新報》，第 5355 號，1915 年 5 月 18 日，頁 6。

〔註 39〕 此處中島端說是明治 16 年，但依其所謂朝鮮政權爲袁世凱所掠之情狀，應爲明治 17 年（1884 年）之甲申政變之誤。日本駐朝公使竹添進一郎聯合朝鮮開化黨人金玉鈞等人佔領皇宮，宣告朝鮮獨立，卻在袁世凱率清軍反攻皇宮、救出高宗李熙後事敗。以上參考自維基百科「甲申政變」條目：https://zh.wikipedia.org/wiki/%E7%94%B2%E7%94%B3%E6%94%BF%E5%8F%98

〔註 40〕 小野西洲譯，〈論支那將來（廿三）〉，《臺灣日日新報》，第 5356 號，1915 年 5 月 19 日，頁 6。

〔註 41〕 小野西洲譯，〈論支那將來（廿四）〉，《臺灣日日新報》，第 5357 號，1915 年 5 月 20 日，頁 6。

勝，轉禍爲福。李鴻章在日本巧言令色、百般哀求，最後議定割讓遼東半島、賠款兩億兩。李鴻章匆匆離去後，三國干涉的通牒到來，日本受三國武力干涉，只得歸還遼東；日本勝在戰爭，敗在外交，卻能臥薪嘗膽，振刷身心，乃於十年後日俄戰爭蓄養精力。中國則不然，虛弄縱橫手段，只有光緒、康有爲一派，檢討敗因，銳意仿日本的維新，但不被配合，加上西太后摧折，使中國錯失復活時機。甲午戰敗，中國人還自以爲是睡獅，認爲是李鴻章一人的失策，並非因爲日本強、中國弱所致，他們沒看到日本的戰略，故中國實際上已是「垂死老豬」。〔註42〕又如同明治35年（1902年），中島氏曾在上海戲館看到清兵破日軍圖，對中國人的自欺自愚嗤之以鼻，認爲他們的通性就是自大驕傲、殘忍倚賴與詐僞沽息。〔註43〕

（七）從中國近代史事件探討中日民族之昇沈：八國聯軍

提到八國聯軍，中島端認爲自鴉片戰爭以來，洋人、教民、教匪，欺人奪財、姦淫婦女，德國更藉故進佔膠州灣等事，產生企圖扶清滅洋的義和團，但義和團的計畫卻至愚至頑，可笑可憫。這些團匪號召全國同胞屠盡滅盡白人，不失爲有一片俠氣之愚民，但白人種類、強弱各異，而海外也有很多人，他們都沒有算計進去，只是說要盡滅洋人，痴愚狂惘之極。他們自以爲可以抵禦歐美、砲彈，不知是自欺還是無謀，終無法成事。他們自矜自負，嘯聚幾千萬團眾，孟浪輕浮，雖其情可憫、其暴可恕，但北京王公大臣居然要利用他們抵抗洋人，讓人無法理解。〔註44〕

對於殺洋人的中國人而言，他們也應該知道洋人的力量，西太后和榮祿平時也對洋人畏怖尊敬，但遇到洋人被匪寇包圍，居然不敢讓禁軍反制被團匪包圍的各國使臣，像是默許團匪，又像保持中立。東交民巷的外國人等援軍時，西太后和榮祿送去了西瓜，並告訴他們中國政府想救他們卻無能爲力，直到之後日本兵攻下了大沽、天津、北京，帝后母子蒙塵西安，如同貶謫罪人。〔註45〕

〔註42〕 小野西洲譯，〈論支那將來（廿五）〉，《臺灣日日新報》，第5358號，1915年5月21日，頁6。

〔註43〕 小野西洲譯，〈論支那將來（廿六）〉，《臺灣日日新報》，第5359號，1915年5月22日，頁6。

〔註44〕 小野西洲譯，〈論支那將來（廿六）〉，《臺灣日日新報》，第5359號，1915年5月22日，頁6。

〔註45〕 小野西洲譯，〈論支那將來（廿七）〉，《臺灣日日新報》，第5360號，1915年5月23日，頁6。

中島端接著提到：在八國聯軍進入北京時，白人軍在城中大肆劫掠、甚至在父母夫兒面前姦其妻女後，折手割胸並剖其陰部，死屍一絲不掛，橫倒、填滿大街，哭聲不絕，義和團則極力保護良民、救傷兵。只有日軍，即使在戰場上其勢神佛畏之，但對他國的老弱兒女則慇懃撫慰，這樣的行徑是古代武士道的遺風，中國人將日本人奉爲佛陀、救世主。但幾十天後，忽然忘卻，又將日本人視同白人一樣，聞若無聞。又中國暴徒也爲姦淫搶劫之事，趨蹌白人，樂爲其驅使，蹂躪同胞還自鳴得意。〔註46〕

八國聯軍時期也有很多「奇事」：團匪無戰略砲術，僅以拳法就糾集千萬烏合之眾，一奇；在青天白日下以扶清滅洋爲名，脅迫各國公使，官兵不管，二奇；董字軍一方面與團匪聯絡，一方面榮祿等又希望不失外國公使歡心，三奇。之後團匪消失，百姓被姦殺，有冤難伸，四奇；團匪不知來向去向，起滅飄忽，受害者有白人數千，中國人十數萬，奇中奇矣！天降禍於中國人，難以言狀。〔註47〕

（八）〈論支那將來〉的小結

該文接著爲其「橫觀法」所看到的中國人進行小結：

> 獨是支那民族舉其梗槩，大抵無感激性，但有負恩性；無眞實性，但有虛僞性；無覺悟性，但有健忘性；無羞恥性，但有諂諛性；無純良性，但有殘忍性。種種性癖各殊，欲掩不可掩。是又支那國民之特性，其流露有出於自然也歟，雖云支那民族，亦世界中最大之民族也，其賦稟非不良善，其力量非不恢宏，其宅衷非不溫厚，其才識非不聰明。詎晚近來，支那人狀態，大半萎靡腐爛，原其故，實中乎一種麻醉毒，致成此嗜眠之症。〔註48〕

中國人的種種「腐爛」，在中島端眼中被視爲中了一種嗜眠之麻醉毒，認爲這種毒並非始於鴉片，乃是宋元時代就漸漸產生的一種猛烈藥物，雖然也有好幾次夢醒的機會，如甲午戰爭、八國聯軍、日俄戰爭、革命之變

〔註46〕 小野西洲譯，〈論支那將來（廿八）〉，《臺灣日日新報》，第5361號，1915年5月24日，頁6。

〔註47〕 小野西洲譯，〈論支那將來（廿九）〉，《臺灣日日新報》，第5362號，1915年5月25日，頁6。

〔註48〕 小野西洲譯，〈論支那將來（廿九）〉，《臺灣日日新報》，第5362號，1915年5月25日，頁6。

等，但中國人卻都不能把握。〔註 49〕如甲午戰後，推行新政，但不能確收效果；日俄戰後，中國人認爲日本是因爲實行君主立憲才獲勝，且黃種人不輸給白種人；但他們只漫然比較日、清兩國，卻沒看到兩國本質的異同、辛苦的深淺，所以中國夢醒之聲，雖響徹全球，卻已無復活之機。之後中國練新軍、設學堂、定憲法大綱、編法條、設諮議局、資政院，但無根本的夢醒，只是皮相摹仿，故武昌亂兵一叫，各省附和，革命大變。只是，中國的革命並非一時出現的，早在髮匪太平天國時代就已經形成，可惜被曾國藩平定，儘管曾國荃試圖說服其兄揮軍滿清，但曾國藩堅持不肯，湘軍痛哭三天解散。〔註 50〕

中島端提出假設：如果曾國藩有西鄉隆盛的氣魄，革命大業早已成功；若西鄉氏有曾國藩的修養，就不會橫屍城山。另一方面，中國君民關係早在滿人入關後，就已是陽奉陰違，互不關心，人民將慈禧光緒之爭，視同牛角的蚊子。故兩百年帝政的「惰力」，與中國民族的特別心態相交，革命是早晚的事，就像癰疽早晚會潰裂一樣，不足爲怪。〔註 51〕只是中國人重視財產安固與生命保全，甚於自己權利與言論自由，喜歡最少的花費得最大的好處，故各地對於革命的支持，與其說除舊革新，不如說是在享有目前的福利。所以，中國請了專制的政治家袁世凱主持共和，而不自知矛盾，故有「今天革命，明天取消；今年共和，明年取消」之事，這些都是因爲中國沒有貫徹到底的精神。〔註 52〕

中島端認爲，二次革命失敗的原因，除了袁世凱得到五國的借款外，中國人享受目前的小康、保全自己利益之心態，才是革命失敗的主因。革命成功，要依賴全體國民的努力，但中國兩次的革命，成果均落於專制政客手上，人民享有的權利、自由，並未超過清季，這是因爲中國兩次的革命，都沒有徹底的主張與眞實的氣概。中國人就是遊戲心態，就算九死一生的狀況，也

〔註 49〕 小野西洲譯，〈論支那將來（廿九）〉，《臺灣日日新報》，第 5362 號，1915 年 5 月 25 日，頁 6。

〔註 50〕 小野西洲譯，〈論支那將來（三十）〉，《臺灣日日新報》，第 5363 號，1915 年 5 月 26 日，頁 6。

〔註 51〕 小野西洲譯，〈論支那將來（卅一）〉，《臺灣日日新報》，第 5364 號，1915 年 5 月 27 日，頁 6。

〔註 52〕 小野西洲譯，〈論支那將來（卅三）〉，《臺灣日日新報》，第 5380 號，1915 年 6 月 12 日，頁 6。

沒有真實的哭泣與眼淚；無論是執政政治家或是在野志士，包括袁世凱、孫文、黃興等，沒有一人實事求是，只是泛泛浮游醉生夢死，像丑旦淨生一樣，空演一場悲喜劇而已。〔註53〕舉例來說，中國人聽說蒙古活佛通款俄羅斯時，群起洋洋灑灑發大言，高聲痛罵，但只是虛張聲勢大叫而已，如同他們喊排斥日人日貨，實際上卻又辦不到一樣。中國人「強於口舌，而怯於戰鬥；長於虛實恫嚇，短於實力勉行」，所以他們愛國憂國的聲音都是假的，一旦國家有難，不見有殉死之豪傑，但於國家被瓜分豆割之時，卻會有賣國降敵圖利者。所以中國國民性的短處醜處千瘡百孔，難以枚舉；無真無實是他們的中心，中國人早已四肢腐蝕麻痺。〔註54〕

〈論支那將來〉以「橫觀法」看中國未來的內容，大抵到此為止。之後，第36回到第51回計16回的文章，則從歷史脈絡論述中國人形成這些民族性的原因，以說明中國的短處病處終究還是不可藥救的痼疾，非一時病症，直到第51回連載被腰斬。

二、〈論支那將來〉的譯介目的

中島端和小野西洲都是日籍漢學家，均在中國待過。他們和當時福澤諭吉、吉田松陰等日本知識分子相同，認為中國人的民族性將造成他們的國家沒有前景，並主張日本應該征服朝鮮、瓜分中國，以保障日本的安全與亞洲文明。中島端儘管沒有在文中提到征韓分華，但這篇〈論支那將來〉正是這種立場的體現。

〈論支那將來〉一文開宗明義舉出各種明顯事例，說明中國「將亡不亡」之「奇」，藉此強調中國歷史上的治亂興亡雖多在民族內，20世紀卻非如此。中國處於列強東來之前所未有局面，如果日本依舊樂觀認為中國經歷一時動亂可以強大、保衛東亞局勢，那麼將來一旦情勢不然，日本可能會在無法預期的變局遭到波及而措手不及。

接著，中島端詳述他的中國體驗，並歸結中國人的問題：羸弱骯髒、貪婪愛財、殘虐不仁，同時又好賭好色、無禮虛偽、欺善怕惡等、無真無實、

〔註53〕小野西洲譯，〈論支那將來（卅四）〉，《臺灣日日新報》，第5382號，1915年6月14日，頁6。

〔註54〕小野西洲譯，〈論支那將來（卅五）〉，《臺灣日日新報》，第5383號，1915年6月15日，頁6。

虛張怯戰。中島氏鳥瞰近代史大事，認爲甲午戰爭是中國狂妄自大、挑釁輕敵所致，戰場上日勝清敗，外交上日本卻敗給中國。八國聯軍時，清政府昏潰，對內外仍巧弄玄虛，百姓痴愚狂惘、以卵擊石，各國則殘虐欺民，只有日軍對他國老弱兒女慇懃撫慰，但中國人很快就忘恩負義。

最後，總結橫觀法的結果，中島端導出悲觀的結論——中國會亡國滅族：

> 支那國民如是，支那國民能保其終無亡國滅族之慘乎？余所以立橫觀法之論，擬議支那之終局，悲觀支那民族之將來者，爲是故也。

這篇討論中國未來的文章以漢文刊在日治時期臺灣的最大報刊，顯然以是當時少數識字的臺灣知識分子與日本人爲預期讀者。這篇對中國現勢與未來的分析論文，爲何要連載多期，轉譯於殖民地臺灣？譯者呈現一個絕望的中國給臺籍菁英看，意義、目的何在？這篇文章的寫作者對中國所抱持的態度，又在臺灣造成怎麼樣的影響？

筆者認爲，將負面的中國形象顯示在臺灣人面前的目的應爲下列：第一、可斷絕臺灣人寄望中國，並甘心接受日本統治，特別是處於苗栗事件剛結束、西來庵事件正在蘊釀之時期，統治當局有這種需求。第二、形塑日本人比中國人優秀的印象，一來可以更滿足殖民者對被殖民者的優越感，二來得以自詡爲東亞的保護者，如同他們在八國聯軍侵略時，保護老弱婦女一般，闡明能在日本的「幫助、保護」之下的臺灣，得以自中國的悲慘命運中倖存。第三，揭舉保衛亞洲文化的理由，合理化日本對中國、朝鮮的野心，這也是中島氏一貫的主張，亦即中國終將因列強瓜分而不復一統的「中國分割論」，並得到小野西洲的認同。

本文適否用於臺灣人？又是否以「中國」爲客體卻意在臺灣？文章未提供線索，也沒有就臺灣人的身分說明。儘管沒將臺灣人指爲中國人，也沒有將中國人與臺灣人切割開來，但筆者認爲，若將此文章置於當時總督府「無方針主義」政策，以標榜尊重舊慣行種族歧視，拒絕臺灣人同化於大和民族的背景下，以此文影射「臺灣人民族性」的目的便昭然若揭。

此文也讚揚日本人的仁義勇猛、利他團結，且認爲日本人是亞洲的救主，相對於中國人是積習已久、無法改變的，也符合總督府無方針主義。只是這種對中國民族性不假辭色的揶揄嘲諷，赤裸裸地呈現在臺灣人眼前的《臺灣日日新報》報導，及其背後的總督府，期待達成怎麼樣的目的？如此激烈的呈現，是否會在之後進行修正？筆者將於下一大段探討。

三、小野西洲〈支那文化與民族性〉之中國民族性論述

此段筆者將介紹小野西洲著〈支那文化與民族性〉對中國人的看法，並比較與 1915 年〈支那之將來〉一文的異同。

1922 年 3 月 5 日到 4 月 2 日，小野西洲於《臺灣日日新報》上連載日文版〈支那の文化と民族性〉系列文，前後共有十篇；而 1922 年 3 月 20 日到 4 月 5 日間，此系列文的中譯版，在《臺灣日日新報》漢文版持續連載。這系列文章不但中、日文均有，且無論在日文、漢文的報紙，均刊於重要版面：日文版載於第 3 頁上半頁中央的位置，漢文版則置於第 6 頁最上方版面，前者即相當於今日社論所在的位置，可見此文之重要性與對《臺灣日日新報》的代表性。

（一）研究中國的重要性與中國人的前提

〈支那文化與民族性〉指出：15 世紀以前世界文化中心在地中海，15 到 20 世紀時，泰西文化的中心漸移到大西洋；歐戰後，世界文化的中心漸漸移到太平洋，強國均有濱太平洋的土地，如美國、加拿大、英屬馬來半島、法屬越南等均如此。中國物產豐富、無量無窮，更是群雄競逐的對象，若中國強大就沒有問題，但事實則不然。所以，要興亞洲大業、貢獻太平洋之文化，日本應該扶持中國，使之轉弱為強，不能將中國排除在外。雖然中國人有排日運動，但這就像哥哥稍虐待弟弟，使弟弟不滿哥哥一樣；如果哥哥不欺負弟弟，弟弟的怒氣自然就會消減，便能兄弟提攜，共禦外侮，也因此日華親善非常重要，但要達成此目的，對中國內情的了解是根本解決之道。〔註 55〕

小野氏接著指出，若要達成日中提攜，調查研究很重要，然而日本的調查只在軍事、政治方面，對經濟、教育、思想、民族性等尚不知開展研究。按理，日本與中國在地理、歷史、人種、風俗、文字等方面有關係，比英美更容易進行研究，但現實卻相反：西洋國家不惜花鉅款請中國人調查水產出於何處、生殖力如何、可以依照哪些法規合法捕撈這些水產等。其他如中國人喜歡什麼東西、顏色如何、有什麼季節會使用，甚至老嫗之病、少女之貧、人情風俗、心理狀態等……都有進行深入研究，所以美國

〔註 55〕〈支那文化與民族性（一）〉，《臺灣日日新報》，第 7832 號，1922 年 3 月 20 日，頁 6。

人和中國人親如兄弟。日本人對中國的研究尚不如美國，所以好好調查中
國是很重要的。〔註56〕

在第三篇，作者褒美中國文化並強調其重要性，以闡明研究、了解中國
的必要。他寫道：

> 支那民族者，世界偉大之民族也。經四千年歷史，聚四億萬種族，
> 生息於四百餘州之禹域，世界無比之古文明，繼紹保存。其偉大之
> 點，與我帝國之國民，奉戴世界無比之皇統連綿之皇室，大致不
> 殊……
>
> ……個人觀之，亦終非他國人之敵：握拳以鬥，或未必操勝算；然
> 圍案理論，樽俎折衝，其談鋒之銳，恐全世界無與支那人為敵者。
> 〔註57〕

〈支那文化與民族性〉提到中國舊籍的古老，就算印度的阿利安人、與
希臘的荷馬史詩等均比不上，孔孟等大宗師與諸子百家，和印度的佛教、阿
拉伯的伊斯蘭教均為中國三大思想之一。對匈奴、滿洲、突厥等異民族，中
國都能用文化的力量同化之，包容力、同化力絕對強大，加上懂得調和、變
通，雖然現下中國處於破產狀況，但其民族性之根深蒂固，不像俄國易為破
壞。〔註58〕

小野西洲認為，古往今來所有中國人最貫徹的共同點，就是「利己主義」，
中國人的生命、國民性，就是「利」一字。然而，正如不能用羅福星、羅俊、
江定等人為例，就說臺灣人全是陰謀者，或用山本之輩為例，就說日本人愛
受賄一樣，不能用伯夷叔齊為例，就說中國人好廉節─這些少數案例不能拿
來說明一國的國民性。又如臺中的上內氏長官曾著有《臺灣刑事司法政策論》
一書，謂臺灣人的特性是悖德、迷信、貪利、慘虐、復仇、詐偽等等，因臺
灣人與中國人的民族相同，所以中國人也是這樣，如此推衍並不正確。〔註59〕

〔註56〕　〈支那文化與民族性（二）〉，《臺灣日日新報》，第7834號，1922年3月22日，
　　　　頁4。

〔註57〕　〈支那文化與民族性（三）〉，《臺灣日日新報》，第7835號，1922年3月23日，
　　　　頁5。

〔註58〕　〈支那文化與民族性（三）〉，《臺灣日日新報》，第7835號，1922年3月23日，
　　　　頁5。

〔註59〕　〈支那文化與民族性（四）〉，《臺灣日日新報》，第7839號，1922年3月27日，
　　　　頁4。

接著上文「利」字當頭的說法，小野氏認爲中國無國家觀念，缺乏國民精神，他們向來只有家、沒有國，所謂政府威嚴與統治權，只是強者欺壓弱者的結果。因此政府不保護人民，人民也不願對政府盡義務，百姓只是像面對土匪的索取，不得不服從而已，並非所謂忠君愛國。但若問比干、龍逢、晏子、季文子等，不是忠臣嗎？近來學生運動非常熱烈，難道不是愛國心的表現嗎？小野西洲認爲，或許是這樣，但退一步想，中國歷史對忠臣大書特書，這不就反而證明忠臣甚少？那些奔走疾呼、巧弄文墨，發表排日愛國言論的學生，並非眞心愛國，而是欲得名利。排日是中國的風氣，深受國民歡迎，女學生特別歡迎，排日者可得其犒享，意氣萬丈；又可以此爲名，收錢以充運動費，甚至可以誣辦日貨者，沒收商品，傷人掠財。〔註60〕

他接著寫道：

> 彼支那所謂愛國之士者，即樹愛國之旗、敲排日之鼓，揮劣貨排斥
> 之劍，與國貨保存之槍，以困國民，一種強盜團之變體者。〔註61〕

在小野氏眼中，「排日愛國」對中國人而言只是利用工具。譬如，記者可以此迎合讀者，擴大報刊銷路；督軍可以此養私兵，扶持自己勢力；政客可依此造就其虛榮與實利……。然而，實際上卻又做不到，例如甲午戰爭時，劉坤一、張之洞等人視之爲北洋派和日本之戰，隔岸觀火。故作者得到的結論如下：

> 今之支那人，猶是昔之支那人也，但謂支那人無國家的觀念；而謂
> 支那文化，非偉大支那民族之民族的精神之橫溢者，則又不能也。

〔註62〕

（二）中國人「利己主義」的具體表現

承接上文無愛國心、利己主義的論點，小野西洲指出，中國人因爲缺乏國家觀念，所以缺乏公德心和義俠心，只有純然的利己主義。就算偶爾有不受不施、博愛互利的表現，或是有道家清淨寡欲、儒家孝弟忠恕的思想，或

〔註60〕 〈支那文化與民族性（五）〉，《臺灣日日新報》，第7840號，1922年3月28日，頁5。

〔註61〕 〈支那文化與民族性（五）〉，《臺灣日日新報》，第7840號，1922年3月28日，頁5。

〔註62〕 〈支那文化與民族性（五）〉，《臺灣日日新報》，第7840號，1922年3月28日，頁5。

是俠義、愛國的公共慈善行為，但只要沒有利益，也不會這麼做。中國人的理想、言論、心理各自不同，光聽他們的言論，並不能知道實際是怎麼樣的，他們的言語和心理常是不切實際的空論。至於那些為恢復國權而奔走、行善者，也只是為了賣名以自肥，擴展自己的事業，實際上他們並非用自己的錢，反而是以義舉之名集他人之財，中飽私囊。雖然中國人也有賣自己家產來救貧窮朋友者，為日本人所不及，但也並非為了俠義：他們不會救所有的朋友，只會救對自己有利的人。例如：有高官更迭時，其僚屬也會隨同下台，並互助互救，因為若日後風雲際會，得以重新得勢，在中國當官利益之大，可以榮華至子孫數代。故救政客之窮，實際上是欲得他日之後報。因此，中國人雖以孔子、老子之教義為理想，但實際上所做所為卻是相反的。〔註63〕

日本人與中國人的接觸該注意什麼？小野西洲認為，中國人的溫和、巧言、款待、愚鈍，讓人覺得很好相處，但事實上這是陰柔、不仁、討好、讓人疏忽的做法。當日本人去訪問中國的名士時，宴會歡談，貌似無害，甚至讓人覺得中國人容易共事且對日本人有好感，但這只是皮相的觀察。中國人如同貓爪蜂刺一樣，一旦遇到與自己相關的事時，就會極力反對，痛陳己意，無所忌憚；他們在日本遊歷時，遇到無關自己事，就算反對也不講，甚至態度完全相反，以免觸人忌。〔註64〕

舉例來說，在前年上海有位「中國通」告訴小野西洲，日本某武官在杭州見某位中國的師團長回來後，說中國人很愚鈍，因為該師團長對軍務全無常識，對軍旅之事全不能答。事實上，這正是那位師團長聰明的地方！如果是平常的日本人，那位師團長或許會略有所答，但正因為來者是日本武官，中國師團長怎麼可能回答？同理，曾有日本領事招待中國官憲，事後認為這些中國人愚蠢、低級、無能，但實際上笑者愚、被笑者賢。中國人談話喜歡聊些戲謔之事，或稍微談一下實事，但只要談及自己利害之事，就熟思慎處，藏鋒不露，大智若愚，讓人不知避防而易為所趁。日本人和中國人接觸，如果能了解這一點，就不會有失誤了。〔註65〕

〔註63〕 〈支那文化與民族性（六）〉，《臺灣日日新報》，第7843號，1922年3月31日，頁6。

〔註64〕 〈支那文化與民族性（七）〉，《臺灣日日新報》，第7844號，1922年4月1日，頁6。

〔註65〕 〈支那文化與民族性（七）〉，《臺灣日日新報》，第7844號，1922年4月1日，頁6。

　　小野西洲認為中國人的利己心膨脹到無以復加的程度。日本人常有公共、報恩的俠義心，受雇時會感謝主人的恩義；但雇傭於日本人家庭的中國人，卻常常會偷主人家的東西。中國人做了背德之事，轉受雇於另一家後，會變得很勤快誠實，也絕非因為改邪歸正，只是為了取得新雇主一時的信任而已。利己的中國人，若在工作薪資上捨高就低，也是因為該工作能多得額外收入，打仗也是如此。舉例來說，若有一地被攻擊，守備軍司令一方面會表示不忍老百姓受兵禍而意欲解散軍隊，另一方面卻又表示不忍心士兵沒有支給而死，所以要向領地人民收錢。若人民不繳錢，就掠奪燒殺而去；但就算人民繳了錢，也只是稍微攻擊一下敵軍，同時向敵軍講和，並索取金錢，然後捲款逃跑。〔註66〕

　　接著該文講中國人的精打細算。小野西洲指出，中國的男子多蓄妾養婢，女子則錦繡纏身、金玉為飾，看起來很奢華，其實卻非常經濟：蓄妾可以繁衍後代，養婢至成人可賣錢，金玉可以保值，衣服是在不流行時一次買之，永久使用。日本婦人則就算是只能穿一年的新流行，也不惜高價買下，一年後再買。理想方面，中國人雖以孔子儒家為招牌，但實際上嚮往的卻是巢父許由等人，無視國家、帝王。再從小地方來看，中國人若有一萬元，會裝作有十萬元；日本人若有一萬元，則會表現得只有二、三千元，這是中國人重視體面。又例如在建築上，中國人蓋房子都喜歡高門高牆，主人的房間更是穿廳繞廊，要過好幾道門，但主臥室內卻沒什麼防備，只有薄弱的門窗，外強中乾，讓日本人常被中國人的表面嚇到。〔註67〕

　　接著，小野氏談及實際和中國人接洽的注意事項。首先，部分中國人是紳士的、君子的、大人的，甚為偉大，所以和他們接觸時，日本人宜示以大襟度，不流於輕躁，應以相等態度回應。其次，中國人重實利、講體面，故與其接觸時千萬不可以傷害他們這兩點，因為他們看似淡薄磊落，實則不然，稍不注意，會被他們傷害。另一方面，他們其實喜歡妥協的，所以可以一面交戰、一面握手交涉，只是他們常常「面從心違」，或「面否心從」，為了體面，常常談到很多口實，若不能理解這中國人漫然與折衝的道理，而和他們談

〔註66〕　〈支那文化與民族性（八）〉，《臺灣日日新報》，第7846號，1922年4月3日，頁4。

〔註67〕　〈支那文化與民族性（九）〉，《臺灣日日新報》，第7847號，1922年4月4日，頁4。

到怒氣勃勃，是名勝實敗。另一方面，中國人「個人萬能，團隊零能」，遇到急變時會狼狽不堪，所以中國人組織的公司、銀行，成功的很少；只是，他們的外交詭譎、策略變通、辭令巧妙，文筆言論炎炎洋洋，非日本人所能敵。

最後，小野西洲寫道：中國雖然科學方面不及歐美，但人文的開發，卻是舉世無雙，這樣可以誇示於世界文明的中國文化，在東亞大陸自成一局，周圍各國無不與之同化。中國文化不論如何，總不會滅亡，所以中國的興隆與奮起，能造就復興亞洲的大業，而日中兩國國民精神的提攜，是根本之義。〔註68〕

（三）〈支那文化與民族性〉的目的

從版面位置來看，這篇〈支那文化與民族性〉在《臺灣日日新報》被編排在比〈論支那將來〉更重要的版位，兩篇文章有許多相同論述，他們均強調 20 世紀初為太平洋的時代、且中國在太平洋世界佔重要地位，只是中國人是貪婪、自私、詐僞，利己主義風氣濃厚的民族。與〈論支那將來〉之撰寫以日本人為預設讀者不同，〈支那文化與民族性〉以臺灣人與在臺日人為讀者，兩者的重心顯有不同，但兩文論述客體一致，立論高度相關，使兩文可為異同之比較。

小野這系列文章可謂以「利己主義」一詞貫串全文，認為中國人的社會一切只要從「利」來看，便能得到完整的解釋；但另一方面中國人重體面，所以常常會有表裡不一的情況。所以，要和中國人接洽往來，必定要示以大度，並注意他們的機巧精算。〈論支那將來〉未提及臺灣人與中國人的關係，但〈支那文化與民族性〉顯然將臺灣人自中國人中分割出來，表示不能將臺灣人迷信、僞詐、貪婪等印象投射在中國人民族性，但是這樣的分割又將臺灣人更置於劣於中國人的負面評價之下。

就中國人民族性的部分，〈支那文化與民族性〉與〈支那之將來〉相同，對中國人採負面評價居多，但和〈支那之將來〉一文也有根本上的差異，主要差異在於〈支那文化與民族性〉顯然由走向日華親善，迥異於〈支那之將來〉的中國亡國論。這篇文章儘管對中國有很多負面敘述，但最後依然正向寫道中國文化在東亞自成一局，可誇示於世界文明。至於強調中國地理的重要性與讚揚中國文化的同時，卻也貶低其所謂支那民族，然較之否定中國人與中國

〔註68〕 〈支那文化與民族性（十）〉，《臺灣日日新報》，第 7848 號，1922 年 4 月 5 日，頁 6。

文化的中島端，小野氏更有意將大和民族置於中國大地與東亞文化的主導民族，如此轉變合乎當時第一次世界大戰後的世界性和平主義風潮，也反映日本在大正民主期，征華派的思想萌芽狀況與東京政壇派系的消長。

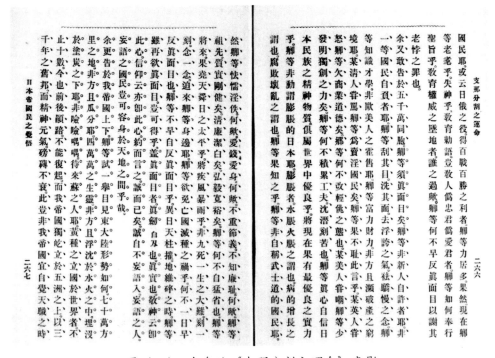

圖（10）：中島端《支那分割之運命》書影

小結

　　依筆者觀察，在甲午戰爭日勝清敗之後，不論是小野西洲或是中島端等日本漢學家，均進入較尷尬的時期：日本西學興盛，「脫亞入歐」之聲沸沸揚揚，漢學在當時被視為相對落後、保守、沒研究價值的學問，對漢學的否定也等同對這些日籍漢學家的否定。因此，兩篇文章均強調研究中國是攸關日本安全與發展的重要策略，小野西洲更強調日本對中國的調查不及美國，並將了解、調查的目的導向日華親善，也是東亞繁榮的必要條件。在了解這些前提之後，更可以理解日籍漢學家、日本人以其立場、最大利益看待中國的同時，必定與被殖民的臺灣人看待漢學、中國採不一樣視角與目的。

　　對日本而言，不論是漢學或是西學，日本人重視的是文明的提升，黑船事件後，漢學顯然淪為相對落後的學問。筆者認為，這樣的現實影響了這些

日籍漢學家的尊嚴甚至生計，他們必須賦與漢學不同的意義：研究中國以擴大日本的利益，包括分析未來中國可能的樂觀、悲觀時局，以及與中國人應對進退的注意事項。

因此，「漢學」的目的，從文明的學習，轉向將中國納入日本東亞政策的一部分。因此，中島氏與小野氏均表現出中國並非如日本人想像的簡單，來強調研究中國的重要，同時也闡明中國的積弱與弊端，並最大提升大和民族的優越性，以及身為亞洲領導角色與保護者。如此不只能滿足民族自尊心、提高日本對中國發揮影響的信心與野心，對這些漢學家而言，更是切身相關的利害問題。

小野氏等人將中國視為日本未來的舞臺，且中國國情之虛、國民之弱等事實，致英美等帝國主義國家也伺機插足，日本必定要有所對策。小野西洲指出不能以看待臺灣來看待中國，除了闡明臺灣研究不能直接套用中國研究，仍有賴漢學家出手之外，也在告訴當局不能冒然用對臺灣人的理解與統治方式來處理中國大陸問題，而需要小野氏等漢學家的幫助。

綜上所述，小野氏等人對「中國」議題有自己的目的。對臺籍菁英而言，在當時民族自決、世界和平、自由主義、社會主義等思潮勃興的同時，為反抗日本殖民的差別待遇統治，宣揚理念，又將如何使用「中國」這個題材？筆者將於下一節探討。

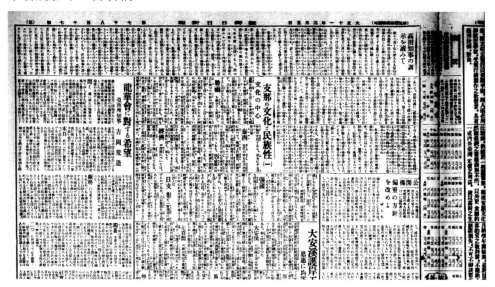

圖（11）：《臺灣日日新報》〈支那文化與民族性（一）〉日文版刊影〔註69〕

〔註69〕 《臺灣日日新報》，第 7817 號，1922 年 3 月 5 日，頁 3。

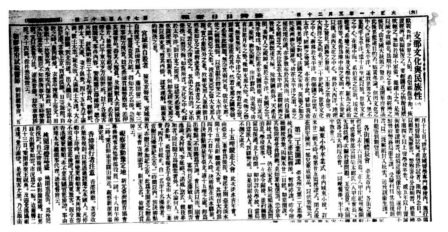

圖（12）：《臺灣日日新報》〈支那文化與民族性（一）〉漢文版刊影〔註70〕

圖（13）：《臺灣日日新報》〈論支那將來〉刊影〔註71〕

〔註70〕 《臺灣日日新報》，第7832號，1922年3月20日，頁6。
〔註71〕 《臺灣日日新報》，第5331號，1915年4月24日，頁6。

第二節 《臺灣民報》的中國前途與民族性描述——
以羅素爲中心

前言

　　有關中國的未來與民族性的討論，《臺灣民報》編輯群相當看重的是英國學者羅素（Bertrand Arthur William Russell, 3rd Earl Russell，1872～1970）的觀點。羅素是英美分析哲學大師，曾任教於劍橋大學，也是杜威的老師，1950年獲得諾貝爾文學獎，對中國的觀察極深入，孫文譽之爲「唯一眞正理解中國的西方人」。〔註72〕羅素曾於1920年到1921年間在蘇俄、中國旅行，引起很大風潮，胡適與徐志摩等人皆受其實證主義的影響，他也將中國見聞帶回西方，並持續關注中國的動向。〔註73〕

　　羅素的言論常出現在《臺灣民報》，〈中華之將來（上）〉一文緊接在《臺灣民報》創刊號的賀詞、創刊理念之後刊出，幾乎可說是《臺灣民報》首篇文章，其受該社重視程度可見一斑。〔註74〕〈中國國民性之幾個特點〉於1922年《臺灣》以及1925年《臺灣民報》刊載，內容大同小異，該文被兩度重載，可見其重要性與對《臺灣民報》系列期刊的代表性。〔註75〕

　　1922年《臺灣》亦刊出羅素的〈中國文明與西洋〉；筆名芳園的實業家陳逢源，也自1926年5月9日到1926年8月1日間，連載8期羅素的系列文章〈自由思想與公民宣傳〉，宣導自由主義與民族主義。此外，羅素對重要事件的評論也屢見於《臺灣民報》，如1925年〈羅素對中國慘案之正論〉，以及1927年〈羅素謂英國干涉中國實等於瘋癲〉等，足見《臺灣民報》編輯群將其言論視爲代表西洋重要立場的指標性言論，予以高度重視。

〔註72〕北京清華大學諾貝爾文學獎專藏：「羅素」條目，2014年6月7日
　　　　http://nobel.lib.tsinghua.edu.cn/winner/4067
〔註73〕北京清華大學諾貝爾文學獎專藏：「羅素」條目，2014年6月7日
　　　　http://nobel.lib.tsinghua.edu.cn/winner/4067
〔註74〕羅素，〈中華之將來（上）〉，《臺灣民報》，第1號，1923年4月15日，頁3
　　　　～4。
〔註75〕羅素，〈中國國民性之幾個特點〉，《臺灣》，，第3卷第1期，1922年04月
　　　　01日，漢文部專欄，頁24～34。而在《臺灣民報》中則是刊載於1925年11
　　　　月01日的〈中國國民的幾個特點〉一文，雖與前者譯文不同，但均大同小異。
　　　　本文以1922年版爲主。

　　本節將分析〈中華之將來〉（1923）與〈中國國民性之幾個特點〉（1922/1925）兩文，探討羅素對中國人與中國未來的看法，以勾勒《臺灣民報》與當時臺灣菁英認識的「中國」與「中國人」，及他們較認同的觀點，藉此與上一節官方主流論述內容進行比較，釐清兩者之異同，以及對臺灣有什麼意義。

一、從〈中華之將來〉看羅素的中國論述

　　〈中華之將來〉文章開始時，譯者紫峰介紹羅素其人其事並大加讚揚：

> 羅素先生英人也，為現代世界屈指之大哲學家，前曾當倫敦大學教授。歐戰之時，以主張非戰論棄職，前年曾到中國遊歷數月，華人視先生如中國之救主，到處大受歡迎，後來歸英著《中國問題》一書，闡明中國之文明、剔抉中國之弊病，句句鍼砭，字字金玉，這篇即是書中最後之結論也。〔註76〕

　　〈中華之將來〉文章裡，羅素假設一位有向上心與公共精神的中國人，該如何改造國家；首先就是要倚靠自己的努力，斷不可依賴外國之援助，因列強的利益不可能與中國的利益與進步一致。例如：英日同盟的建立、歐戰時，「某國（日本）」在東亞的橫行，如華盛頓會議、美日復合等，都將造成中國的不幸；但日俄密約間斷、美日反目，對中國來說，卻又是好事。另外，儘管日本強大對中國而言會事事制肘，但日本衰弱卻將使中國變成強大的軍國主義與帝國主義者。無論如何，外國不可靠，歐美如此，日本也是，中國唯有自立自強。〔註77〕

　　中國自強的方式，羅素認為，不只要追求政治上的獨立，更要朝向文化上的獨立。中國的舊文化雖有不足，但也有勝過西洋者，不宜全然拋棄傳統文化而將西洋文化清濁兼吞；然而，也要效尤西洋，才能進步發展。中國國民應該涵養「文明的愛國心」，有這個精神才能自重，才能在學習他族文化的同時，不會屈從於他國之下。但是愛國心不應超出保衛自己的範圍而生出野心，乃至汲汲於侵略他國，走向帝國主義；所以中國應以自己固有之文化與西洋文化混合、融合，產生出一種天下最美好、完善之文化，以貢獻天下、助長人類幸福。〔註78〕

〔註76〕羅素，〈中華之將來（上）〉，《臺灣民報》，第1號，頁3。
〔註77〕羅素，〈中華之將來（上）〉，《臺灣民報》，第1號，頁3。
〔註78〕羅素，〈中華之將來（上）〉，《臺灣民報》，第1號，頁3。

羅素提出中國應該努力的三個目標如下：

一、建設有秩序之政府

二、謀產業之發達振興（一概須歸中國人管理）

三、圖教育之普及。〔註79〕

三者的順序上，羅素認為應該先改善政治，再振興產業，最後普及教育。紛亂的政治不可能發展產業與教育，而產業應盡速從外人手中取回，以免外人在中國的地盤站牢後，取回不易。要如何建設有秩序的政府？羅素認為中國軍閥割據，釀成無政府狀態，張作霖、吳佩孚皆「強暴無賴」，如同外力不可靠，只有「憲法擁護派」之行事有益於國家。總之，樹立領綱、召集議會、絕滅軍閥之篡逆無道，皆為當務之急。〔註80〕憲法擁護派應利用輿論所趨，樹立領綱、廣集團體、提攜結束，向目標邁進，必能迎合輿論、得國民之同情；如果再遇到尊重民意、不用武力的政治家出現，就可以透過選舉，組織合憲的政府。羅素認為中國民意氣勢可用，譬如民國9年7月，北京學生推倒安福派，扶持吳佩孚，就是民意之力。最後，一旦立憲派掌握政權，即應裁軍並安排其就業，留營服役的士兵則照月發餉。〔註81〕

國家財政來源方面，羅素認為比起出讓主權向外國舉債，募內債才是中國唯一的生路。領綱部分，因中國人的省界情感甚重，中國的憲法最好採用聯邦制度，政府只要掌管海關、陸海軍、外交、鐵道等項即可，其他一概歸各省自治辦理。制定憲法之後，要組織堅固的團體，羅致全國有教育水準、進取的人為會員，這些人要持身嚴謹，集合群力、統合眾議，引導國民輿論，排斥媚外圖利的賣國者，並對當政者展現褒貶評論的權威。待黨議確立，無論如何不可移易，如有腐敗不良份子，立行除名處分。〔註82〕

該文也提到，中國應當抵制主權被外國侵害，條約和港口要回歸自己管理，治外法權也要倡廢收回，但是不能像俄羅斯一樣，犯外人之怒。俄羅斯的過激派茲事擾亂，招致列強之恨，中國不宜以擾亂國內為救國手段，步其後塵。中國一旦建設良好政府、開發富源，並伺機而動，以外交手段向列強交涉，應不是難事。〔註83〕

〔註79〕 羅素，〈中華之將來（上）〉，《臺灣民報》，第1號，頁3。

〔註80〕 羅素，〈中華之將來（上）〉，《臺灣民報》，第1號，頁4。

〔註81〕 羅素，〈中華之將來（上）〉，《臺灣民報》，第1號，頁4。

〔註82〕 羅素，〈中華之將來（上）〉，《臺灣民報》，第1號，頁4。

〔註83〕 羅素，〈中華之將來（上）〉，《臺灣民報》，第1號，頁4。

　　接著羅素發表對中國產業與教育的看法。產業部分，羅素主張中國應將鐵道、礦山等，用相當價格購回，只要政府強固且有秩序，設立國營企業，發展「國家社會主義」，外國資本家理當願意欣然貸款。〔註84〕以國家、政府之名主導經濟，比較容易借到錢、募到技師，對於活絡的產業更易掌握。中國若成為正直的國家，依上述計畫進行，除了可以開發國家，更可以避免個人資本主義的弊害、人民被壓迫，或開發成果誤入傲慢的資本家等情事。只要中國能開發，道德必產生大變化：家庭倫理與商業道德必須導向公務心，使公共精神發達，並以愛國心實踐。最後，要開發展業，中國人也要學著成為專門的技師與熟練的勞動者，前者比較重要，後者可以由像獨逸（德國）這樣具有良好勞動者的國家，招人來教導。〔註85〕

　　提到教育事業，羅素表示，為達成民主主義的「少年中國」，教育是必要的，因為沒有受教育的群眾，無法掌握有效政見。但教育費用龐大，一定要先從產業開發開始；產業當務之急，便是將其收歸中國人之手，還好中國有不少教育家，就算幾個月沒薪水，也當盡力所及、認真奮鬥。〔註86〕中國也必須聘請外國教師協助發展教育，同時也要能自己支配教育，如同產業自理一般，因為傳道學校和外人支配的學校，將焦點放在歐洲人的利益，有將中國人化為「非國民」之傾向：以保守主義灌輸學生，成為西洋文明的奴隸，失去故有道德。羅素指出，中國大學生前往歐美留學固然重要，但大多數最好還是留在中國。留學生中勤勉的人，可以像美國一樣，持留學國的核印回國，成為進步的國民，回國執教，讓純受中國大學教育之學生增加，戰勝困難。〔註87〕

　　要戰勝困難，羅素認為還有兩件要事：一、要有有力的指導者；二、要有「可為標準文明種類的明白概念」，這些都要有實際經驗和智識。團體政治的指導者與智識之指導者，為不同領域，難以兼全。〔註88〕智識方面，中國有持非常勢力的文章家，有熟練可感動群眾的改革者，也有良好的技術者。羅素以胡適為例，推崇他「甚有學問、極修養、有非常之精力，對於改革大膽熱情」，認為他能夠「以自國語言著書，將無限情熱吹入新人之間，且所學西洋的美點，決非有奴隸性或附和讚美之舉動。」〔註89〕

〔註84〕 羅素，〈中華之將來（下）〉，《臺灣民報》，第2號，1923年05月01日，頁4。
〔註85〕 羅素，〈中華之將來（下）〉，《臺灣民報》，第2號，頁5。
〔註86〕 羅素，〈中華之將來（下）〉，《臺灣民報》，第2號，頁5。
〔註87〕 羅素，〈中華之將來（下）〉，《臺灣民報》，第2號，頁5。
〔註88〕 羅素，〈中華之將來（下）〉，《臺灣民報》，第2號，頁5。
〔註89〕 羅素，〈中華之將來（下）〉，《臺灣民報》，第2號，頁5。

羅素認爲當時的中國，有世界中未嘗聞知的「文藝復興精神」以待開發，「青年中國」應該定下具有中國人民特色的目標：慇懃禮讓、正直、平和，同時保持感情、學習能解決實際問題的西洋學問。至於中國的實際問題有以下兩方面：歸於國內之狀態，與歸於國際的地位。前者如教育、民主、解決貧窮衛生饑饉等問題；後者則要建立強固政府、讓產業自主開發、改正條約、回收租借港，並針對日本編成足以防衛國家的強大軍隊。解決問題的過程一定要學西洋的科學，卻不要學西洋的人生哲學，否則會造成侵略企圖，乃演變像忽必烈侵略日本那樣的亞洲王朝戰役。〔註90〕

最後，羅素認爲中國人應該要反省尚有百萬生靈餓死，國內卻有人富豪放蕩無賴；同時也不要受暴力的誘惑，導入邪道，走向軍國主義：這些必將招致國家的崩壞，有如一些國家愈科學卻愈荒廢。中國應在發展上「知止而得中庸」，到足以防衛國家，不侵略他國的程度即可，同時將物質活動轉爲自由之力，成爲科學、藝術、經濟組織建設的力量，如此不但能創造全人類的新希望，更能使中國成爲最愛護人類、值得尊敬的國家。〔註91〕

羅素本身是理想主義的學者，對中國不具有領土野心，與中國學者相善，也認同民族自決、自由主義與社會主義。對他來說，考量的絕對不只是英國或美國的利益，而是站在超出國家界限的位置──世界文明──的角度看待中國，期許中國成爲世界最優良的國家，這樣建立在中國樂觀前景的立論，自然得到多數中國人與同爲漢民族之臺灣人的認同。

〈中華之將來〉以結合民族主義和社會主義而成的「國家社會主義」貫串全文，與主張打破民族界線的共產主義相左，反對以擾亂國內爲手段完成目的，對共產主義持保留態度；另一方面，羅素認爲中國民意力量很大，並期望以教育提升人民參與政治的能力，最後能達成民主政治。在此，雖然難以確認羅素推崇的「憲法擁護派」爲何勢力，可能是憲政支持人士，也可能指孫文一派：除了孫文曾號召護法外，羅素的主張亦與民族、民權、民生的三民主義有相合之處，也呼應其被孫文譽爲「最了解中國的西方人」。

值得注意的是，這篇文章提出的解決中國問題的辦法，顯然參照了日本富強的歷程，羅素因而憂心中國會如日本一般走向軍國主義。本篇也預視《臺灣民報》針對臺灣與日本關係的三層焦慮：一、三民主義派與共產

〔註90〕羅素，〈中華之將來（下）〉，《臺灣民報》，第 2 號，頁 5～6。
〔註91〕羅素，〈中華之將來（下）〉，《臺灣民報》，第 2 號，頁 6。

主義派兩者在民族問題上的歧異，即強調民族主義，或是打破民族乃至進行民族聯合；二、救國的方法，即採用溫和改革手段或是武力激烈鬥爭。三、在社會主義的路線上，要走允許私人資本的修正路線，或是絕對的公有共產體制。這三點左、右派歧異之處，也造成雙方日後在《臺灣民報》交鋒。

至於對日本在東亞的定位，羅素明顯與上一節小野氏、中島氏的看法不同。羅素認為日本是東亞秩序的破壞者，希望中國不要走向這樣的軍國主義道路；小野等人則認為日本則是東亞民族的保護者、支持者，無論是侵華或是日華親善，中國必須配合日本方能振興東亞。他們都認同中國政府無能腐敗，將使中國更難脫離時局的危機，但羅素卻認為無能無為的政府反而無法對中國造成大危害，也讓中國比西洋保有更多個人自由。羅素與小野等人均認定殘暴為西洋文化的特質，一致譴責西洋帝國主義。

處理中國前途的議題上，無論是中島氏等人，或是羅素，都認同一件事：中國有很強的感染力、同化力與民族性，只是小野西洲認同中島端的「中國亡國論」，並將如此認定的具體案例呈現在讀者面前。羅素則認為中國將成為世界第一之國，所引的例證卻常常和小野氏、中島氏等所見相同，只是賦與不同解釋。以當時國際局勢來看，小野氏和中島氏均認為中國因列強欺凌，已不能對比於唐宋元明故事，且中國人唯利是圖，難以團結，就算愛國運動也是為了自己的名聲與財富；但羅素看到的卻是中國人可依其民氣改革現況，建立超越列強、調和世界的優良文化，時局對中國而言乃是新的機會，目前未走向工業化的劣勢，反而可防止私人資本主義膨脹，讓國家能走向民族資本、國營企業，實現國家社會主義的優勢。

二、羅素〈中國國民性之幾個特點〉對中國民族性的描述

〈中國國民性之幾個特點〉系列文為羅素論述中國民族性的代表作。如上所述，此文一稿二刊，分別登載於《臺灣民報》和《臺灣》，可做為《臺灣民報》看待中國人的參考觀點。

行文一開始時，羅素即提出看法：

現今西方人都有一種見解，以為中國人是不可思議之民族，是含有無數秘奧之思想，而非我等所能了解；若余在中國能多得經驗，或者就能發生同一之意見，因余在中國時，不曾見過一事，可以證明

此語。……故余不信所謂「狡詭的東方人」之此種荒唐語矣！余抑
更信倘係英國人或美國人及中國人有互相欺騙者，其十回中一定有
九回是中國人吃虧也。〔註92〕

羅素提到，中國人多行詐欺在於貧窮使然，相對富裕的白種人自然成爲
其行騙對象。同中國人或英國人對話，事實上並無差別，中國人堪稱粗具學
識，因此羅素認爲中國人是可以溝通的，未必如西方人所稱無法理解的刻板
印象。〔註93〕

羅素在文中認爲，很多外國人在中國不論住多久，仍不喜歡這個國家，
但智識者卻會對中國萌生一種強烈的改革願望。初來中國者會對種種表面的
敗壞感到觸目驚心——乞丐、貧窮、流行病、政局紛擾、政治腐敗等；但久
住之人，竟也會看慣這些情形，淘茫無知覺，這是能夠吸引外國人感情的一
種能力。〔註94〕

外國人感興趣的事，像災害預防、政治改革等，在中國人眼裡總是當成
汽水上的氣泡，沒多久就消失殆盡。這使初來的外國人，由懷疑轉爲憤怒，
憤怒之後，竟會回頭質疑自己本來深信不疑的價值觀。這種終身忙碌只爲了
防範未來的禍患，實際上卻犧牲了目前的生活品質，就像努力建一棟大屋子，
卻爲了建大屋子而難有餘暇享受，這樣眞的是「人生之妙算乎」？對中國人
而言，答案是否定的。〔註95〕羅素認爲，中國人有一種遊戲人間的態度，爭
吵後往往一笑息事，所以中國人就算面對貧病紛亂，也能置之不問，並以嬉
笑、沉緬酒色、高談玄哲等方法來享樂。〔註96〕譬如有一回羅素和一群朋友
乘轎遊山，在山頂讓轎夫休息時，轎夫們就排列坐下，取出煙筒交談，大笑
大樂，像不牽掛世事，不會抱怨天氣炎熱而多要賞錢，和歐洲人早晚爲謀生
而耗盡心血不同。中國的上流階級人士，辯論的是宇宙、君子等，他們是完
全無我者呢？還是偶爾也會顧及私利的人呢？〔註97〕

〔註92〕羅素，〈中國國民性之幾個特點〉，《臺灣》，，第 3 卷第 1 期，1922 年 04 月
　　　　01 日，漢文部專欄，頁 24。同文異譯：羅素，〈中國國民的幾個特點〉，《臺
　　　　灣民報》，第 77 號，1925 年 11 月 1 日，頁 9。
〔註93〕羅素，〈中國國民性之幾個特點〉，《臺灣》，第 3 卷第 1 期，頁 24～25。
〔註94〕羅素，〈中國國民性之幾個特點〉，《臺灣》，第 3 卷第 1 期，頁 25。
〔註95〕羅素，〈中國國民性之幾個特點〉，《臺灣》，第 3 卷第 1 期，頁 25。
〔註96〕羅素，〈中國國民性之幾個特點〉，《臺灣》，第 3 卷第 1 期，頁 25。
〔註97〕羅素，〈中國國民性之幾個特點〉，《臺灣》，第 3 卷第 1 期，頁 26。

　　接著羅素提到，中國雖然沒有電車等現代化設施，卻有多處美麗的風景，令歐洲人垂涎三尺，歐洲人只會想著要到那裡挖煤、挖礦，以致讓美景醜化、惡化。若談及住的地方，西方人會推薦交通便利之處，中國人則重視是否近於帝王宮闕、高士隱居之湖，或著名詩人所寓別墅。〔註98〕這是因為在價值觀方面，中國人重視的是寧靜安閑的態度，就算留學過歐洲的人也是一樣，他們不必透過軍備比別人強或殺人來肯定自己，就自有其崇高威嚴，因為他們認為自己是擁有最優秀文化的最大民族，儘管西方人覺得這樣自我感覺良好很荒唐。〔註99〕

　　思考其原因，羅素認為：西方人「求進步」，背後來自「愛權力」，是一種以自我為中心，享受憑個人意願操控、變化世界的快感，期望「使自己成為他之境內一切可能變換之主因」，甚至為此弄壞身體，不能享受其成果也在所不惜。〔註100〕中國人則是期望「一切可能的、最多又最優的享樂」，享樂成為他們野心的目的，為了享樂，就變得貪婪，這是中國人普遍的弱點。享樂需要錢，所以中國人非常愛財，甚至為了錢財放棄權力，就像中國軍閥的理想就是在擴大家族私產後，放下在中國的一切，捲款逃到國外去安穩渡日。只是，中國人這樣做最多僅是禍及數省而已，與西方政客為了一次選舉，就可以摧殘整個歐洲大陸相比，災害小得多。〔註101〕

　　羅素承認中國政府混亂、腐敗、麻痺、愚拙，都是事實，但中國政府造成的禍害，也不致於大壞，且能讓百姓保有幾分個人自由。舉例來說，干涉言論出版自由等事，在平時絕不多見，除非是宣傳過激主義者；中國的工廠勞動者，也具自尊與高傲的儀容，這種表情只見於西方金融界大老。近世國家的政府，其行動十分之九是有害的，西方國家「好政府」積極作為，特別是歐洲在 1914 年後，以及美國於 1917 年後，對人民自由的干涉漸大，造成的危害比中國的無能政府大得多。〔註102〕

　　相對於西方人的率直，羅素看到「顧全體面」是中國人的基本道德律。當中國人覺得沒面子，但發覺對方並無侮辱之意時，只當作玩笑般嘻嘻笑。比方說，羅素有一次在似乎不太用功的中國學生班級面前提及自己與英國學

〔註98〕 羅素，〈中國國民性之幾個特點〉，《臺灣》，第 3 卷第 1 期，頁 26。
〔註99〕 羅素，〈中國國民性之幾個特點〉，《臺灣》，第 3 卷第 1 期，頁 27。
〔註100〕 羅素，〈中國國民性之幾個特點〉，《臺灣》，第 3 卷第 1 期，頁 27。
〔註101〕 羅素，〈中國國民性之幾個特點〉，《臺灣》，第 3 卷第 1 期，頁 28。
〔註102〕 羅素，〈中國國民性之幾個特點〉，《臺灣》，第 3 卷第 1 期，頁 28。

生的談話，隨即察覺不妥，但只看到學生們在笑。中國的溫恭有禮和西方率直的凶殘粗暴，正好成對比，只是中國的謙恭不免缺乏真實與誠意，需要改進。〔註103〕

　　該文接著指出，中、英兩國人民都有「愛調和」、「順從公意」的特質，與法國等西方國家不同。一些西方國家在改制為共和時，總是將退位君主處於極刑，或是逐出國外，然而中國人卻仍然讓皇帝住在皇宮，每年還給予數百萬優待費，儘管發生了復辟事件，退位皇帝卻未受懲罰。

　　如同〈中華之將來〉，羅素強調中國民意鼓動起來的力量，例如重申1920年安福系國會被推倒。〔註104〕又如國立學校教職員多月未得薪資，就帶領學生罷課，甚至與軍警發生衝突，導致多人受傷，並引發民眾對政府的公憤，政府受輿論攻擊，手忙腳亂，均是受民意的影響。〔註105〕

　　對外方面，羅素認為中國人的忍耐力很強，即使知道外患最可憂，卻能暫時服貼於外國勢力之下，就如同他們曾被蒙古、滿清征服；但征服者最後都被同化成中國人，甚至滿洲的中國移民人口已遠勝於他國，將來必然成為中國文化的一部分。因此，中國人的特長是：頑固的民族、強大的消極抵抗力、能慢慢磨、慢慢拖，特別是自己與其他民族的關係。至於西方文明的弊害：殘忍、輕躁、壓抑弱者、重物質等，中國人則明知其惡，不欲傚傚。〔註106〕

　　羅素提出對中國文化的觀察，他認為中國人的精神需要已無法在那個時代被滿足，因為中國原有文化大概已經死滅，文藝等領域也已非孔子的教化，故受歐美教育的中國人都在思考、蘊釀著新文化，以補足傳統文化的生氣，但他們也不想建造和西洋一模一樣的文明。如果中國人最後沒有走向軍國主義，一定能產生比西方文化更優、更新的文明。〔註107〕

　　接著，在被中國優秀的作家逼問下，羅素「不得已」提出中國人的三個缺點：貪婪、懦怯與缺乏同情心。聽到的人不但沒有憤怒，反而讚美羅素批評確當，並請教補救之法。羅素嘉許這些誠實的表現，並繼續說明他的看法。首先，在缺乏同情心方面，羅素先舉西洋的反例來說：歐洲人禁止奧地利人

〔註103〕羅素，〈中國國民性之幾個特點〉，《臺灣》，第3卷第1期，頁29。
〔註104〕羅素，〈中國國民性之幾個特點〉，《臺灣》，第3卷第1期，頁29。
〔註105〕羅素，〈中國國民性之幾個特點〉，《臺灣》，第3卷第1期，頁30。
〔註106〕羅素，〈中國國民性之幾個特點〉，《臺灣》，第3卷第1期，頁30。
〔註107〕羅素，〈中國國民性之幾個特點〉，《臺灣》，第3卷第1期，頁30。

僑遷，也不許德、奧合併以獲得工業原料，導致奧國人幾近餓死，這時歐洲人才開始用百分之一的氣力解救其百分之九十九氣力造成的罪過。這種仁慈在中國難得一見，一來中國人沒有像歐洲餓死維也納人的那種能力，也沒有將他們救活的好心；中國人很少賑災，災民也會輕棄兒女，甚至將之賣給別人。〔註108〕羅素認爲，若中國的生產方法永不改變，饑荒依舊會時時發生，直到下一次災荒得不到救濟時餓死，所以永久的救濟，應該是改良農業生產、採用大規模生殖限制政策與移民政策。因此，中國人將救災之事看得很淡，缺乏同情心，也許是因爲他們的眼光遠大，但也未必如此，如：中國人看到狗被火車輾過，十人之九會停下來哀憐嘻笑，有幸災樂禍之狀；清朝以前的刑法，更是殘忍。〔註109〕

說到怯懦部分，羅素提到軍閥對戰時，兩方軍隊常未見接戰就先自逃，較晚退逃的一方勝。這是中國士兵的理性，因爲他們都是僱傭而來，若有良好軍官就會勇而善戰，如太平軍即是；但如果與英、法、德各國軍人比起來，就不敢說中國人是勇敢的了。只是，中國人的消極忍耐力很強，雖不勇敢，卻有時也不怕死，如自殺者很多。〔註110〕另外，貪婪是中國人最大的缺點，羅素認爲這是因爲中國生活艱難，大多人不免因金錢而現敗壞行爲，幾經多年後，漸養成惡習；如果中國經濟狀況改良，貪婪的性格必定可以減少。羅素審視當時中國，認爲未必比18世紀的歐洲壞，若中國產業能改善，大概就能和西方人一樣公正無疑。〔註111〕

羅素提到中國人的日常生活是最是活潑、最具懷疑與智慧，同時略帶點遲鈍的，但他們也能猛烈生起騷動。舉例來說，拳匪和歷代騷動，前者甚至鬧出世界最危險的大亂。中國國民性有很多未經工業化的好處，但受日本、歐美的壓迫，這些特點也難發揮，甚至即將滅盡。例如中國當代美術品多爲西洋化的粗劣仿造品，留學者甚至會譏嘲中國畫違反投影法之類。工業化後，中國表面的審美觀雖無法保存，但倫理德行卻留存下來，這個國家之所以至高無上，乃因中國人具有平和的性格，可以正義地解決爭端，不依恃武力。因此羅素期許西方人不要迫使中國人盡棄優點，走向軍國主義。〔註112〕

〔註108〕羅素，〈中國國民性之幾個特點〉，《臺灣》，第3卷第1期，頁32。
〔註109〕羅素，〈中國國民性之幾個特點〉，《臺灣》，第3卷第1期，頁32。
〔註110〕羅素，〈中國國民性之幾個特點〉，《臺灣》，第3卷第1期，頁33。
〔註111〕羅素，〈中國國民性之幾個特點〉，《臺灣》，第3卷第1期，頁33。
〔註112〕羅素，〈中國國民性之幾個特點〉，《臺灣》，第3卷第1期，頁34。

三、羅素中國觀的探討與和小野西洲的比較

　　將小野西洲和羅素的文章置於當時臺灣歷史的脈絡，可以更加了解這雙方的異同，探討這些異同對臺灣本身的意義。

　　1921 年臺灣文化協會創立，二年後《臺灣民報》創刊，民族自決理念吹響世界的同時，與「臺灣漢文化」一脈相承的漢文化能得國際知名大師的宣揚，正符合當時臺灣人文化抗日的需要。羅素對中國的正面看法，也可視為對臺灣傳統文化的褒揚，這種異於日本主流的看法，正可與小野西洲與、中島端等人的中國觀進行平衡報導。至於在科學上取法西方、留學外國並回國服務的做法，也合乎臺灣人「同化於現代文明」的需求，更合乎當時留學青年的志向。因此，羅素對中國的肯定，等同為謀文化之向上的臺灣文化協會以及《臺灣民報》，多一位強而有力的背書者。

　　這位背書者的意義何在？鐵血詩人吳濁流的一段話，除了有筆者極欣賞的志氣，更可以說明臺灣人的民族情結，並理解何以當時臺籍菁英努力欲追求臺灣漢民族文化之向上：

> ……至於日本人，一直都持著優越感而自負比臺灣人優秀，但臺灣人以為自己是漢民族而比日本人的文化高，於是在潛意識中做了精神上的競爭。換一句話說，可以說是日本人和臺灣人在臺灣的五十年間做了一種道德的競爭。要證明這一點，可以舉出臺灣的良好治安並不輸日本內地，尤其像不說謊、守信義等行為態度，都比他們做得更完善為證。〔註113〕

　　這是一位走過那個時代耆老的感想，正可表達當時臺籍菁英的思維與這些文章背後的氛圍。筆者認為，將這些出現在臺灣，卻論述中國未來可能性的文章，回過頭來思考對其臺灣的意義，就呈現了臺灣人選擇未來上，有兩種不同的道路：依日本殖民統治的現實，照總督府的腳步走出臺灣的未來的大和民族之路；或是依民族血統情感與文化的理想，參照中國的未來，找尋異於甚至超越日本中華民族道路，建立臺灣在總督府格局之外，新的可能與未來。

　　若依陳芳明在「中國改造論」論戰提出「思想偷渡」的概念，《臺灣》刊出以中華民族道路走向未來的相關論述，關切目的最終不是在中國，仍是在

〔註113〕吳濁流，《無花果》，（台北：草根，1995），頁 137。

臺灣本島。換句話說,「中國」對臺灣的參照價值,不單如同劉名峰提出的「參照於道德的友善東方化他者」,若從羅素的文章有提到改革農業生產、收回工商經營權等具體做法來看,「中國」更是臺灣人可以參考,迥異於總督府的不同政策走向、未來前途、意識型態等更多實際層面的參照對象。

至於中國民族性議題上,小野西洲認為「利己主義」是中國人的前提,對中國人的利己持道德上的負面觀感。羅素則認為是「享樂主義」是中國人的前提,並在一定程度上肯定中國式享樂主義,認為獨善其身的享樂,反而不太會去干涉、影響他人,不至於造成太大危害,他們把握當下良好生活的態度是值得認同的。只是,小野西洲與中島端均以中國為「奇」,變化多端,但羅素卻認為中國人可溝通,和與英國人溝通並無二致。

舉中島氏和羅素都看到的人力運輸業者為例,前者聽到車夫的吆喝,將之比做被驅役的畜生發出的泣訴,沒有尊嚴,乃亡國之民的象徵;但羅素卻能看到轎夫們的積極、樂天、悠然自得、不顧天熱、不多要賞錢,與世無爭的一面,甚至認為中國勞工眼中有西方資本家獨有的自尊心。這種比較透露了羅素與中島氏、小野氏等人看待中國人具有不同的主觀前提,筆者認為小野氏等人試圖要去捕捉中國人的規律,以讓事情可以順著日本人的意思進行;羅素則是站在接受與尊重中國人現況的立場,讓中國可以成為自己文化的主導。不同的出發點也導致他們以不同的角度處理中國民族性的議題。

對小野西洲與羅素而言,對中國人的觀察結論上,「貪婪、怯懦、無同情心、表裡不一」兩造不謀而合,只是雙方對這些特質有不同的解釋:中島端與小野西洲字裡行間透露出嫌惡、揶揄與負面意向,但羅素指陳中國人三大缺點:貪婪、無同情心、怯弱時,卻多在為中國人辯護,體諒其背後的原因。這些特質也不影響他對中國的正面觀感,甚至還認為這些特質可能是避免中國過早走向軍國主義、帝國主義弊端的優點。

就改進缺點的部分,小野西洲、中島端傾向將這些缺點視為根深蒂固,不易改移民族性:中國人天性見利忘義、欺善怕惡、貪生怕死與生性殘忍。但在羅素眼中都有原因、且可改善:貪婪來自於貧窮,可以因富裕而得到解決;怯懦乃基於理性,卻也有完全不怕死的一面。至於殘忍的特質,小野氏、中島氏等人視為無法移易的民族性,在羅素眼中卻只是迫於無能為力的「無同情心」,而非殘忍。另外,表裡不一的作風也是他們共同看到的中國特質,只是羅素不認為是缺點,反而視為「愛調合、顧全他人體面」

的表現；但在中島端與小野西洲眼中，正是中國人虛僞狡詐、故弄玄虛、以圖私利的性格。

這些文章都論述到中國前途與中國人民族性，兩種議題均關係到臺灣。論述中國這個國家的未來可視爲討論臺灣未來的可能性，論述中國民族性可解讀爲對同爲漢民族臺灣人的論述。自十九世紀以來，重視物種、血統特質的社會達爾文主義成爲右派與民族主義者的基本前提，民族優劣之爭不唯是尊嚴之爭，更是殖民統治合理性的來源與口實。

從小野西洲、中島端的文章提到不能以對臺灣人的了解來看待中國人這點反面得知，在許多日本人眼中，臺灣人與中國人同屬漢民族，並沒有太大的差異，只是小野西洲與中島端的文章，均沒有更具體地說明兩者的差異。因此，筆者認爲小野氏等人在臺灣人面前呈現對中國人的負面描述，並非爲干犯臺灣人之眾怒，而是強調日本人對中國人，乃至臺灣人的使命。這讓臺灣讀者可思考受落後沒希望的中國統治，或受亞洲救主日本統治，兩者間的優劣得失，甚至可能讓臺灣人選擇文化上與中國的民族切割。在體現中國人與日本人的差異後，有助於說服臺灣人願意選擇接受總督府提供「同化於民族」的可能，並更加配合殖民政府。

值得注意的，還有羅素提到中國人的三大缺點，與小野西洲、中島端提到的中國人缺點，都合於後藤新平謂臺灣人「愛面子、怕死、愛錢」。〔註114〕因此，羅素對中國人的辯護，等同爲臺灣人開脫；羅素對中國的樂觀與讚賞、對西方文明的批判，也是對臺灣固有文化的肯定。相對來說，羅素的觀點可視爲是對將臺灣人視爲「清國奴」，追求「脫亞入歐」，走向軍國主義的日本進行質疑、批判，而羅素文章對顯然是日本的「某國」之批判，更是直接。《臺灣民報》編輯群認識到這樣的論述足以成爲以民族文化對抗日本殖民者的利器，並可透過報刊串連中國、日本與臺灣三地，呈現祖國、殖民母國，與被殖民者三者複雜的關係。

最後，由 21 世紀的今日驗證小野氏等人與羅素對中國未來的看法，顯然羅素對中國的觀察與預測，竟與中國現代史發展趨勢十分吻合！羅素認爲中

〔註114〕 菊仙，〈後藤新平氏的「治台三策」〉，《台灣民報》145 號，1927 年 2 月 20 日，頁 14。「後藤新平氏在臺灣做民政長官的時候，從臺灣人的性質上發見了三條的弱點，因爲要利用這弱點，所以定下治臺的三策：一、臺灣人怕死——要用高壓的手段威嚇的。二、臺灣人愛錢——可以用小利誘惑的。三、臺灣人重面子——可以用虛名籠絡的。」

國應求政治穩定，再求收回實業經營權，最後推動教育、發展文明的重建中國流程，與孫文《建國大綱》的軍政、訓政、憲政顯然高度相關，又將羅素提及中國威脅論相關內容置於21世紀的今天來看，當年羅素所擔心的，正是今日歐美國家在意之事，這又是將這幾篇文章「就中國而論中國」，饒富興味的印證。

小結

羅素在中國受招待一年左右，且跟著上層菁英行動，見聞多為北京學術圈的交流網絡，理所當然會產生較正面的形象，筆者也曾質疑其文章對中國現實的代表性與印證信效度。他所看到的中國人如謙恭、愛調和等特質，與陳翠蓮《台灣人的抵抗與認同 一九二〇～一九五〇》一書第五章述及謝春木、黃旺成、吳濁流與鍾理和四位到過中國後留下來的記錄大異其趣，更不用說與《臺灣日日新報》對比。

日本人與臺籍菁英對中國最深的印象是治安不良、政治敗壞與衛生不佳。只是和日本人冷眼相看不同，臺灣人卻「在理智上向日本所代表的文明進步認同，情感上則向血緣文化的祖國靠攏。」〔註115〕這種觀點正好夾於較樂觀的羅素，與較悲觀的小野西洲等人之間，呈現臺灣人當時複雜的中國情感。

不論中國實況是否如羅素寫出來的理想，對《臺灣民報》編輯群來說，最重要的是將漢民族良好形象表達出來。這樣的表現在殖民政府有意無意間將臺灣人排斥於日本國民之外，推向中國的同時，讓羅素指出的中國道路，包括民族主義、國家社會主義與自由主義，以及對中華民族優秀的信心，和與中國美好前景的預測、要如何走向富強的策略，均成為臺灣菁英心中嚮往，並試圖創造的，世界第一文明的臺灣人（中國人）。

另外，羅素提到的中國人缺點，也是臺灣菁英意欲臺灣人改善之處，也是成就臺灣人文明之向上，乃至以最終勝於日本人為目標的，臺灣文化協會與《臺灣民報》的最重要宗旨，一如黃旺成於〈後藤新平氏的「治臺三策」〉一文寫：

〔註115〕陳翠蓮，《台灣人的抵抗與認同 一九二〇～一九五〇》，（台北：遠流，2008），頁221。

臺灣人若能夠反省自己的弱點，感覺著弱著的悲哀，用著大眾的團結力，要求弱小民族的解放，那就不怕他的治臺三策不根本的崩壞了。〔註116〕

菊仙〈後藤新平氏的「治臺三策」〉

最後，筆者認為《臺灣民報》對中國的正面樂觀，與《臺灣日日新報》對中國的過分貶抑形成兩造極端。對總督府殖民統治的不滿，以及總督府刻意以「清國奴」標籤將臺灣人推向中國民族，致臺灣人容易全盤否定小野西洲等人的論點，並相信《臺灣民報》的溢美，使中國成為虛美的桃源鄉，卻忽視了中國既存的負面現實。

表（1）：羅素與小野西洲、中島端論點比較〔註117〕

	羅素	小野西洲、中島端
作者	英國　實證主義學者	日本　漢學家
前提	享樂主義	利己主義
狀況	可理解	奇
民氣	愛國、民意影響大	為圖私利的愛國
影響	感染力、民族性、同化力強	同化力、耐久力、民族性強
勞工	轎夫、勞工-無牽掛、有自尊	人力車夫-羸弱的亡國之民
日本	侵略者	保護者
西洋	殘暴	殘暴
表裡差	顧全體面、恭謙有禮	虛偽狡詐、虛張聲勢
未來	樂觀：世界第一國	悲觀：中國分裂亡國論
貪婪	因貧窮而犯罪	民族性見利忘義
怯弱	因理性而常臨陣脫逃，消極力強	軍紀不佳、欺善怕惡、貪生怕死
無同情	因無能為力而無同情心	民族性殘忍
實際見聞	政府腐敗、人民自由、愛嬉笑、不据小節　輕棄兒女、幸災樂禍、未戰先逃、傳統文化消失、致力學習西洋、沉緬酒色、高談玄理	娼妓之國、梅毒之國、賭國、不衛生、不重視文化與良好德行、政府無能、貪財易收買、狡詐裝傻、自大狂妄
隱憂	中國走向軍國主義	日本無法應付中國問題

〔註116〕菊仙，〈後藤新平氏的「治臺三策」〉，《臺灣民報》第 145 號，（1927 年 2 月 20 日），頁 14～15。

〔註117〕筆者自製

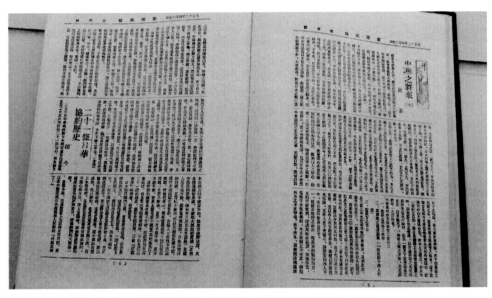

圖（14）：《臺灣民報》上羅素〈中華之將來〉刊影〔註118〕

〔註118〕 《臺灣民報》，第 1 號，1923 年 4 月 15 日，頁 3～4。

第二章 《臺灣民報》對中國北方政局的評述（1923～1926）

　　前章指出《臺灣民報》呈現部分臺籍菁英選擇寄期待於中國，或以中國做爲向總督府爭取政策不同方向的可能。只是，在羅素揭示之「民族主義、自由主義、社會主義」三條道路，臺灣的菁英又會有怎麼樣的取捨？這些取捨之際，「中國」又佔有怎麼樣的地位？兼容各抗日派系的《臺灣民報》在東京創刊時即有路線歧異，也必定可在該刊對中國的報導中出現端倪。1923 年 4 月 15 日《臺灣民報》創刊前後，正值中國軍閥割據、南北分裂紛擾之際，臺灣民族運動各派系提出創造新中國的政治主張或建國藍本，正可用以參照於臺灣的前途，此一背景促使《臺灣民報》對中國政局變化投入高度關切。

　　就當時中國北方局勢而言，1923 年 6 月黎元洪被直系軍閥驅逐奪印、10 月曹錕賄選成爲總統，引發 1924 年第二次直奉戰爭，奉系對直系反擊。〔註1〕該年 10 月，馮玉祥發起北京政變監禁曹錕、下令吳佩孚解職，並驅逐溥儀；與此同時，張作霖大敗吳佩孚，與馮玉祥共擁段祺瑞爲執政。爾後馮玉祥因無法控制局面，與段祺瑞共邀孫文北上商議國是，然而 1925 年孫文病逝，段祺瑞在馮玉祥幫助下成立臨時參議院，行國會職。同年 11 月，馮玉祥號召郭松齡反叛張作霖，然張作霖得日本關東軍之助，擊退郭松齡並揮軍入關。1926 年，馮玉祥逐走段祺瑞，卻又被張作霖打倒，終使張作霖入主北京。〔註2〕

〔註 1〕郭廷以，《近代中國史綱（下）》，（台北：曉園，1994），頁 567～568。
〔註 2〕來新夏，《北洋軍閥史（下）》，（上海：東方，2011），頁 816～827、922～937、964～972。

　　南方政權方面部分，1922 年 6 月陳炯明炮轟觀音山後，8 月孫文與蘇俄的越飛發表〈孫越宣言〉，開啓中國國民黨聯俄容共之局。1923 年，孫文重返廣州，於第二次直奉戰爭時支援奉系。1924 年元月，國民黨召開第一次全國代表大會，6 月獲得共產國際支持成立黃埔軍校。1925 年孫文逝世後，中國國民黨將陸海軍大元帥大本營改爲國民政府，同年 8 月國民革命軍建軍。1926 年 3 月中山艦事件爆發，蔣介石在國民黨權力大增，7 月國民政府於廣州誓師北伐。〔註3〕

　　《臺灣民報》如何以臺灣人媒體立場看待中國紛擾的北洋軍閥與南方政權？立場上對日本支持的奉系，與華僑支持的孫文，各採取怎樣的報導？這些報導或評述，置於臺灣的脈絡下，有何價值？本章與下一章將以《臺灣民報》對中國南、北各派系與時局的報導，整理、探討當時臺灣人對中國時事的報導。

第一節　黃朝琴〈中華政局概觀〉中的北方政局介紹

前言

　　1920 年代《臺灣民報》最清楚系統地報導中國大陸政局概況的文章，當屬黃朝琴所寫的〈中華政局概觀〉系列文。這一系列文章於 1924 年 5 月至 1924 年 7 月陸續刊登，包含〈中華政局概觀一〉、〈中華政局概觀二〉及〈中華政局概觀續〉三篇，成於黃朝琴在美國留學期間，每次篇幅占 1 至 2 頁。該文報導詳盡、條理分明，極富參考價值。

　　黃朝琴（1897～1972），臺南鹽水人，10 歲父親過世，由母親扶養長大，曾在早稻田大學研讀政治經濟科，畢業後到美國伊利諾大學進修碩士，學習國際公法，並於 1926 年完成學業後，到南京國民政府外交部任職。〔註4〕1945 年中華民國接收臺灣後，黃朝琴以「半山」身份回臺，擔任臺北市長與臺灣省參議會議長，蔣介石政府播遷來臺後，依然活躍於外交部。〔註5〕留日時期

〔註3〕　張玉法，《中華民國史稿》，（台北：聯經，2001），頁 153～157、172。

〔註4〕　臺灣省諮議會網站：議員簡介→歷屆議員查詢→黃朝琴，2014 年 6 月 17 日　http://www.tpa.gov.tw/big5/Councilor/Councilor_view.asp?id=21&cid=2&urlID=20

〔註5〕　文化部《臺灣大百科全書》網站，余慶俊編：「黃朝琴」條目，2014 年 6 月 17 日　http://taiwanpedia.culture.tw/web/content?ID=5749&Keyword=%E9%BB%83%E6%9C%9D%E7%90%B4

黃朝琴即是《臺灣青年》的重要成員之一，對中國的政經局勢一直保持高度關切，也常於《臺灣民報》刊載其觀察與想法。

本節將從《臺灣民報》旬刊中，黃朝琴〈中華政局概觀〉系列文章，整理中國 1920 年代以北洋軍閥為主的北方政局相關報導，觀察日治時期臺灣知識份子如何報導中國北洋政權消長、如何評價各勢力，並從這些報導探究當時臺灣社會菁英從中國北洋派系中看見什麼，抱有怎麼樣的期待與目的，再探討這些報導對當時臺灣人的意義。

一、黃朝琴〈中華政局概觀（一）〉中的直系軍閥介紹

本段將以〈中華政局概觀（一）〉為中心，介紹黃朝琴對中國北方執政當局，即直系軍閥的觀察與介紹。

黃朝琴於〈中華政局概觀（一）〉表示當時中國群雄割據、分裂的原因，乃「逆於大勢的軍閥和腐敗沒實力的政黨所致」；儘管也有遵守道理與法律的政黨和軍閥，但終究邪多正少。該文指出，因為中國處於封建專制時代後期「過渡時代的變態政體」，必定會有讓國民吃虧的軍閥，然而只要中國可以普及教育、鼓動言論，讓國民有監督政府的能力，軍閥就會自行消滅了。〔註6〕該文將軍閥分為五派系：直隸系（直系）、奉天系（奉系）、安福系（皖系）、孫文系（南方系）、雲南系（滇系）。其中若任一派系能夠調和其他派系、打倒所有敵對勢力，或者中國人民奮起，發動一次徹底的革命，中國或許就能統一。〔註7〕

該文接著對直系進行深入介紹，指出直系原本是以袁世凱為中心的直隸系北洋軍閥，是最有實力的團體，擁有計 20 萬到 30 萬的常備兵，海軍大多也屬於他們，地盤包括直隸、山東、河南、京兆、熱河、察哈爾、綏遠、湖北、安徽、江蘇、江西等地，部分福建、廣西、廣東，以及四川、湖南、貴州也有他們相當的勢力。直系內部又可再細分為保定、洛陽、天津三派，袁

〔註6〕 黃朝琴，〈中國政局概觀（一）〉，《臺灣民報》，第 2 卷第 8 號，1924 年 5 月 11 日，頁 4。

〔註7〕 黃朝琴，〈中國政局概觀（一）〉，《臺灣民報》，1924 年 5 月 11 日，頁 4。這系列報導原文寫的是「直隸派、奉天派、南方派、安福派、雲南派」，但為方便讀者，故於此論文使用大系小派，如：直隸系洛陽派等。今簡稱為直系、奉系、皖系、滇系，南方派則以粵系與國民黨為主。本文為方便讀者，本文多以現代用語呈現。

世凱死後曹錕成為直系首領，一開始他們隱忍在段祺瑞的皖系底下，之後實力壯大，兼得英美援助乃終於得勢。1922 年第一次直奉戰爭時，他們打倒奉系張作霖，原可掌握中央，但為保全名聲仍推舉黎元洪作傀儡總統。爾後黎元洪得政學會援助，欲反抗直系干涉，卻引發「總統帶印欲逃，直省長在天津車站實行執達吏的職權」風波，直系趁機掌握政權，曹錕賄選國會議員當選總統。〔註8〕此事引起反對黨鼓動言論、召開示威大會，西南各省也組聯盟討伐曹錕，但「言論民意不足罵殺他，到現實也不見到什麼具體的結果」，頗令人失望。〔註9〕

再來黃朝琴細數直系內部派系，他寫道保定派是曹錕的直屬派系，主要人物有張士潭、王克敏、熊炳琦與馮玉祥等，顧維鈞與該派系也有間接關係。洛陽派是軍武派，純官僚不多，他們以吳佩孚為首，孫傳芳、張福來、杜錫珪、蕭耀南等皆屬之。天津派則有很多財閥與能幹的官僚，像吳景濂、張英華、曹銳、邊守靖等，其中武力實力派另有王承斌一位。〔註10〕該文預言保定派、洛陽派和天津派三派因有共同敵人而合作，但平時互爭功名。拿津洛之爭來說，「天津派恨洛陽派左右中央政權，而洛陽派則恨天津親近、聯絡奉天系」故遲早會決裂。黃朝琴顯然不支持、看好直系，他以下言論作為對直系的總結：

> 直派的興亡在其本身是否能結束一致對外，而調合內亂而已。可是我們回想直奉合倒安福派後，馬上就分裂，所以對他們不得不生個疑問。統治國家即不以多數幸福為前提，單以私利做目的，無論甚麼堅固的團體，總難脫這個互爭名利而自己滅亡的法則啦！〔註11〕

縱使黃朝琴此文對「袁世凱死後，曹錕成為直系領導云云」顯然不符合馮國璋曾掌握直系的史實，然而對黃朝琴而言，理念的傳達顯然比事實的報導更重要。故綜上所述，「政治應以多數人的幸福為前提」是《臺灣民報》亟欲傳達的觀念之一，黃朝琴〈中華政局概觀（一）〉呈現當權的直系因只顧私利、重視武力而分裂，實際上危機四伏，再強調施政應考量多數人的幸福，正呼應 1920 年代嚮往民主自由的風氣，也是給臺灣民眾與總督府的提醒。另

〔註 8〕 黃朝琴，〈中國政局概觀（一）〉，《臺灣民報》，頁 4。
〔註 9〕 黃朝琴，〈中國政局概觀（一）〉，《臺灣民報》，第 2 卷第 8 號，頁 4。
〔註10〕 黃朝琴，〈中國政局概觀（一）〉，《臺灣民報》，第 2 卷第 8 號，頁 4～5。
〔註11〕 黃朝琴，〈中國政局概觀（一）〉，《臺灣民報》，第 2 卷第 8 號，頁 5。

一方面，從黃朝琴的文章也得知，當時他看待 1924 年中國混亂的政局，儘管仍有對現況失望的態度，但對中國未來依然抱持著樂觀，相信不良的政權終將倒臺。

二、黃朝琴〈中華政局概觀（二）〉對奉系、滇系與南方派的介紹

本段以〈中國政局概觀（二）〉，呈現、分析黃朝琴對奉系、滇系，以及南方孫文派的相關報導。

〈中國政局概觀（二）〉主要在描寫奉系與南方派。該文提到奉天系在張作霖逐段芝貴成為奉天督軍後，以東三省為地盤，近年來勢力一日千里，直到第一次直奉戰爭在山海關被打得落花流水。之後張作霖靠著地理優勢，宣告東三省自治並收拾民心，送許多學生留學美國、日本，他的努力使東北不到二年就恢復實力。其子張學良報仇心切，主張再戰，但奉天省長王泉則認為直系實力當紅，持堅忍主義。直隸系見奉系已恢復，恐其與別派聯盟，故官僚為主的天津派主張讓張作霖當副總統，唯軍人為主的洛陽派反對，奉系也不會接受籠絡。奉系之中又分新派與舊派，前者如吉林督軍孫烈臣、黑龍江督軍吳俊陞，後者有王泉、楊宇霆、張學良等，這兩派鬥爭雖不像直系激化，但黃朝琴也認為「不得不令人寒心」，並對直系有以下評述。

> 總之，奉天派站在這樣有利的地理上，他若不學習明末吳三桂的故智……難和直派對角；要是他果然學這樣利己主義的政策，既不但東三省危險，而他雖然一時可以握些權力，終是難免做個歷史上的罪人，所以我們說張作霖站在這內外夾攻的地位，實在「可喜又可憐」，盼望他能夠想出更好的策，既可維持自己的地盤，又能保全國家權利，這樣不但是他的萬幸，也是中華民國之萬幸。〔註12〕

接著〈中國政局概觀（二）〉一文論述又可稱孫文派的南方派。該文指出，孫文雖是開國的理想主義者，但為方便讀者，兼之以孫文的地位與控有軍隊的事實，及欲稱師北伐的意圖，也將之列為一派。南方派主要是因敬重孫文個人人格之追隨者組成，孫文主張革命，打倒了三百年的專制政治，儘管曾被陳炯明擊敗，但很快就得各界幫助而恢復，美國報紙近日傳出雲南唐繼堯也想與他合作。文人出身的孫文實權雖常被武人奪走，但他的主義與理想已

〔註12〕 黃朝琴，〈中國政局概觀（二）〉，《臺灣民報》，第 2 卷第 9 號，頁 3。

經遍撒於青年腦中，相信他的計畫總有實現的一日！孫文具有海內外高聲望與好評價，其實力主要是依靠在民黨（按：國民黨）和幾百萬海外華僑，特別是美國加州和加奈陀（按：加拿大）的二十萬粵人。〔註13〕

　　黃朝琴認爲，中國第一次革命是推翻清朝，若由人力、財力來看，可以說是由國外攻入的。他在美國舊金山就見到華僑的商店、家庭，都掛著孫文照片，他們稱北京政府爲僞廷，也不管北京總統是誰，只確信中國合法總統就是孫文。這些美國華僑，不但每年獻助孫文幾百萬軍費，對北京政要也甚爲仇視，甚至在加拿大還發生有人暗殺反國民黨的北京政府教育首長湯化龍，所以北京官員來此都很低調。〔註14〕

　　最後該文仍對孫文一派表達同理，卻也惋惜其不具實力：

　　　孫文的主義，不但爲國內外同胞所讚同，即外人方面，也（按：應漏「無」字）不稱揚。可惜他現的兵力還壓不上北方，而外交團方面，仍是看進他不起，倘非雲南派和他合作，恐怕難實現北伐的行動。〔註15〕

　　黃朝琴接著談及皖系與滇系勢力。皖系曾幾乎壓倒各派而壟斷南北政權，然而之後被奉直各系聯合打敗，幾乎盡失地盤、黨員與軍隊，只剩浙江的盧永祥和淞滬的何豐林有勢力，段祺瑞以下所有人政治生命和人身安全均有危險。後來曹錕當選總統，爲了洗除昔日舊怨而發下赦明令，也在直系洛陽派的吳佩孚等獻策下，要段祺瑞做國會議長、盧永祥做副總統，以結合中部勢力，然後盡滅包括奉系在內的各派系，然如此策略又正與打算結好奉系的直系天津派相反。皖系當然不可能與仇敵妥珴，所以仍東謀西合以倒直爲唯一目標，但實力不足兼之與其他各派仍有利益糾葛，也只能堅持「無事主義」。〔註16〕

　　該文接著指出雲南系由唐繼堯統轄，包括雲南全省和貴州一部分，佔難以入侵的地利之便。直系保定派因恐其與孫文聯合，要讓唐繼堯當副總統，並希望能與他合攻西南各省。但唐繼堯是有新思想的人，且和孫文有交情，如果他與孫文聯手，北伐可有進展。總之，所有軍閥都缺乏軍費，故沒有一派敢先動手。〔註17〕

〔註13〕黃朝琴，〈中國政局概觀（二）〉，《臺灣民報》，第 2 卷第 9 號，頁 4。
〔註14〕黃朝琴，〈中國政局概觀（二）〉，《臺灣民報》，第 2 卷第 9 號，頁 4。
〔註15〕黃朝琴，〈中國政局概觀（二）〉，《臺灣民報》，第 2 卷第 9 號，頁 4。
〔註16〕黃朝琴，〈中國政局概觀（二）〉，《臺灣民報》，第 2 卷第 9 號，頁 4。
〔註17〕黃朝琴，〈中國政局概觀（二）〉，《臺灣民報》，第 2 卷第 9 號，頁 4。

綜上所述，黃朝琴顯然對奉系較直系友善些，報導中肯定張作霖建設東北、振興教育、安定民心等施政，但仍恐其「學習明末吳三桂的故智」，以東三省地利之便，聯合列強與直系對抗以入主北京，成為歷史罪人。因此就黃朝琴來看，如果張作霖能兼顧維持地盤和保全國家主權，對他來說才是最大的利益。而皖系和滇系在黃朝琴的報導中，篇幅均遠不及直系、奉系與南方政府，但他們卻也是各方想爭取、拉攏的對象：直、奉欲爭取皖系，而直系、南方政府都想拉攏滇系。在直系成為眾矢之的前提下，各系都奉行「聯合次要敵人、打擊主要敵人」的策略，漸次形成奉系、皖系、滇系、孫文派四大派聯手倒直的局面。

顯然黃朝琴較看好的派系有兩者：其一是有實力卻也對他頗有疑慮的張作霖，其二是未成形的孫文派與滇系的合作。他在文章中表達他對不賣國的張作霖，或滇粵合作後的孫文統一中國的期待。另外筆者也觀察到儘管這篇報導將孫文派視為一支軍閥，且相較於其他軍閥在兵力、外交上都相對劣勢，但強調他們的魅力、號召力與潛力。例如報導指出孫文以其人格與理念在海外甚有影響力，且得到南方軍閥的認同，故不缺經費與人才，並指責炮轟孫文的陳炯明為「背德」。

最後，黃朝琴將推翻滿清的革命定位為「自海外攻入」，除了表達他對孫文勢力的正面偏好，或許也向臺灣民眾介紹了另一種「臺灣革命」的新方向，強調海外發展的重要：要影響臺灣，可如同海外華人對中國影響以致發生辛亥革命般，走向國際為臺灣的新出路奮鬥，留日青年如此，臺灣共產黨如此，黃朝琴本人赴美國、中國大陸發展亦是如此。

三、黃朝琴〈中華政局概觀（續）〉的中國政治派系介紹

了解黃朝琴對中國各軍閥的介紹後，本大段將繼續整理黃朝琴對中國各政治派系的觀察。

1924 年 7 月，黃朝琴的〈中國政局概觀（續）〉一文刊出更細部地介紹中國的政黨派系。此文開宗明義即說明所謂政黨應是持相同理念的國民們結合成的政治團體，他們標榜的政綱若能合乎大多數國民想法，便可得到多數的議員席次而掌握國會，進而組織內閣，實現政綱，譬如英國的勞働黨、美國的民主黨、共和黨等等。然而中國政黨林立，除了孫文的國民黨之外，各黨實無方針，且軍閥的囂張導致政黨不依存於軍閥下無法生存。然而他樂觀地

認為，過去西方國家亦曾如此，最後經過長久努力終究能達成軍政分立，故中國有朝一日也必能達致軍政分立的理想。〔註18〕

黃朝琴認為政學系、民憲同志會、新民社、全民社、民治社、中國國民黨、研究系、安福俱樂部、壬戌俱樂部，是當時中國「有價值」的重要政黨，針對這些政黨他一一概述如下：

政學系岑春煊為中心，包括張耀曾、谷鐘秀等，黎元洪和直系衝突導致政變便是這派策畫的。民憲同志會是舊益友社的變形，吳景濂、趙世珏為中心。新民社由民友社分裂出來，張伯烈、蘇江灝等為主要幹部。全民社由民友社分裂，溫世霖、張士才等為領袖。民治社是民友社的變形，主要人物為王朝、吳崇慈等。〔註19〕中國國民黨以孫文為領袖，是民友社的變形，內部各活躍份子即前述南方系人物，此派在海外的根基比在國內更深厚。研究系為梁啓超所創，核心人物為王家襄、林長民。討論會的人物是江天澤、潭瑞霖等。安福俱樂部即前述安福派人物。壬戌俱樂部則包括邊守靖、列康夢等。〔註20〕

除了上述「有價值」的政黨之外，他還提到其他不可忽略的勢力，包括黎元洪派、外交系及新舊交通系。黎元洪本是武官出身，但因為沒有兵權、沒有政黨造成失敗，只有金永炎、饒漢章等人跟隨他，形成黎元洪派。外交系可以分為顧惠慶、胡惟德、施肇基、王正廷等的舊派，以及顧維鈞、王寵惠、羅文幹等新派，但新派因受金法佛朗案影響而被攻擊，使舊派有機會。舊交通系有梁士詒、鄭洪年等，第一次直奉戰爭後他們完全失去的財政地盤。新交通系方面則有陸宗輿、李士偉、章宗祥等，但在排日風潮時一敗塗地，改而從事銀行總裁或商號總辦。〔註21〕

筆者認為，〈中國政局概觀（續）〉一文乃是前揭報導完軍團勢力後，介紹中國的政治派系，其所謂「政黨」非純然同於現代政黨，這些派系也未完全與特定軍閥綁定。故這些派系、人物的動向不全然跟隨軍閥消長而變化，兩方各有其政治、利益考量及自主性。這些政治派系形成的背景，必須追溯

〔註18〕黃朝琴，〈中華政局概觀（續）〉，《臺灣民報》，第2卷第13號，1924年7月21日，頁6。

〔註19〕黃朝琴，〈中華政局概觀（續）〉，《臺灣民報》，第2卷第13號，頁6。

〔註20〕黃朝琴，〈中華政局概觀（續）〉，《臺灣民報》，第2卷第13號，頁6。

〔註21〕黃朝琴，〈中華政局概觀（續）〉，《臺灣民報》，第2卷第13號，1924年7月21日，頁6。

民國初年宋教仁擔任內閣總理兼國民黨黨魁開始。自民國 2 年宋教仁被殺、孫文二次革命失敗後，國民黨分分合合，派系林立，有以孫文為首組成的「中華革命黨」，以及將孫文等人開除、卻被袁世凱撤廢名號的舊「國民黨」。舊國民黨包括李烈鈞、陳炯明、王正廷、孫伊洪、吳景濂、陳獨秀、林森、張耀曾、谷鍾秀等人，這些人雖以研究歐洲的一戰情事為名，另組「歐事研究會」，但對外仍常用「國民黨」之名。〔註22〕

　　整個國民黨又可分為三派：以張繼、張耀曾、吳景濂、谷鍾秀等為主的「客廬系」，還有舊進步黨人新附國民黨之孫洪伊等「韜園系」，以及中華革命黨的林森、居正為主的「丙辰俱樂部」。其中張耀曾、谷鍾秀之後又脫離客廬系而另組「政學系」，丙辰俱樂部與韜園系又合組為「民友社」。〔註23〕民國 6 年重開國會時，「國民黨」組織「憲政商榷會」，其中包括激進派的「民友社」，和溫和派的「益友社」、「政學會」，故這三派系又被稱為「商榷系」；另一方面，梁啟超、湯化龍等組成「憲法研究同志會」，又被稱為「研究系」。〔註24〕

　　比對上述現今歷史著作內容，可知〈中國政局概觀（續）〉一文有若干訛誤，顯然黃朝琴對當時中國政黨的複雜狀況無法全然掌握，無法分辨國民黨分合質變的脈絡，名詞使用也偶有混淆。例如他提到中國國民黨和民治社是民友社的變型，而全民社、新民社則是從民友社分裂出來的，這種說法即有錯誤。事實上，民友社是由加入國民黨的進步黨員，與原中華革命黨黨員的激進派，所構成的非正式組織，並非政黨。儘管如此，他對當時中國軍政派系的介紹，在《臺灣民報》上首屈一指，提供了臺灣人認識中國時勢的重要視角。

　　綜上所述，黃朝琴這一系列被置於《臺灣民報》第 4 頁的文章，佔了一頁版面，是該刊報導完本島重大新聞後，以最大版面呈現的中國消息，也是《臺灣民報》有系統地大規模介紹中國各派勢力的重要報導。它在一定程度

〔註22〕郭廷以，《近代中國史綱（下）》，頁 525～527。
　　　　維基百科：「國民黨（1912～1913）」條目，2014 年 5 月 22 日檢索
　　　　http://zh.wikipedia.org/wiki/%E5%9C%8B%E6%B0%91%E9%BB%A8（1912%E2%80%931913）
〔註23〕維基百科：「歐事研究會」條目，2014 年 5 月 22 日檢索
　　　　http://zh.wikipedia.org/wiki/%E6%AC%A7%E4%BA%8B%E7%A0%94%E7%A9%B6%E4%BC%9A
〔註24〕郭廷以，《近代中國史綱》，（台北：曉園，1994），頁 525～526。

上反映臺灣知識分子對 1924 年前後中國大陸各派系軍政勢力的基礎觀察，對當時透過《臺灣民報》閱聽中國相關消息的臺灣人，必有其代表性。

小結

〈中華政局概觀〉介紹了中國當時五大軍閥派系：直系、奉系、皖系、滇系與南方派，字裡行間顯然透露出黃朝琴個人的政治偏向與預測。文章對直系軍閥的奪印賄選表示不滿，甚至以「一個女子要嫁三個子婿」來諷直系不同派別分別要將副總統位子讓給奉系、皖系、滇系三勢力，並認為直系終將因各顧私利而決裂。這樣的觀察預測後來也確實得到若干驗證，儘管洛派與津派的不合並非導致直系失勢的直接原因，但直系的倒臺確實發生於外敵入侵造成內部矛盾激化分裂，乃至直屬曹錕的保定派馮玉祥於第二次直奉戰爭時，倒戈脅持其上司。直系倒臺後，洛陽派的吳佩孚與孫傳芳各據長江一方，天津派則與張作霖合作，馮玉祥和張作霖繼續爭權，同時也爭取與中國國民黨的聯絡、合作。〔註 25〕只是黃朝琴對中國北方局勢的了解亦不夠正確與透澈。例如在論直系時跳過馮國璋，將曹錕指為袁世凱死後直隸派的繼承人，而天津派與保定派多為合作共同對抗軍力甚強的吳佩孚，後人謂之「津保派」，這些點並未被黃朝琴指出。〔註 26〕

這些文章較有正面敘述的對象是奉系軍閥與孫文派。奉系軍閥是日本政府支持的對象，黃朝琴除了肯定其部分措施之外，卻也以「可喜、可憐」來揶揄之，期盼張作霖能想出兼顧內外的策略；孫文一派黃朝琴雖認為其實力甚微，卻也強調其潛力。其他勢力方面，皖系已無實力，滇系則佔地利之便，欲與孫文一派合作；至於粵系、桂系則並未在文章中提及。

文中雖提到唐繼堯和孫文有交情，但實際上雙方亦有矛盾。孫文在世時，曾任命唐繼堯為副元帥，唐拒而不受；但 1925 年，孫文逝世後，唐卻自行就職，欲以副元帥職成為元帥孫文的繼承者，進而掌握南方政府，國民黨不予承認，唐即派龍雲等進軍廣州政府，意圖滅之。同時，唐威脅廣西李宗仁與之合作，但李宗仁拒絕，並以 2 萬桂軍大勝 7 萬滇軍，唐自此一蹶不振。1927年，龍雲等發起兵諫，奪得政權，唐繼堯下台，沒有被黃朝琴注意到的桂系，卻在東南方得到絕對優勢。

〔註 25〕來新夏，《北洋軍閥史》，頁 824～827。
〔註 26〕來新夏，《北洋軍閥史》，頁 746～747。

綜上所述，出現在《臺灣民報》的中國報導，應兼具「為臺灣而報導中國」與「為中國而報導中國」雙重特性：前者視中國為臺灣前途參照對象或思想引渡來臺的論述對象，後者除了因當代民族自決思潮下對「祖國」的關心外，更有在難以伸展的殖民地臺灣之外，於中國另闢戰場的可能性探究，特別是張作霖與孫文一派，乃至中國的整體前途與未來被樂觀看待。因此，對複雜的中國就有了解的必要，黃朝琴這篇文章能成為認識中國的指引，也成為我們了解殖民地臺灣的中國視角。

黃朝琴呈現了對中國各派系的觀感、觀察，也體現民心向背對政權的重要性。他對孫文一派的論述，強調海外華人「攻入中國」的重要，黃朝琴更親自成為中國的參與者，而黃氏對中國的樂觀自他赴中前的這篇文章即得以一窺。也由此得知，對中國的樂觀以及中國的正向發展，顯然在當時臺灣人眼中是對自己有利的。《臺灣民報》這樣對中國報導甚細且關切甚密的視線，還能給臺灣人怎麼樣的意義？筆者隨後一一探討之。

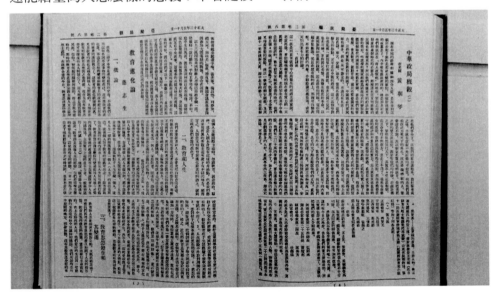

圖（15）：黃朝琴〈中華政局概觀〉刊影〔註27〕

〔註27〕 《臺灣民報》，第2卷第8號，1924年5月11日，頁4～5。

第二節 《臺灣民報》有關第二次直奉戰爭期間北方政局的介紹

前言

　　1920 年代前期《臺灣民報》的中國報導以北洋派的皖、直、奉三派系爲首，之後隨著時勢變化漸漸注意到其他軍閥。以 1925 年第二次直奉戰爭爲界，在此之前有關直系、奉系軍閥報導最多，後期焦點則轉移到南方政府。奉勝直敗後，段祺瑞重新執政，掀起新一波的軍閥勢力合縱連橫，《臺灣民報》除了密切注意時勢變化，也將批評的筆鋒轉向奉系，除了惋惜反奉戰爭的失敗，也聲援南方軍北伐。此一趨勢在《臺灣民報》中清晰可見，然而報導中國現勢變化的新聞記事和評述文章繁多，難以全面列舉和介紹；故繼上一節以〈中華政局概觀〉系列文爲中心的分析後，本節將針對第二次直奉戰爭爆發前到戰爭結束後刊出的若干新聞記事和時事評述，擇其要者分析，期能藉此更廣泛地了解當時臺灣知識份子對中國現況的掌握程度和立場變化。

一、《臺灣民報》對直系當權時代的報導分析及評論

　　1923 年《臺灣民報》創刊之初，中國正值直系掌權時代。本大段將以新聞記事〈張內閣總辭職之經過〉、〈中國威脅利誘的政策〉，以及子嬰所寫的新聞評述〈強迫黎總統退位（混沌的中國現情）〉三篇文章，探討該報對北洋政府的觀察與評價，以及他們爲何密切關注北洋政府、又憂慮些什麼？

　　1923 年 4 月〈張內閣總辭職之經過〉寫道，從 1917 年黎元洪與段祺瑞相爭開始，內閣的各項決議與措施都沒經過國會同意，故南方孫文政府均不予承認。直到後來陳炯明「負義兵變」致孫文被逐，北京政府趁機讓張紹曾組織恢復國會，得到了較多承認，是 1917 年以來正式的內閣；曹錕、吳佩孚也都同意準備召開統一會議，並交涉《二十一條要求》之事。〔註28〕

　　後來孫文恢復廣東後，曹錕、吳佩孚逼迫張紹曾內閣請總統黎元洪同意任命孫傳芳爲福建督理、沈鴻英爲廣東督理的提議，但張紹曾認爲強任北洋派將領爲南方省分督理，將導致南北無平和之日。然曹、吳立場強硬，最後

〔註28〕　〈張內閣總辭職之經過〉，《臺灣民報》，第 1 號，1923 年 4 月 15 日，頁 15。

內閣除了直系人馬，其他成員皆提出總辭職。〔註29〕總辭一事卻得到很多民眾和黎元洪本人的留任，輿論也指責直系意欲破壞和平，使曹、吳不敢強硬堅持；兼之兩人顧慮對日交涉必須要有內閣來負責，所以事情便緩和了下來，只是最後張紹曾內閣也同意孫、沈兩人任閩廣督理。

　　該文認為中國武人大多有勢力後，就失去理想而彼此爭奪，永無寧日，像吳佩孚原本被譽為「有人格的將軍」，無奈打了勝仗後旁若無人，干涉中央，讓愛國者不滿。〔註30〕這篇報導揭發了中國政界鬥爭的醜惡面，批判曹錕、吳佩孚等直系軍閥，這種批判後來與日俱增，特別表現於對曹錕賄選及迫黎元洪下台等事件；8月刊出的〈中國威脅利誘的政策〉、〈強迫黎總統退位（混沌的中國現情）〉等評述，皆是批判直系的代表。

　　〈中國威脅利誘的政策〉一文以陳述「民意為政治要件」為主要論點：

> 政治的目的是什麼？豈不是要增進人民的幸福嗎？要增進人民的幸福，須以正義人道為前提，而以民意為後盾，纔能成功哩。換句話說，政治不可無民意的表現，民意的表現，就是政治的要件了。但是有些因襲固陋的政治家，蔑視這個要件，誤信政治作壓迫人民的工具……用那威脅利誘的手段，來蹂躪人權無視民意，這就不是要某人民的幸福，反為障害人民的進步。

> 如今稱為世界文明國家，還有那種倒行逆施的政策，且揚揚得意無所忌憚，難道掛起文明或文治的假招牌，人民就會滿足了嗎？況其引用一班新舊腐敗的官僚，以威脅利誘來吸收人民的膏血，不但是蹂躪人權障碍民意，還要摧殘士類的廉恥，蕩夷國家的法紀哩。〔註31〕

　　此文以世界文明之進展為證，指出現世已高倡人道主義，人民與政府對政治的認識與期待，須順應時代精神與自然的理法；蹂躪人權、威脅利誘、榨取民利，必無法得到人民支持。

　　從文章佈局來看，這幾段以「政治的目的為何」作為題目之論述，佔全文的三分之二，只有後面的三分之一才援引實例，指出曹錕如何威脅黎總統、利誘國會議員，同時批判此等作風陳腐落伍、曹錕之政治人格令人不恥等等。故此文的重點不在批判直系軍閥，乃為宣揚民主政治與民權思

〔註29〕　〈張內閣總辭職之經過〉，《臺灣民報》，第1號，頁15。
〔註30〕　〈張內閣總辭職之經過〉，《臺灣民報》，第1號，頁15～16。
〔註31〕　〈中國威脅利誘的政策〉，《臺灣民報》，第5號，1923年8月1日，頁2。

想而發：政府不應掛文明國家的招牌行倒行逆施之實，應以正義、人道、民意為本，尊重民權，以增進人民幸福。這些報導之絃外之音，置於殖民地臺灣也同等適用，用「威脅利誘政策」講述中國時，也令臺灣讀者反思總督府的施政。

同樣在 1923 年 8 月刊出的第 5 號《臺灣民報》，尚有住在南投的子嬰〈強迫黎總統退位（混沌的中國現情）〉一文，指出中國的大總統、國務院等一向都只是軍閥傀儡的實情。這篇時事評述寫道：當時掌政的是直系的津保派，其首腦曹錕與直系洛陽派的吳佩孚不和；津保派馮玉祥除了逼黎元洪離開北京逃往天津，還奪其大總統印，迫使他寫下辭職書，同時利用羅文榦事件逼王寵惠內閣下台。軍人出身張紹曾出任國務總理後，旋因財政問題與倒黎事件提出總辭，政局始終混亂不安。子嬰認為，直系一派奪權後專橫獨裁、失去民心，乃至遇到反抗、沒落悲慘，這是中國政界常例，從袁世凱到段祺瑞、直系均莫不如此。直系為其私心，迎請黎元洪卻旋又逐之，將中國動亂更加深一層暴露在世人面前。〔註32〕

子嬰接著從內政和列強干涉兩層面，寫他對中國未來之憂慮：

> 中國專橫的軍閥，若果沒有那個自發的悔悟，而又不能自制時，中國民國的政局，到底可不是絕望，無可改善的日子到了嗎？為著中國的進步，垂了好意，有相顧及的列國，也只有困然苦歎而已呢！這個紛糾究竟果怎解決的問題，我卻不知道，我們竊憂日後列國的對華態度漸漸變到了那個不利的地方一件事呢！〔註33〕

最後，子嬰以「我們都是東洋一份子」、「東洋人共存並興」等概念，提出他關切中國現狀的理由：

> 我們住在燦然典雅的東洋，我們是個組織東洋的一份子，東洋都是我們的東洋的，所以我們愛我東洋，中華民國是個東洋地面上最大最美麗的一要國，所以我們愛我大東洋的發展的同人們，不可不愛中華民國的共存並興了。故讀著中國國情，念著中國的現狀，能不感慨！…可以安然默坐得嗎？〔註34〕

〔註32〕 子嬰，〈強迫黎總統退位（混沌的中國現情）〉，《臺灣民報》，第 5 號，1923年 8 月 1 日，頁 4～5。

〔註33〕 子嬰，〈強迫黎總統退位（混沌的中國現情）〉，《臺灣民報》，第 5 號，頁 5。

〔註34〕 子嬰，〈強迫黎總統退位（混沌的中國現情）〉，《臺灣民報》，第 5 號，頁 5。

這篇〈強迫黎總統退位（混沌的中國現情）〉儘管也提及直系逐黎奪權的事件，但是與〈中國威脅利誘的政策〉相比，更高比例在講中國現況本身，憂心軍閥專橫將使中國陷入不利局勢，也重申臺灣人必須關注中國局勢之理由。

綜上所述，〈張內閣總辭職之經過〉、〈中國威脅利誘的政策〉、〈強迫黎總統退位（混沌的中國現情）〉三篇文章，不約而同批評北洋軍閥專制強橫、無視民意的政治，且認為軍閥亂政將導致民心思變與列強干涉，造成中國的危機，故筆者認為，可從這些文章小結出以下數點：

第一，臺灣知識份子於直系之政治派系認知與分析有歧異：黃朝琴和子嬰的觀察和判斷顯然不同。例如子嬰認為保定派即天津派，與來新夏《北洋軍閥史》一書將曹錕兄弟掌控的一派稱為「津保派」這種區別相符。黃朝琴則認為保定派與天津派有所區分，卻與來新夏將以吳佩孚為首者定為「洛陽派」不同，至於王寵惠、顧維鈞等在來新夏眼中是是「無黨無派」的「好人」，亦和黃朝琴的劃分相左。至於吳佩孚和曹錕不合之事黃朝琴未提及，但子嬰有提到，也在來新夏的書中得到印證。〔註 35〕從這些差異來看，當時臺灣人對中國的政治派系認識程度和派系判斷不一，對中國政局也有不同的關注焦點與敏感程度。

第二，在殖民地臺灣報導評論中國的目的，包含了情感層面與現實層面：儘管劉新圓曾在〈日據時期的台灣文化協會及其中華民族情操〉一文中，認為上述幾篇《臺灣民報》關注中國的文章是基於民族情感所致，並認為「日華親善」、「東亞一體」之類的口號，乃為迴避總督府統治當局對臺灣知識份子孺慕中國、關注中國之警戒態度而提出的掩護論述。〔註 36〕筆者同意上述情感面的論述，卻也認為現實面的作用應該一併列入考慮。《臺灣民報》當時是李承機所謂「運動本位的政論中心」，兼具理念性與操作性的刊物，是敢於批評總督府當局的報刊，例如創刊號明白表示使用白話漢文是為了保存在臺灣的漢文化與民族傳統。故無論黃朝琴或子嬰等人的論述，並非單純出於祖國憧憬或民族情感，也有拿中國時局與總督府統治參照對比的作用，甚至有的文章隱微地暗諷總督府統治，具有臺灣民主運動的務實需求目的在內。

〔註 35〕 來新夏，《北洋軍閥史》，頁 746～757。

〔註 36〕 劉新圓，〈日據時期的台灣文化協會及其中華民族情操〉，（國家政策研究基金會，2005）http://old.npf.org.tw/PUBLICATION/EC/094/EC-R-094-006.htm

　　第三，不同作者對中國未來持樂觀或悲觀不同的立場：顯然黃朝琴對中國未來較子嬰樂觀，前者傾向相信中國時局的混亂只是一時，後者則將中國的紛擾視爲「政界的常例」，卻寄期待於「垂了好意的列強」。黃朝琴並不強調關心中國的理由且對南方派或張作霖抱持期待，子嬰卻標舉對中國的關心乃出於「愛我大東洋的發展」、「愛中華民國的共存並興」等理由，規避了民族情懷，反而與當時日本漢學家如小野西洲等人的立場一致。此外儘管子嬰讚美中國是「東亞最大最美麗」的一國，卻憂心大於樂觀，也顯示當時臺灣部分知識分子對紛亂中國前途存在與日本人一致的悲觀看法，唯未有中國亡國論，並均寄期待於中國人民的覺醒的力量與民主的風潮。

二、留學北京的臺灣學生對軍閥政治的批判：蘇維霖〈北京學派界與直隸系〉一文介紹探討

　　除了前述出於臺灣島內記者與知識份子的記事和評述外，《臺灣民報》批判軍閥與報導北洋政局的報導與的諸文中，刊載於 1924 年 7 月的〈北京學派界與直隸系〉一文可謂當時最爲辛辣、強烈的文章。這篇論說出自當時留學北京的臺灣青年蘇維霖之手，本大段將以蘇維霖在中國現場的觀察報導、犀利的論說爲核心進行介紹。

　　蘇薌雨（1902～1986），名維霖，以字「薌雨」行於世，新竹人。1922 年起爲北京大學預科特別生，曾受教於李大釗、蔡元培、李石涔等名師，1924 年進入北大哲學系，1928 年畢業。蘇維霖曾於 1920 年代在《臺灣民報》撰文介紹中國五四新文學運動與文學革命思潮，1945 年日本投降後返臺，爾後成爲臺灣大學的哲學系教授，爲臺大總圖書館和心理系創辦人，在學術和教育領域貢獻卓著。〔註37〕

　　蘇維霖〈北京學派界與直隸系〉一文發表時，正值其於北大哲學系就讀的時期，22 歲的臺灣熱血青年。他親身經歷直系當權時代的北京，親見軍閥對教育界、學術界之摧殘。〈北京學派界與直隸系〉指出北京原本缺乏民主素養：學界腐敗、學生們整天打牌逛窯子，毫無國家社稷觀念。但 1919 年曹、

〔註37〕國立臺灣大學哲學系網站：「蘇薌雨先生」檔案，2014 年 6 月 26 日檢索
http://www.philo.ntu.edu.tw/chinese/files/14.doc
暨南大學珠海校區圖書館：華人留學文化研究專題數據庫，「蘇維霖」條目
http://overseasdb.jnu.edu.cn/renwuziliao/2011～11～28/2104.html

陸等人將國家賣給「某國」(日本)的行為,竟刷新青年的氣象,有志學生乃聯合起來,奮不顧身打擊安福派,整個學界有如服下一帖興奮藥一樣,打破因襲的思想。這些學生同時掃除古代聖賢政治思想、男尊女卑、父母配天的舊道德,埋頭提倡、建設與現代精神相符應的民族性與新文化,甚至更進一步地向資本主義宣戰,謀求創立脫離列強羈絆的獨立國家。儘管他們在運動形式和組織上仍有缺點,但成績可觀,不僅使政客眼裡有學生,也使帝國主義國家知道中國士氣不可侮辱。〔註38〕

蘇維霖接著指陳1919年以來,這一股好不容易萌發的中興氣象,卻不幸被直隸系摧折了。他曾預言曹錕會先買通、利用學界,得逞後再摧殘學界,果然曹錕在選總統時,說要維持教育、培養人才,當選後隨即下令維持禮教,以「學界都赤化了」為罪名壓迫學界,讓直系對學界開戰。

該文接著更加凌厲地對下列打壓學界的人士提出批判:

> 他的大少爺——洛陽吳秀才——比他還頑固些,不許學界講新思想,總要拼命去背誦四書五經,他央託漢口的肅(應作「蕭」,即蕭耀南)二爺拿捕他心目中的禍亂社會的罪魁——工黨的領袖。這位肅二爺倒是溫純伶利,不敢逆大哥兒的命令,馬上縛好些,但連各冊子一本解到洛陽來,大少爺的威力真是大,什麼道理、司法獨立都不許講,立刻把這些人槍斃了,這一本冊子裡頭,北京學生們有好幾個姓名載在那兒,大少爺認為不得了,開一個單兒寄給北京政府,這位老頭兒——孫寶琦——只令服從命令,印刻命令單處,逮捕張國燾等四五人,用毒刑刑他們,把指頭決斷了好幾個。〔註39〕

該文也稱當時直隸省長王克敏為「王三爺」,說他「素來極惱學生,這一次的賄選既然大賣力氣,儘可恃功作威把一個國立的北洋大學解散了。」〔註40〕此舉造成三兩百個學生們到北京來請命,希望教育部設法提出對策,但教育部的回應卻是「三爺勢力太大,本部無奈他何」,學生們只好回校聽三爺處分,讓北洋大學學生「永遠不能再念書了」。〔註41〕

〔註38〕 蘇維霖,〈北京學派界與直隸系〉,《臺灣民報》第2卷第13號,1924年7月21日,頁9。

〔註39〕 蘇維霖,〈北京學派界與直隸系〉,《臺灣民報》第2卷第13號,頁10。

〔註40〕 蘇維霖,〈北京學派界與直隸系〉,《臺灣民報》第2卷第13號,頁10。

〔註41〕 蘇維霖,〈北京學派界與直隸系〉,《臺灣民報》第2卷第13號,1924年7月21日,頁9～10。

　　該文接著指出「曹老太爺家奴王懷慶」行文通緝前清舉人吳稚暉。吳稚暉是國民黨重要分子，清末時熱心鼓吹革命，民國成立後片功不居，專心教育改革，創造國音字母、猛打孔家店，爲慘淡經營的里昂中法大學奉獻心力。吳在《直聲週刊》任編輯時，因轉載一篇《上海新聞報》罵現任「北京平市官錢局長」李彥青的五言詩，被李彥青指控無視政府，派王懷慶捕拿他。吳稚暉在《民國日報》刊出一篇〈拿人不當人〉痛罵北京政府，加上很多南北名流替吳申冤，要求北京政府取消通緝，但恨學界入骨的曹老太爺是否能應允是一個大問題。〔註42〕

　　末段蘇維霖寫道讓吳稚暉被通緝的北京市師警察廳「沒救了」：《獨秀文存》、《胡適文存》，以及嚴復翻譯關於社會問題的書籍，都被他們定期燒盡，更下令通緝李大釗等十餘人，只因爲李大釗被北京政府指爲「身居教員之職，理宜束身自敬，更敢惑眾」。〔註43〕文末，蘇維霖這麼寫道：

> 直隸系蹈秦始皇的覆轍，焚書坑儒，用武力摧殘學界，想永遠霸掌天下，學界處在這種環境之下，出版不自由了，集合結社不自由了，甚至人身也不自由了。喂！這個新文化的花始終開不成，這不但是北京學界、中國學界的不幸，也是中華民國的大不幸呀！〔註44〕

　　蘇維霖以「焚書坑儒」形容北京直系當局對集合、結社、出版等自由的限制，以及思想迫害、人身迫害，在他看來此即「北京學界的大不幸」，亦即中國的大不幸，顯然給了直系軍閥極負面的評價。

　　綜上所述，這篇文章提到北京學生在五四運動後，成爲愛國、掃除舊道德、建立新文化、開創新思潮的一群人，卻被吳佩孚、蕭耀南、王克敏等人聯手打擊迫害，從年代與文章脈絡來看，應是「二七大罷工」前後。將後世學者對 1923 年二七大罷工的敘述，與蘇維霖寫道當時社運的狀況相對照，更可看出事件全貌。據來新夏的說法，二七大罷工乃當時掌握京漢鐵路實權的吳佩孚與京漢鐵路總工會發生衝突，工會成員在鄭州開籌備會時，吳佩孚在鄭州派大批軍警荷槍實彈戒嚴，工人們堅持成立的總工會遭到強烈鎮壓。於是中國共產黨以張國燾等人爲首，從 2 月 4 日起發起二萬多人的大罷工，導致 1200 公里左右的京漢鐵路癱瘓，轟動一時。吳佩孚下令軍隊二萬多人沿鐵

〔註42〕蘇維霖，〈北京學派界與直隸系〉，《臺灣民報》，第 2 卷第 13 號，頁 10。
〔註43〕蘇維霖，〈北京學派界與直隸系〉，《臺灣民報》，第 2 卷第 13 號，頁 10。
〔註44〕蘇維霖，〈北京學派界與直隸系〉，《臺灣民報》，第 2 卷第 13 號，頁 10。

路一路鎮壓，造成 32 人死亡，200 餘人受傷，10 餘人被捕，更引發張國燾被刑求、工人領袖林祥謙、工團聯合會律師施洋被殺等慘劇。〔註45〕

　　儘管這篇文章批判軍閥壓迫學界、鎮壓工人運動之主旨清楚，但文章中也有與文獻不符之處，譬如提到「把指頭決斷了好幾個」一事。筆者比對張國燾的自傳《我的回憶》提及在二七罷工事件中他被刑求的狀況，沒提到斷指頭的事：

> 但那位高某顯然十分熱衷於十萬元的賞格，沒有證據也想打出一些證據出來。他許多次都大叫要用刑；最嚴重的一次，是將我勒跪在一堆鐵鏈子上面，大約有半小時之久；跪得我滿頭大汗。左右還站著幾個法警，拿著很粗的木杠，準備將我的雙腳壓住，讓我嘗嘗「踩杠子」的苦刑。我只有咬著牙關，忍著劇痛，一言不發。那高某逼不出口供，不停的恫嚇，怒目高叫：「你這小子，還充好漢。馬上一踩杠子，就要你的命了。」〔註46〕

　　儘管如此，蘇維霖一文仍有第一手史料的價值，文中所述之「服毒刑」一事在與來新夏書中有關二七大罷工領頭人物被處決的情形也相當一致，而「決斷指頭」可視為在當時北京流通的傳聞。當時人在北京的蘇維霖，對直隸軍閥的跋扈顯然具強烈反感，他用「曹老爺」、「吳大少爺」、「蕭二爺」、「家奴」等稱號，諷刺這些軍閥官僚的專制守舊、不合時宜，也用「沒救了」、「焚書坑儒」等強烈字眼來形容直系軍閥的暴政。

　　綜上所述，蘇維霖對曹錕政權反對自由主義、打壓左翼運動與工人運動的作風，提出嚴厲批判。他同情二七大罷工，聲援吳稚暉，反對軍閥保守的文化態度、封建割據的政治野心，以及對進步人士的蠻橫對待或殘酷殺害，呈現出支持自由主義、支持左派、支持國民黨聯俄容共政策的立場。他的言論顯示了臺灣赴中國留學青年的熱血與積極，表現臺灣菁英在那個時代下同時受民族主義、共產主義、自由主義、民主主義的思潮影響下，亟欲打破舊時代、創造新時代的熱情。

〔註45〕 來新夏，《北洋軍閥史》，頁 782～785。
維基百科、百度百科、新華網：「二七大罷工」條目
http://baike.baidu.com/view/68653.htm?fromtitle=%E4%BA%8C%E4%B8%83%E5%A4%A7%E7%BD%A2%E5%B7%A5&fromid=779793&type=syn
http://news.xinhuanet.com/ziliao/2003-09/01/content_1056598.htm
〔註46〕 張國燾，《我的回憶》，第六篇第一章〈二七罷工的失敗〉，頁 124。禁書網
http://www.bannedbook.org/forum2/topic679.html

三、《臺灣民報》刊載第二次直奉戰爭的始末

　　直系軍閥在臺灣菁英眼中，除了如上述缺乏政治理想、內鬥不斷之外，其蠻橫壓迫學界進步言論與工人運動的態度更成為眾矢之的，致使反直戰爭如箭在弦上，各方戰事漸次展開。臺灣知識份子對局勢動盪的中國不但密切關注，更直接回應甚至親身參與反直浪潮。爾後隨著第二次直奉戰爭的開始，《臺灣民報》亦展開密切的描述追蹤，寄予期望的對象也從北洋軍閥漸次移轉到南方孫文政權。本大段將介紹、分析該報對二次直奉戰爭前後的報導敘述。

　　《臺灣民報》1923 年即有〈奉張對直曹宣戰〉一文，報導張作霖對曹錕發起宣戰布告之事，儘管這只是奉系與直系決裂的宣告，並未真正開戰，然而此宣告也預示了自 1922 年第一次直奉戰爭結束後，雙方將有再一次的對決。〔註 47〕為因應戰爭，兩造開始各自準備，廉清譯自英文京津泰晤士報的〈北京通信——直系購買伊（按：義大利）械・外交圖（按：應為團之誤）不抗議之原因〉一文，指出日本對義、法秘密輸入軍械給中國頗不滿意，打算運作召開會議，但英美不同意日本的開會請求，所以會議無限延期。該文指出還有三點原因使日本無權干涉：第一、義大利沒有簽定禁運武器給中國的公約；第二，儘管美國曾提禁止輸入武器給中國的公約，但這些武器在 1919年以前就已經輸入天津，不受此公約限制；第三，義大利曾在華盛頓會議中提到保留案，即在簽約前的合同不受約束。〔註 48〕

　　該文指出進口的武器有來福槍 44000 枝，小號槍彈 3 千萬發，7 吋 5 糎野砲 27 尊，開花彈、葡萄彈 1400 枚，以及野地電話與帶刺鐵絲等。這些武器的進口是幫助中國內亂，且這些東西也可能透過軍閥賣予土匪，但是在中國的外交使團沒有抗議，如果今後外國人受劫擄，也請勿向中國責問。〔註 49〕

　　〈北京政府發浙江討伐令〉一文標示著北方和平的結束。此文寫道皖系的盧永祥收容藏致平、楊化昭兩軍，引起蘇浙兩軍間傳出的「軍事行動」流言成為事實。北京向江蘇的直系軍閥齊燮元發出「浙江討伐令」，要求齊燮元對盧永祥用兵，上海的何豐林則因受領事團警告而不干涉。之後兩軍交戰，雙方數量在伯仲之間，江蘇有吳佩孚等直系將領指揮，浙江派則有奉系張作

〔註 47〕 〈奉張對直曹宣戰〉，《臺灣民報》，第 6 號，1923 年 8 月 15 日，頁 14～15。
〔註 48〕 廉清，〈北京通信 直系購買伊械・外交圖不抗議之原因〉，《臺灣民報》第 2卷第 5 號，1924 年 4 月 11 日，頁 11。
〔註 49〕 廉清，〈北京通信 直系購買伊械・外交圖不抗議之原因〉，《臺灣民報》第 2卷第 5 號，1924 年 4 月 11 日，頁 11。

霖爲牽制直系而予以資金。同時，廣東的孫文於此時也發起北伐令，段祺瑞也將出馬，不久必將大決戰。〔註50〕

《臺灣民報》呈現第二次直奉戰爭的佈局大致如此，接著便是這場戰爭因結盟牽連而擴大的報導，如《臺灣民報》第 2 卷第 20 號〈時事短評——軍閥大王〉一文寫道：

> 直系洛陽派的吳佩孚是中國軍閥的大王，受英米兩國援助，得有今日的實力，常常宣言要討伐南方，至今還是不果。這回的江浙戰爭，也是吳居在背後，江浙一戰恐怕會成爲中華全體戰爭的導火線！北政府宣言討伐浙江盧永祥，而吳遂蹶起援助江蘇軍，奉天張作霖看了吳下了動員令，忍不住也宣言討伐直派。段祺瑞和南方孫文、唐繼堯相繼起來也宣言討伐北政府⋯〔註51〕

該報導指出直隸系四面受敵，南北皆宣言討伐，兩方都是討伐者，也是被討伐者，成者爲王敗者爲寇，可見得中國萬事皆以武力爲標準，但如果這番動亂能大大地掃除軍閥的跋扈，也算是天賜良機了。〔註52〕

對照郭廷以的說法，《近代中國史綱》一書指出 1923 年皖系盧永祥掌握上海並據有浙江，讓控制江蘇的齊燮元感到芒刺在背，之後暗通直系的上海警察廳長被刺死，引起齊的不滿；兼之直系的福州督理孫傳芳也欲往浙江發展，故擊敗皖系將領，敗軍則逃往盧永祥之處，吳佩孚要求盧氏解散皖系敗軍被拒。1924 年 9 月 3 日，江浙戰爭爆發，與盧永祥有同盟的孫中山、張作霖也加入戰局，前者北伐，後者西進。〔註53〕戰爭打到 10 月，盧永祥軍敗走日本，但東北大戰繼續進行，奉軍佔領赤峰，吳佩孚則親自到山海關督戰，戰場從江浙地區擴大成爲全國性的第二次直奉戰爭。〔註54〕

〔註50〕　〈北京政府發浙江討伐令〉，《臺灣民報》，第 2 卷第 18 號，1924 年 9 月 21 日，頁 2。

〔註51〕　〈時事短評——軍閥大王〉，《臺灣民報》，第 2 卷第 20 號，1924 年 10 月 11 日，頁 7。

〔註52〕　〈時事短評——軍閥大王〉，《臺灣民報》，第 2 卷第 20 號，1924 年 10 月 11 日，頁 7。

〔註53〕　郭廷以，《近代中國史綱》，頁 614。

〔註54〕　張玉法，《中華民國史稿》，頁 121～124。
　　　　　來新夏，《北洋軍閥史》，頁 797～803。
　　　　　維基百科：「第二次直奉戰爭」條目。
　　　　　http://zh.wikipedia.org/wiki/%E7%AC%AC%E4%BA%8C%E6%AC%A1%E7%9B%B4%E5%A5%89%E6%88%98%E4%BA%89

　　戰爭開始，宣傳戰亦同時進行，反直報導於此時更為劇烈，這種宣傳戰由大陸延燒到臺灣，除了宣揚直系軍閥的暴虐無道之外，也發文鼓舞反直聯軍的各路兵馬。《臺灣民報》將中國的未來寄更多的期待在哪方軍勢？可由下列報導看出端倪。

　　1924年10月11日出刊的《臺灣民報》第2卷第20號，於〈時論拔萃〉一專欄內，就有很多文章討論這場大戰。如引自9月8日《民國日報》社論的〈祝三路齊起之義師〉，以及引自同日《上海時報》的社論〈武力總決算〉都是直接關於第二次直奉戰爭的報導。《民國日報》是代表廣州國民黨立場的報刊，而《上海時報》則是在皖系盧永祥控制內的上海發刊，為1904年康有為等人創刊，狄葆賢、黃承恩主持的報刊，故由《臺灣民報》的引用來源即可知其立場。另外，1924年9月7日引自《中華新報》的社說〈辛丑紀念〉一文，以及《民國日報》〈雪國恥的第一步〉兩篇，雖名義上是辛丑和約簽字的國恥紀念文，但內容都在譴責軍閥為亂。

　　〈祝三路齊起之義師〉明顯在站在歌頌浙江、反直隸軍閥的一方，立場鮮明且喜悅之情溢於言表。該文寫道：

> 風起雲湧，從浙江起師討賊後，東南北，鼓聲震九天，檄文如雪片，大河之北、長江之南，籠罩起一天討賊戰雲……自辛亥以來，我沒見過這種豪情壯舉，記得武昌起義的消息到上海，民立報筆酣墨飽，祝革命成功，大書特書道…「江山如畫，一時多少豪傑」……而今真復見此事，真復見此事了。〔註55〕

　　作者用辛亥革命比擬此戰，視浙江為正義之師，將江蘇的直系軍閥打為「賊」，同時敬稱孫文為「孫大元帥」，說他集合七八省之軍、連年用兵、耳提面命的都是為了討賊，「賊不滅，兵不歇」，儘管一再頓挫，但此老（孫文）「雄姿矍鑠，臨陣指揮時，就有一個中華民國的存亡問題。在馬前，閩浙贛鄂間，忠貞之士，豈止萬千？連年被直系蹂躪，當已指天嘗日，願為前驅；師行所至，何止壺漿，當必有負弩擐甲的志士，起逐狐狸……。」〔註56〕

　　接著此文寫道東南的盧、何諸公，首起討賊，雖勝敗未分，但民心向背已定。天怒人怨的齊燮元逆軍其所到之處，「家人離散，田園圯墟，尸血滿渠，涕淚載道……。」浙江軍所過之處，城郭無恙，軍民相安，他們必會在儀鳳

〔註55〕　〈祝三路齊起之義師〉，《臺灣民報》，第2卷第20號，1924年10月11，頁8。
〔註56〕　〈祝三路齊起之義師〉，《臺灣民報》，第2卷第20號，頁8。

門外，飲馬長江。接著該文提到奉張「割絕私親，屢伸公義，是曹吳息中的切膚之憂，而曹錕對他們的妙計只有幾個跑腿、一聲親翁，造幾次議和謠言，寫一封騙人空信，但總不能迷惑奉天。而京奉路上，飛機鐵騎，排天掩日而來，將來直搗宛平，取曹吳者，當然是奉軍。」〔註57〕

最後，本文指責直系不只是西南、東南、東北的罪人，更是全國民的罪人，討賊責任在全民，所以孫大元帥說：「民國存亡、決於此戰，其間絕無中立之地、亦無可以旁觀之人！」〔註58〕

引自《上海時報》的〈武力總決算〉則提到粵政府北伐、奉天通電出兵，江浙戰事變成對曹、吳無可避免的武力總決算，因為用武力解決國家問題是撲滅軍閥政治的必經之路。雙方兵額武器略相當，直系佔地利，反直聯軍則師出有名，若各方能拋棄地盤主義與軍閥政治，誠心誠意謀國事革新，則相較於私天下而士氣瓦解的直系，必能成功無疑。但如果反直聯軍假公濟私，直系未必會瓦解，或者就算聯軍最後勝利也無法建國。此役的成敗關鍵在於反直聯軍領袖立下什麼志向，所以反直陣營當務之急，是先組織為一體，然後向國民宣布戡亂建國的政治主張。〔註59〕

引自《中華新報》的〈辛丑紀念〉和引自《民國日報》的〈雪國恥的第一步〉兩篇文章，在中國都刊於9月7日。〈辛丑紀念〉一文提及辛丑和約導致滿清威信全喪，兼之國人提倡歐化，使辛亥之役成功且建立共和國。但建國十三年來，軍備智識無一進步，財政敗壞、主權喪失，國際地位與民族榮譽淪落等，更甚於庚子辛丑之時。清代君臣愚蠢的排外，雖是大罪，也是公罪，但其非自私自利，故混亂僅在一時，是智識問題；但軍閥是良心問題，他們亂政營私、貌愚實狡，弄兵內競，動機不公不義，造成永久的禍國混亂。因此任由軍閥亂政，只會日增恥辱直到亡國，故國民當痛心辛丑之恥，知雪恥之道。〔註60〕

〈雪國恥的第一步〉指出滿清腐敗令人切齒痛恨，但「北庭」的喪權辱國，一部分國人卻姑息養奸、假作痴聾而不過問。這回曹、吳假齊燮元之手，禍及江浙，令作者等江浙人受顛沛流離之苦，而曹、吳正想趁這時一手包辦

〔註57〕　〈祝三路齊起之義師〉，《臺灣民報》，第2卷第20號，頁8～9。
〔註58〕　〈祝三路齊起之義師〉，《臺灣民報》，第2卷第20號，頁9。
〔註59〕　〈武力總決算〉，《臺灣民報》，第2卷第20號，1924年10月11日，頁9。
〔註60〕　〈辛丑紀念〉，《臺灣民報》，第2卷第20號，1924年10月11日，頁9。

金佛郎案，如果國民不覺悟，必會有第二個九月七日。〔註61〕所以想雪國恥的人們，第一步應該要驅逐造成國恥的國賊。〔註62〕

〈奉直大會戰〉描述第二次直奉會戰前期對江蘇與直系有利，但浙江因有全國最好的奉軍援助，且奉直各派也在山海關聚兵，前者八萬多，後者十萬多，不日必有大會戰才能了局。雲南唐繼堯等三氏也將聯合北伐，推倒直系不難。〔註63〕

這些文章顯然將軍閥，特別是直系軍閥視爲中國內外問題的根源：其勾結列強、製造兵禍、蠻橫無理且致國家混亂、百姓流離，故討伐直系正是救國救民之舉，也希望國人不可姑息之。另一方面，這些文章對奉系採正向肯定態度，而且《上海時報》顯然較《民國日報》更持平、不帶情緒地看待這場戰爭，也可見立場與空間差異造成對同一場戰爭的不同看法。

第2卷第20號的《臺灣民報》大量刊載、轉載關於第二次直奉戰爭的文章，儘管與臺灣的報導與中國方面有時間差，致無法即時報導戰況，但這是《臺灣民報》進行戰爭報導的嘗試，也可視爲對中國事務從淡然轉向熱烈的分水嶺。

之後關於第二次直奉戰爭的文章稍稍沉寂，轉向小篇幅的零星報導，這應是報導無法即時與避免傳達錯誤訊息的策略，直到12月1日刊出〈中國和平的曙光、近將開元老會議及國民會議〉一文時，戰爭已結束。該文提到張作霖向馮玉祥通電，承諾共推段祺瑞爲國民軍總司令，馮氏將可抱各省軍隊達成統一的第一步，張紹曾等同意開和平會議，據聞孫文也贊成推段祺瑞。各方將會於天津開元老會議，重新改造不統一的種種弊端，實現全國和平，並準備召開國民會議。〔註64〕

同期文杞所寫〈武力統一與吳佩孚〉一篇，提到段祺瑞當年曾主張「武力統一」失敗，吳佩孚卻仍迷信武力萬能；江浙戰爭反直聯軍失敗，盧何敗走，江浙盡入吳佩孚勢力，初期直奉戰爭打下來，直軍甚有進展。爾後卻發

〔註61〕 九七國恥，乃因辛丑和約簽於 1901 年 9 月 7 日。詳見維基百科「辛丑和約」條目 https://zh.wikipedia.org/wiki/%E8%BE%9B%E4%B8%91%E6%9D%A1%E7%BA%A6

〔註62〕 〈雪國恥的第一步〉，《臺灣民報》，第 2 卷第 20 號，1924 年 10 月 11 日，頁 9。

〔註63〕 〈奉直大會戰〉，《臺灣民報》，第 2 卷第 20 號，1924 年 10 月 11 日，頁 9。

〔註64〕 〈中國和平的曙先、近將開元老會議及國民會議〉，《臺灣民報》第 2 卷第 25 號，1924 年 12 月 1 日，頁 2。

生馮玉祥倒戈事件，逼曹錕急下停戰令，吳雙方受敵，只能退守天津靜候，不能再有伸展的可能，其武力統一之夢已被「基督將軍」打碎。文杜揶揄道：「唉！我不禁為吳氏揮淚」。〔註65〕譴責武力統一主義的文章，尚有引自北京《京報》，K所寫〈武力統一主義又一度試驗〉一文；該文提到馮玉祥以和平號召全國，受到一致歡迎，儘管時局如何解決尚且千頭萬緒，但武力統一主義經此失敗，已不會再復活，對吳佩孚來說，不見得非幸事。〔註66〕

刊於1925年2月1日《臺灣民報》的〈軍閥的末路-日暮途窮的吳佩孚〉一文，堪為該刊報導第二次直奉戰爭的總結：

> 手下擁著十萬的大軍，一時威振中外的直系罪首吳佩孚，乘其二次
> 戰勝的餘威，大肆其橫暴之手段，以致惹起全國國民的怨罵。去年
> 又欲實現其武力統一的夢想，率其手上親兵，欲長驅出關，意欲平
> 東三省。然而好夢未闌，已被張作霖和馮玉祥一擊而敗。其後展轉
> 各地，意欲依靠他舊日的部下，但倒劇終給他一個拒絕，他最後找
> 到他最得意的舊部下——平時最孝順他的蕭耀南，也喫了他的幾次
> 門羹，最後纏得到允他單身（雖說單身，也有幾個隨員，不過無兵
> 士罷了。）暫住鄂城縣屬西山。嗚呼！昔日之英雄何在？軍閥的末
> 路。〔註67〕

第二次直奉戰爭至此以反奉聯軍獲勝告終，據郭廷以所述，這場戰爭最後在吳佩孚、張作霖於山海關作戰方酣時，馮玉祥自熱河還軍倒戈，突入北京，迫使曹錕下令停戰。吳佩孚退兵天津時，被奉軍追擊，且日本禁止吳氏使用秦皇島，致直隸軍大敗，吳佩孚輾轉逃到武昌、河南，卻被胡景翼等逼逃，敗退回湖北兵艦，從此一蹶不振。〔註68〕吳的困窘和〈軍閥的末路——日暮途窮的吳佩孚〉一文相呼應，也誠如郭廷以的評述：

> 吳佩孚之能一躍而起，並非全憑他的武力，輿論的同情，實有至大
> 的影響。從此以後，他自以為所向無敵，不惟兵戈不休，而且行事

〔註65〕〈武力統一與吳佩孚〉，《臺灣民報》第2卷第25號，1924年12月1日，頁11。

〔註66〕K，〈武力統一主義又一度試驗〉，《臺灣民報》第2卷第26號，1924年12月11日，頁8。

〔註67〕〈軍閥的末路——日暮途窮的吳佩孚〉，《臺灣民報》，第3卷第4期，1925年2月1日，頁2。

〔註68〕郭廷以，《近代中國史綱》，頁615～616。

乖方，譽望日趨沒落。黎元洪被逐，曹錕竊位，直系愈為人所不齒，失敗已成必然。〔註69〕

綜上所述，《臺灣民報》一方面批判皖系、直系以武力統一中國的意圖，也譴責協助軍閥的列強，所引、所寫的文章也透露對他們失敗的幸災樂禍；另一方面卻又肯定、歌頌南方孫文與張作霖、馮玉祥等人的軍事行動，視之為正義之師，立場鮮明。

小結

本節分析了從直系當權到第二次直奉戰爭結束，《臺灣民報》引用、刊登中國北方政局的論述與報導，其中包括子嬰、蘇維霖、廉清、文杞等人的文章。這些言論呈現一些特徵：第一，立場上傾向於反直系，並偏向支持孫文南方派與張作霖的奉系，例如反對段祺瑞、吳佩孚的武力統一主義，卻又支持孫文、張作霖以武力解決直系軍閥。第二，以第二次直奉戰爭為界，《臺灣民報》對中國的報導愈來愈多，也呈現當時臺灣知識分子對中國局勢的期待有升溫趨勢。儘管這些報導再現出來的中國政局仍較具負面形象，但第二次直奉戰爭後明顯開始有正向樂觀的言論與預測，認為中國將從一個由自私封建軍閥勾結列強，導致成為百姓流離、兵禍頻仍的國家，成為各派和解、國家統一的局面，簡化認為中國問題將隨吳佩孚等「國賊」倒臺而得到良好改善。第三、他們的消息來源、觀點受廣州孫文一派影響甚大，對南方派顯然偏愛且多具正面敘述。如《臺灣民報》大量引用《民國日報》的文章，這些文章敬稱孫文為「孫大元帥」、馮玉祥為「基督將軍」，對當時最有實力、且受日方支持的張作霖也持較正向的態度，但在字裡行間顯然不及對南方派的推崇。

綜上所述，《臺灣民報》對中國政局的關心程度顯然與日俱增，且對中國未來發展也漸以樂觀看待，又他們寄期待予張作霖、孫文兩派，特別是對孫文一派之敬重與期待，在報導上愈來愈明顯。依此可以推定，《臺灣民報》的中國報導從之前「為臺灣而報導中國」，轉向更多「為中國而中國」的成分。特別是第二次直奉戰爭後，中國不只是民族情感的桃花源，更是一片臺灣人或可寄予未來，漸入佳境的舞臺；中國的良好發展，是當時殖民地臺灣人民期盼的。

〔註69〕 郭廷以，《近代中國史綱》，頁 613～614。

圖（16）：張作霖像　　　　　　　圖（17）：吳佩孚像

圖（18）：馮玉祥像　　　　　　　圖（19）：段祺瑞像〔註70〕

〔註70〕圖擷取自維基百科
　　　　http://zh.wikipedia.org/wiki/Wikipedia:%E9%A6%96%E9%A1%B5

第三節　奉系入主北京後《臺灣民報》之北洋政府報導評述

前言

　　第二次直奉戰爭結束後，北洋政府後續應處理的問題接踵而至，各勢力的新紛擾亦旋即展開。擁有最多兵力的奉系雖佔軍事優勢，但馮玉祥倒戈直系後，對北京有掌控權；直系仍有殘存勢力於上海、河南、長江部分區域；段祺瑞在北方具有高聲望與野心；聯俄容共後的孫文不僅具軍事實力，且依然抱持著「打倒軍閥」的國民革命理念，在南方漸漸收拾兩廣。其他還有前清勢力以及列強因應變局的動向等，都關係著第二次直奉戰爭後的新時局。中國時局一如前揭黃朝琴的〈中國政局概觀〉與《上海時報》社論所言，除非有一派能調合各派或以武力統一，否則中國仍終將陷入中島端等人主張的「支那分割論」，陷入永久分裂的亡國之局。

　　總而言之，第二次直奉戰爭後的中國進入群雄逐鹿的局面：實力派奉系，擁有聲望的段祺瑞、孫文，以及建立首功、控制北京的馮玉祥，仍有殘餘勢力的直系將領吳佩孚、孫傳芳等。這些派系各有所圖，首待解決的即是政治權力分配問題。以下筆者將透過《臺灣民報》對第二次直奉戰爭後中國局勢的報導，了解臺灣人怎麼看待大陸當前局勢變化。

一、奉系入主北京後的新政府組織與矛盾激化

　　這一大段筆者將介紹《臺灣民報》如何報導奉系入主北京後的北洋政府局勢，並分析這些報導背後的意涵。

　　第二次直奉戰爭結束之初，《臺灣民報》出現一些探討中國政治走向的文章，例如〈中國新執政制的內容〉一文介紹中國新政府組織架構，也批評新政體全由執政直轄，含有獨裁傾向的政體。〔註71〕〈將開國民會議的內容〉

〔註71〕　中國新政府組織包括廢除大總統府及國務院，新設「執政院」、「軍務院」和「政務院」；段祺瑞入京後，以總統令布告臨時政府組織，成為臨時執政；政務院下轄內務、外交、財政、交通、司法、教育、農商、煙酒、稅務九部，軍務院下有陸軍、海軍、航空、參謀四部。院設院長，部設部長統轄；盧永祥為軍務院長，王揖唐為政務院長。〈中國新執政制的內容〉，《臺灣民報》，第 2 卷第 26 期，1924 年 12 月 11 日，頁 2。

一文則提到段祺瑞入京後打算召開國民會議，討論改編軍隊、整理財政、改正各省區劃等政策，並以和平友好為外交方針。〔註72〕

　　直系倒臺後，《臺灣民報》呈現出較為正向、充滿未來期待的中國，引自天津《益世報》的社論〈過去政治之癥結與時局未來之希望〉一文可為其中代表。該文說到中國歷史向來一治一亂，無論軍權歸於一方或平均分配各方，都足以釀出亂事，各方必須以相當的代價換取和平。然而這種紛亂只是一時現象，乃舊思想破滅，新思想未建立的過渡時期。〔註73〕與西方國家相比較，譬如法國革命後造成三十年的恐慌，英國王權消長後發生十年以上戰爭，美國十三州獨立後產生不少變亂……。中國能以極短時間和些許的犧牲代價，得到過量的收穫，已是懸殊的差別。〔註74〕

　　這篇社論指出外國人士認為 1920 年代中國和 15 世紀的僭主時期的義大利很像，多由各自革命產生的軍人相互侵擾，形成不同派別，並以舊方式統治。中國這種現象一旦消除，發展將不可限量，事實上中國的工商發展並未停頓，數年之後時局必有轉機。例如當年首強的德意志於一戰後一蹶不振，波蘭、土耳其也已獨立、復興。因此，民主國家的國民是主人翁，對國事必須有所擔當，不宜悲觀或妄自菲薄，宜將這次全國戰爭當作未來追求統一的代價。〔註75〕

　　這兩篇文章都在討論第二次直奉戰爭後的中國狀況，可分為三個主題，包括探討政府組織、樂觀中國未來，以及強調國民責任，其中以強調國民責任，對《臺灣民報》最具直接意義。天津《益世報》的社論將中國繁榮的責

〔註72〕 〈將開國民會議的內容〉，《臺灣民報》，第 2 卷第 26 期，1924 年 12 月 11 日，頁 2。

〔註73〕 該文說明軍閥在這十幾年「擁兵自雄，佔據地盤，有事則陳師境外、和平時期則收利彙中，使時局永不得解決，破壞和平：他們朕兆一國，若非澈底變化，否則難有真正的和平。」；「當直奉鏖戰於北，孫陳稱戈於南，而皖贛湘蜀等莫不與之直接間接相關，雖江浙軍事善後正在處理，不過這種紛亂乃一時的現象，是舊思想破滅，新思想未建立時的過渡。」〈過去政治之癥結與時局未來之希望〉，《臺灣民報》，第 3 卷第 1 號，1925 年 1 月 1 日，頁 16。

〔註74〕 〈過去政治之癥結與時局未來之希望〉，《臺灣民報》，第 3 卷第 1 號，1925 年 1 月 1 日，頁 16。

〔註75〕 該文尚論及：民族源於複雜的歷史，是一個精神的家庭，故在努力追求統一時，「首要在盡求諸『我』，問『我』而已，如果人人知統一之可貴、人人以我為本位，統一之企求不遠了。」〈過去政治之癥結與時局未來之希望〉，《臺灣民報》，第 3 卷第 1 號，頁 16～17。

任歸於國民，希望國民能夠有所作爲，以追求中國的統一。《益世報》創於 1915 年 10 月 10 日，係羅馬天主教天津教區副主教雷鳴遠所辦，與《大公報》、《申報》、《民國日報》並稱爲民國四大報，周恩來也曾爲該報特約記者，此時的主編是顏旨微。〔註 76〕《臺灣民報》引進外國人所辦的《益世報》內容，除了讓臺灣與世界思潮接軌，對當時社會運動興盛的臺灣而言，強調國民責任與影響力無疑具有鼓舞的作用，發揮了李承機所謂媒體的操作性功能。

1925 年 7 月後，由旬刊改爲週刊的《臺灣民報》對於野心與實力兼具的張作霖漸由期待轉爲不信賴，甚至攻擊之。

〈中國安定策如何？張作霖的橫暴抑制爲其第一義〉，這篇《臺灣民報》譯自日本《報知新聞》社論的文章指出，要讓中國安定，首先要有強固的政府，也就是讓執政者段祺瑞有力量，因爲當時的中國沒有比段祺瑞更有力量、人格的政治家，若馮玉祥與張作霖願意與之合作，便能進一步達成建設中國的理想。但張作霖反而牽制段祺瑞，並將討伐直系的功勞攬在一身，導致段氏抱怨：「沒有給我抑制張氏暴橫的人嗎？」該文也抨擊日本政府雖號稱積極援助中國，實際上卻支持暴橫的張作霖以企圖謀利，反使中國陷入混亂。因此日本應該要積極援助、支持段政府，同時抑制漸將勢力伸入關內，牽制段祺瑞的張作霖，才算援助中國。〔註 77〕

《報知新聞》是日本政界的「立憲改進黨」機關報，原敬、大隈重信與之均有關係，是東京五大新聞社之一，後與《讀賣新聞》合併，是日本頗具影響力的開明派報社。〔註 78〕這篇報導顯示並非日本各界都支持政府援助的張作霖陣營，甚至主張抑制之，也顯示部分日本人將建設中國的希望放在實力介於張作霖與馮玉祥之間，人品相對良好段祺瑞身上。《臺灣民報》轉載這篇對段祺瑞等「良好」軍閥寄予期待的文章，與該社素來較支持南方政府的立場不盡相同，除了可解釋爲臺灣民報社欲抨擊張作霖與日本憲政會當政者加藤高明之外，也可視爲部分臺籍菁英對北洋軍閥仍抱有期待。

〔註 76〕 維基百科：「益世報」條目，2014 年 7 月 1 日查詢
http://zh.wikipedia.org/wiki/%E7%9B%8A%E4%B8%96%E5%A0%B1
〔註 77〕 〈中國安定策如何？ 張作霖的橫暴抑制爲其第一義〉，《臺灣民報》，第 66 號，1925 年 8 月 23 日，頁 7。
〔註 78〕 日文維基百科，「報知新聞」條目，2014 年 5 月 7 日檢索
http://ja.wikipedia.org/wiki/%E5%A0%B1%E7%9F%A5%E6%96%B0%E8%81%9E

　　第二次直奉戰爭後，北洋政府的亂局與國民黨的聲望也日益提高，成為這個時期的重點，《臺灣日日新報》此時的報導，堪與《臺灣民報》相對照。如刊於 1925 年 1 月《臺灣日日新報》的〈段馮得國民黨諒解〉一文提到段執政與國民黨的主張已趨接近，確信可圓滿協調，而擁兵 8 萬的馮玉祥和國民黨也取得完全諒解，致張作霖成孤立局勢。〔註 79〕

　　之後為了應召開國民會議或善後會議的問題，各陣營矛盾漸趨激化，《臺灣日日新報》於 1925 年 6 月刊出〈國民黨與段絕緣〉，提到國民黨中央執行委員在善後會議決議否認「國民代表會議」，並自行召集真正的國民會議與預備會議，可視為與段祺瑞政府的決裂。〔註 80〕同刊同期〈段執政之不滿〉一文記載段祺瑞對張作霖的干涉甚感不滿，屢表辭執政之意，促張反省。〔註 81〕

　　儘管段祺瑞有不抽、不喝、不嫖、不賭、不貪、不佔，「六不總理」的美名，篤信佛教，也如報導所言頗有人格，但從善後會議與國民會議之爭，及其 1926 年血腥鎮壓國共兩黨聯合學生共同示威的 318 慘案，兼之直、奉軍閥無意繼續擁段祺瑞為執政，段氏只得落得下台，致使張作霖完全掌握北京政府，第二次直奉戰爭面對共同敵人而團結的反奉聯軍，至此土崩瓦解。〔註 82〕

　　綜上所述，無論《臺灣民報》或《臺灣日日新報》，均提及第二次直奉戰爭後各派系矛盾加劇的現象，唯對未來展望與預測仍有不同：《臺灣民報》傾向將此亂象視為一時，認為中國在如此短暫的紛亂與少許的犧牲，即有如此成果，已屬難得，且戰爭是中國統一的必經之痛，中國最終可以在段祺瑞的領導下協調各派而統一；《臺灣日日新報》則注意到段祺瑞、馮玉祥與國民黨之間，從諒解又再度走向決裂，顯然不若《臺灣民報》樂觀中國，卻也較契合史實。

　　為何《臺灣民報》傾向樂觀中國時局？筆者認為其中原由有探討的必要，容後揭示。

〔註 79〕　〈段馮得國民黨諒解〉，《臺灣日日新報》，第 8862 號，1925 年 1 月 13 日，頁 4。

〔註 80〕　〈國民黨與段絕緣〉，《臺灣日日新報》，第 9002 號，1925 年 6 月 2 日。

〔註 81〕　〈段執政之不滿〉，《臺灣日日新報》，第 9002 號，1925 年 6 月 2 日。

〔註 82〕　來新夏，《北洋軍閥史》，頁 969～973。
　　　　　維基百科，「段祺瑞」、「三一八慘案」條目，2014 年 5 月 7 日檢索。
　　　　　http://zh.wikipedia.org/wiki/%E4%B8%89%C2%B7%E4%B8%80%E5%85%AB%E6%83%A8%E6%A1%88、
　　　　　http://zh.wikipedia.org/wiki/%E6%AE%B5%E7%A5%BA%E7%91%9E

二、《臺灣民報》的反奉戰爭相關報導

本大段將介紹、分析《臺灣民報》如何報導反奉戰爭：從布局到直系開戰，乃至郭松齡倒戈失敗、張作霖勝利。

1925 年 10 月，《臺灣民報》刊出〈奉浙將開戰 通電反對關稅會議 宣言討伐張作霖〉，報導孫傳芳藉口演習，進軍江蘇、入侵上海。上海奉系憲兵 380 人自解武裝投降，浙江軍第二軍司令謝鴻勳也入上海，公告大罵張作霖，並宣告已和福建、江蘇、安徽、河南、浙江五省組成聯軍，將行討奉。〔註 83〕

同期〈北京政府勸和平 浙江軍進迫南京〉一文則提到，北京政府段祺瑞等看形勢不佳，通電各省力勸和平，令孫傳芳由上海退兵，外交使團也要求北京阻止戰爭。浙江軍理所當然不理會電命，上海的刑士廉已退到浦口，孫軍進出蘇州、南京、廣德，而在鎮江、南京的奉天軍則極力搭船準備北返，奉軍也極力迴避孫傳芳的挑戰。〔註 84〕

同年 11 月〈奉浙戰線愈演愈大 浙軍竟大得勝，吳佩孚乘勢出馬〉一文，提到在關稅會議時，執政府壽命不保，段祺瑞雖百方求和、調停，終歸無效，浙軍已占上海、南京，並在夾溝打敗奉軍、迫近徐州。吳佩孚則乘勢出馬，在漢口大受歡迎，又與孫傳芳共組討奉軍；同時亡命日本的吳景濂和齊燮元，也乘勢歸國，和吳、孫合作，馮玉祥似表明中立嚴守，但之後大局如何，頗引世人注目。〔註 85〕

直系的反撲由浙江孫傳芳發起的奉浙戰爭開始，逐漸形成反奉聯軍，但彼此各有所圖，分合之際頗微妙。〈奉浙形勢頗形緊急 和平會議無效 張馮之猜疑愈深〉一文寫到浙軍連三勝後，因奉軍援軍到而被擊退，兼之浙軍陳調元、馬玉仁、白寶山等私下與山東軍張宗昌和談，但張宗昌不滿意，故在徐州編成大隊攻下海州。聯合軍也集中在鎮江，徐蚌間兩軍交戰迫在眉睫。另一方面，段祺瑞召集執政府、張作霖、馮玉祥三派的和平會議，希望各方能

〔註 83〕 孫傳芳更通電北京：反對關稅會議、司法調查、也反對責罰金法案瀆職官吏，上海的唐紹儀也反對關稅會議；傳言孫傳芳欲立之為司令，也有人說奉天軍將棄守蘇州、常州、南京。〈奉浙將開戰 通電反對關稅會議 宣言討伐張作霖〉，《臺灣民報》，第 76 號，1925 年 10 月 25 日，頁 4。

〔註 84〕 〈北京政府勸和平 浙江軍進迫南京〉，《臺灣民報》，第 76 號，1925 年 10 月 25 日，頁 4。

〔註 85〕 〈奉浙戰線愈演愈大 浙軍竟大得勝，吳佩孚乘勢出馬〉，《臺灣民報》，第 77 號，1925 年 11 月 1 日，頁 4。

有誠意達成共識與合作。然而，張作霖在京津間佈署兩師團，馮玉祥也在北京增兵，狀況讓人不安。該文同時感嘆為中國式的「電報戰」初期浙勝奉敗、忽而奉勝浙敗，紛擾的消息讓人難以捕捉眞相。〔註86〕

　　戰爭發展到 11 月，〈中國動亂已告一段落　馮張已妥協　關稅會仍進行〉一文報導孫傳芳與張作霖打得正酣之際，馮玉祥領導的國民軍與張作霖又幾乎釀起戰禍；隨後奉軍迫近北京，馮玉祥國民軍也以「保境安民」爲辭，頗有妥協之意，兼之關稅會議受阻，段祺瑞以不和談就下台爲脅。這種忽然奉、國離京、忽然開戰、忽然又和談的中國時局，讓人莫名其妙。之後段祺瑞的和談奏效，奉、國兩軍在天津直隸督辦公署議和調印，北方的紛亂告一段落。〔註87〕

　　南部方面，〈中國動亂已告一段落　馮張已妥協　關稅會仍進行〉指出執政府和孫傳芳協議停止軍事行動，並提出兩點熱烈期望：其一、各軍閥宜以保境安民爲天職，不應爭權奪利致內紛不息；其二、各軍宜安守地盤，以國家大局爲前提共禦外侮，使中國不致受老大弱國之污名，終能光大於世界。故江蘇、安徽時局獲解決，中國可暫保小康，。〔註88〕

　　張、馮和談才沒多久，12 月的《臺灣民報》又刊出〈中原又動亂！奉軍內部起兵變　馮氏握政局支配權　北京宛然無政府狀態〉一文，提到議和的張、馮均無誠意，各自暗中準備開戰。爾後奉天第三軍司令郭松齡先行發動兵變，率 7 萬兵破壞京奉車站、切斷電線，以排斥同系楊宇霆爲名義，實際上卻暗通國民軍宣言獨立，並電告張作霖讓位給張學良。張作霖幾乎不知所措，先讓張作相阻止郭松齡前哨，但天津奉軍將領李景林似乎也和郭軍策應，聲言中立。只是，稍早出戰局對郭軍有利，近來又聞郭向張求和，故記者寫道「紙上作戰，忽勝忽敗，可謂莫名其妙」。此時馮玉祥也欲改造內閣，請段祺瑞下令免除警察總監朱琛之職，並讓予衛興武兼任此職，奉系大官多已離北京，想來不久後會有新內閣，但時局變幻無常，以致北京政況令人難以掌握。〔註89〕

〔註86〕　〈奉浙形勢頗形緊急　和平會議無效　張馮之猜疑愈深〉，《臺灣民報》，第 78 號，1925 年 11 月 8 日，頁 4。

〔註87〕　〈奉浙形勢頗形緊急　和平會議無效　張馮之猜疑愈深〉，《臺灣民報》，第 78 號，頁 4。

〔註88〕　〈中國動亂已告一段落　馮張已妥協　關稅會仍進行〉，《臺灣民報》，第 80 號，1925 年 11 月 22 日，頁 5。

〔註89〕　〈中原又動亂！奉軍內部起兵變　馮氏握政局支配權　北京宛然無政府狀態〉，《臺灣民報》，第 82 號，1925 年 12 月 6 日，頁 4。

12 月 13 日刊出〈東三省局面一變　張作霖孤城落日　郭松齡意氣沖天〉一文，提到之前詐降的郭松齡派軍 5 萬攻下大凌河、錦州，將進取奉天，兵力僅剩 2、3 萬的張作霖已無挽回之希望。但記者再一次強調，中國戰局變幻無常，終局如何仍待後報。之後《臺灣民報》對戰況細節並未緊追，直到郭軍失敗，方復有相關新聞。〔註 90〕

從來新夏的著作得知，1925 年 11 月 22 日郭松齡發起兵變，張作霖被逼到近乎下野，但受到日本關東軍於 12 月 16 日介入幫助，造成郭軍撤敗，郭松齡於 12 月 25 日被槍決，東北與北京仍歸張作霖。〔註 91〕對照史實與《臺灣民報》的內容，大致上沒有歧異，而且與之前對第二次直奉戰爭的報導相比，這次對反奉戰爭的報導顯然更為即時。這對週刊《臺灣民報》是一大挑戰，讓該刊對反奉戰事的報導難以在新聞即時性上與日刊相比，記者也一吐苦水「紛擾的消息讓人難以捕捉真相」。

但我們可以從中看到臺灣民報社的限制與試圖突破的動機與努力。該社在報導中國消息時有極大限制：過濾消息後撰稿，直到報導完稿後製版、印刷，接著到從東京運來臺灣，通過總督府審核，最後再分派到讀者手上。歷經這樣長時間的輾轉，戰況另有變化乃是合理常態，這種新聞即時性對臺灣民報社而言，必是其邁向日刊前要解決的挑戰，也預示了《臺灣民報》將會面臨一次李承機所言「新聞性」或「運動性」之間的抉擇。

對郭松齡的失敗，《臺灣民報》表達同情之意。1925 年 12 月 27 日刊出〈哀陣亡之郭將軍〉一文，站在同情郭松齡的立場，言其因不忍中國內亂不息、民生塗炭，欲打倒軍閥以息爭安民，故叛張作霖，接連攻下連山、溝封子、錦州、新民屯等處，百戰百勝，卻在巨流河一戰被打敗，被捕槍斃。該文以感嘆語態表示，雖戰死乃軍人之願，「唯恨其得勢不過一月，竟遭槍斃之極刑，乃太近於『活悲劇』耳。」但也認為張作霖將因此事「大加猛省焉」。〔註 92〕另外〈郭松齡的敗因〉一文，對郭松齡之敗明顯表達了惋惜之意。該文認為郭氏利在速戰，但奉軍炸毀鐵路，兼之風雪大作阻擾郭軍前進，日本也藉口南滿鐵路附近不許作戰，使郭軍大受挾制，不能實現營口攻擊計畫；郭軍內

〔註 90〕　〈東三省局面一變　張作霖孤城落日　郭松齡意氣沖天〉，《臺灣民報》，第 83
　　　　　號，1925 年 12 月 13 日，頁 4。
〔註 91〕　來新夏，《北洋軍閥史》，頁 931～934。
〔註 92〕　〈哀陣亡之郭將軍〉，《臺灣民報》，第 85 號，1925 年 12 月 27 日，頁 5。

部也有若干變亂,如李景林忽然叛向張作霖,讓郭軍後援不至終告失敗。只是張作霖經此次打擊,兵力、財力、聲望各方面都有大損失,若他依然怙勢不休,恐怕軍中會有無數個郭松齡,張作霖無法僥倖。〔註93〕

《臺灣民報》也引日本左翼期刊《改造》新年號社說〈滿洲出兵與我國的態度〉一文,指陳縱使不知道郭松齡軍是否為勞農政府的走狗,但我國(日本)陸軍斷然不可成為張作霖的走狗。一方面日本已聲明不干涉中國內政,另一方面中國中南部民眾的「不買同盟」總是反覆出現,中國民眾反日情緒高漲,好不容易日本近來對中國的完全獨立表示友善態度,但如果改變態度,東洋必變成禍亂之源,英、美、俄立刻伸其銳牙於中國本土。所以應該永遠與中國友好,成為經濟同盟,維持東洋的和平與權威,至於言滿洲赤化之事,可附之一笑。〔註94〕

另一篇引該年1月8日大阪《每日新聞》社論〈張作霖與東三省 勸君務「保境安民」〉,指出張作霖或許可以暫陶醉於戰勝郭松齡一事,但精神上的打擊絕對很深:一來對部下、盟友難再信賴依靠,二來分裂的東三省一時難以恢復,三來外蒙已半獨立、熱河、察哈爾也歸於馮玉祥,山東的張宗昌也不穩固,張作霖可謂「勝於一郭、敗於全局」。如果張作霖繼續像民國8年以前一樣,實行「奉天第一主義」,對他自己和東三省的繁榮均有利益;但如果張作霖打算趁馮玉祥國民軍內鬨之際,再張其威勢於中央,將會造成東三省產業萎微、省民痛苦,日本「終將不得忍其苦」。〔註95〕

反奉戰爭結束後,《臺灣民報》對奉系的批評與日俱增,特別在國民革命軍北伐開始後。例如1926年8月〈北京言論界大起恐惶——槍斃社長封報館 張家將大發其蠻性〉一文以「大發其蠻性」來描寫張作霖底下張宗昌、張學良對言論的迫害。〔註96〕

〔註93〕 〈郭松齡的敗因〉,《臺灣民報》,第88號,1926年1月17日,頁4。
〔註94〕 〈滿洲出兵與我國的態度〉,《臺灣民報》,第88號,1926年1月17日,頁8。
〔註95〕 文末譯者附註:與國民報紙論潮比照,便有多大興味。〈張作霖與東三省 勸君務「保境安民」〉,《臺灣民報》,第91號,1926年2月7日,頁10。
〔註96〕 舉出以下事例:槍斃邵飄萍後,北京報館只能為張、吳刊登其自造之「捷報」,而《社會日報》社長林萬里(林白水)也被以「通敵有據」處死。之後,又有人到《民立晚報》報館,意圖逮捕該社經理成濟安,幸好成氏不在;其他如《世界日報》館被封、《世界晚報》經理被捕。〈北京言論界大起恐惶——槍斃社長封報館 張家將大發其蠻性〉,《臺灣民報》,第119號,1926年8月22日,頁5。

　　綜上所述，這些報導呈現第二次直奉戰爭結束初期，張作霖對外要面對孫傳芳與吳佩孚等直系殘存勢力，以及北京的馮玉祥；對內則有郭松齡、名義上的執政段祺瑞。張作霖對各方或折衝和解，或武力擊破，然各勢力也未完全低頭。《臺灣民報》一改之前對奉天仍有期待，轉向不信任張作霖、惋惜郭松齡的立場，此處也出現引自《民國日報》、《改造》、《每日新聞》之評論，除了可補週刊新聞性不夠即時的問題，也將《臺灣民報》支持南方孫文政權與左翼的取向表現出來。

三、反奉戰爭後的北方局勢與國民軍、國民黨聯盟

　　此段將介紹《臺灣民報》所報導反奉戰爭後的中國時局，特別是馮玉祥的國民軍系與南方的國民黨之聯盟，以及對這個聯盟的支持與反對言論。

　　郭松齡叛張作霖的同時期，《臺灣民報》刊出〈馮玉祥最近之主張〉一文，提到馮玉祥主張軍人的職責只是要衛國保民，反對同室操戈，希望中國早日和平、整頓內政、一致對外、維持現況，同時也不願接受段祺瑞之請求離開張垣。馮玉祥自稱極欽佩孫文的三民主義，認為這是救中國的妙策，也主張應將三民主義遍布於包括西藏、外蒙等中國各地。〔註97〕

　　《臺灣民報》進一步報導國民黨和國民軍的互動。引自《民國日報》的社論〈國民軍如何方值得一戰〉是給國民軍忠告，內容要求國民軍不應為吳佩孚、孫傳芳甚至擴大自己的地盤而戰，應該為國民而戰。「討賊」之名下，所討的不是地盤之賊，而是國民之賊，因此除了自己不能作賊，對所有國民之賊均應一律聲討之，如此可臻「收糞掃霧埃、滌盪瑕穢之功」，讓百姓感到值得。〔註98〕

　　轉載自《民國日報》的另一文〈國民黨何以要贊助國民軍〉，提到國民黨支持馮玉祥並非因為他們名為「國民軍」，也不是因為有國民黨分子在其中，而是因為國民軍最能了解三民主義、與民眾最接近，也是孫文認可合作的對象。一年前孫文為和平統一、開國民大會救國，不計前嫌與張作霖、段祺瑞交好，後來段、張均變心無誠意，只有國民軍系不忘孫文，另樹一幟，所以北方革命種子只在國民軍陣內。然而國民黨並非偏愛國民軍，如果國民軍有

〔註97〕　〈馮玉祥最近之主張　反對同室操戈　信仰三民主義〉，《臺灣民報》，第84號，1925年12月12日，頁4。
〔註98〕　〈國民軍如何方值得一戰〉，《臺灣民報》，第84號，1925年12月12日，頁8。

破壞紀律的舉措,國民黨也不通融,因為國民黨對國民軍的同情是基於公義
與尊重而非私交。〔註99〕

　　1926 年 3 月,福建省議會議長宋淵源來臺,《臺灣民報》刊載對宋氏在臺演
說的整理於〈怎樣統一中國呢? 宋淵源氏談時局〉一文。演說指出今年是中國
統一最為重大的一年,東三省經張、郭戰爭,張作霖已無當年聲勢;蕭耀南死
後,吳佩孚勢力不出湖北;江蘇孫傳芳則很滑頭,助強不助弱。同時,西南五
省已平定,蔣介石不久也將率大軍北伐,國民黨的勢力已在北方佔領五省,馮
玉祥也完全是國民黨的人,將受命南征。另一方面,吳佩孚將倒臺,若其倒下,
孫傳芳也將能立刻被打倒,中原十八省便能統一。統一之後中國要用委員制,
蔣、馮下野,軍歸國軍,實行廢督裁兵。至於東三省就暫交張作霖自治。〔註100〕

　　然而,《臺灣民報》也並非完全信賴馮玉祥,特別是左傾人士,轉載、寫
下若干對其採保留態度的評述。如:高一涵刊在《商報》被《臺灣民報》轉
載的〈平民革命的目的與手段〉一文,以及翁澤生(水藻生)相關文章,就
頗具代表性。

　　高一涵(1885～1968),原名高永浩,別名涵廬、夢弼,安徽六安人,1912
年畢業於安徽高等學堂後,自費留學日本明治大學政治科,與李大釗是好友,
曾與梁啓超等在北京辦《晨鐘報》,主張民主、新文化,反對軍閥。之後任職於
中國大學與北京大學,宣傳馬克思主義。1925 年,高一涵加入中國國民黨,並
於 1926 年 10 月加入中共。1927 年清黨後,高一涵曾發文聲討蔣介石,直到汪
精衛發起七一五事件,又赴上海避難,專注於學術。1931 年,在于右任的推舉
下,重入國民黨,但因不滿抗戰時期的蔣介石引發的文夕大火,1949 年起留在
中華人民共和國,直到文革時被指名批判,1968 年 4 月逝於北京。〔註101〕

　　高一涵這篇自《商報》轉載,《臺灣民報》刊於 1926 年 1 月的〈平民革
命的目的與手段〉一文,撰於高氏加入中共以前,政治立場明顯左傾。該文
指出人們應該做平民革命的實行家,別污了「平民革命」一詞,因為「有手
段無目的便是瞎鬧,有目的無手段便是夢想,手段和目的矛盾,便是自殺」。

〔註99〕　〈國民黨何以要贊助國民軍〉,《臺灣民報》,第 94 號,1926 年 2 月 28 日,頁 12。
〔註100〕　〈怎樣統一中國呢?宋淵源氏談時局〉,《臺灣民報》,第 97 號,1926 年 3 月
　　　　　21 日,頁 6。
〔註101〕　維基百科,「高一涵」條目(2014 年 7 月 6 日檢索)
　　　　　http://zh.wikipedia.org/wiki/%E9%AB%98%E4%B8%80%E6%B6%B5
　　　　　百度百科,「高一涵」條目(2014 年 7 月 6 日檢索)
　　　　　http://baike.baidu.com/view/717299.htm

〔註102〕平民革命的目的爲何？高一涵認爲對內要先求建立一個立憲、公開、有計畫的民治政府，對外至少要求廢除一切不平等條約，且中央政府不受任何帝國主義的控制。只要平民革命成功，專制、秘密分贓、無計畫、造督招兵、依恃帝國主義的軍閥就是最大的受害者。該文也指出，打倒軍閥的策略，並非今天聯甲軍閥攻乙軍閥，明天聯丙軍閥攻甲軍閥，那是狗熊政客和復仇主義軍閥的作爲，不是平民的。因爲軍閥都是吃人不償命的虎狼、殺人不眨眼的強盜，聯合軍閥，就是「傻小子」的行爲。認爲軍閥會聽某某主義指揮是不能成眞的美夢，將會白白糟蹋了平民革命的美意。〔註103〕

圖（20）：高一涵〈平民革命的目的與手段〉刊影

〔註102〕高一涵，〈平民革命的目的與手段〉，《臺灣民報》，第88號，1926年1月17日，頁8。

〔註103〕高一涵，〈平民革命的目的與手段〉，《臺灣民報》，第88號，頁9。

　　同樣立場左傾的臺籍菁英翁澤生也於《臺灣民報》發表諸多文章，顯示出馮玉祥與國民黨雙方結盟並非穩固。〔註104〕翁澤生（1903～1939），臺北人，常以「水藻」、「水藻生」與「翁水藻」為筆名，1921 年在臺北實業學校就讀時，即加入臺灣文化協會，之後到廈門集美中學就讀。1924 年，翁澤生於上海大學求學，隔年參與五卅運動，也加入中共。1926 年 12 月，翁澤生回廈門進行共產主義工作，次年蔣介石清黨後，返回上海，與謝雪紅於 1928 年於上海成立「臺灣共產黨」。此後翁澤生一直進行地下工作，直到 1933 年在上海被捕，遣送回臺，1939 年死於獄中。〔註105〕

　　翁澤生於〈廢話幾則〉寫道自私的軍閥天天為地盤打仗、做外國列強的爪牙，用「本錢→兵士與戰具→爭地盤、壓榨百姓→本錢+利息」這樣的模式賺大錢、當富翁，並以中國的權益換取外國借款，大肆爭地盤、殺百姓。學生眼見中國將亡，熱血起來反抗他們，卻被他們殺的殺、綁的綁，近來更以「共產」中傷、誣害這些學生，以「反共產」之名爭奪地盤、剝削百姓。〔註106〕〈中國通信（續）〉專欄中，指出國民軍並不是國民的軍隊，也非國民政府的軍隊，是軍閥之一。只是他們相較於除了廣東國民政府之外的其他軍閥，算是比較有規律、親民的。但國民軍近來反對國家實行委員制，干涉學風，不敢解散打死學生的衛隊，也不敢和段祺瑞決裂，近來更向吳佩孚頻顧地「送秋波」⋯⋯。這樣的國民軍儘管比吳佩孚、張作霖好，但終究難以稱為「革命軍」，更稱不上共產黨的軍隊。

　　翁澤生接著指出李景林曾說「馮賊共產⋯⋯」，張作霖、吳佩孚也計畫以討共之名，撲滅國民軍，連英國言論界也說打敗國民軍，赤化的勢力就可漸漸消滅。甚至《申報》也有一則來自《字林西報》的消息，認為國民軍敗後，直奉將取得政權，穩健派必下氣相從，故「穩健派」甚為樂觀。〔註107〕

〔註104〕邱士杰，〈從〈黎明期的台灣〉走向「中國改造論」——由許乃昌的思想經歷看兩岸變革運動與論爭（1923～1927）〉，《批判與再造》20、21（2005，台北）http://critiqueandtransformation.wordpress.com/2005/01/01/%E7%A0%94%E7%A9%B6-%E5%BE%9E%E3%80%88%E9%BB%8E%E6%98%8E%E6%9C%9F%E7%9A%84%E5%8F%B0%E7%81%A3%E3%80%89%E8%B5%B0%E5%90%91%E3%80%8C%E4%B8%AD%E5%9C%8B%E6%94%B9%E9%80%A0%E8%AB%96%E3%80%8D%E2%80%94/

〔註105〕文化部，《臺灣大百科全書》，「翁澤生」條目，2014 年 6 月 13 日檢索http://taiwanpedia.culture.tw/web/content?ID=5581

〔註106〕水藻生，〈廢話幾則〉，《臺灣民報》，第 103 號，1926 年 5 月 2 月，頁 10。

〔註107〕水藻，〈中國通信〉，《臺灣民報》，第 105 號，1926 年 5 月 16 日，頁 11。

　　由上列報導得知，第二次直奉戰爭後，基於共同反奉的立場，馮玉祥的國民軍與廣州的國民黨結為同盟，各取所需：對國民黨而言，戰略上需要協助北伐的人物與勢力支援；對馮玉祥而言，要出師有名打倒奉天系，三民主義與中華民國正統這頂神轎自是要扛在手上。然而一生叛服不定，倒戈八次，被後世譏為「倒戈將軍」的馮玉祥，不受信賴自是理所當然。〔註108〕

　　《臺灣民報》同時刊出國民黨官員宋淵源，與在野左傾人士翁澤生、高一涵對於國民黨與馮玉祥結盟一事之不同評價：宋氏宣稱「馮玉祥已完全是國民黨的人」，但翁澤生、高一涵則抱持懷疑甚至反對的態度。如此差異乍看矛盾，但卻可視為基於政治正確考量的對外發言：製造國民黨是基於三民主義理念、公義而與馮玉祥合作，縱使基層黨員仍對馮有所猜疑，國民黨高層官員表態信賴馮玉祥以期得到馮的支持。輿論同時呈現黑臉白臉兩面，除了彰顯國民黨的氣度與大義，也讓馮玉祥在輕舉妄動前勢必多考量民心、輿論對其負面走向乃至承擔被討伐的口實。

　　馮玉祥的行為，卻也造成國民黨內部矛盾的激化：他多次公開讚揚三民主義，也將兒女送到莫斯科留學，卻也迫害工農學生運動。如此舉措在國民黨內，自會得到主張發展民族資本之國家社會主義者，即黨內的資產階級歡迎，同時也會招致黨內左翼、無產階級的批判。故面對馮玉祥，國民黨內出現不同的聲浪：右傾者主張妥協，左傾人士持不信任態度。兩派人士的歧異透過《臺灣民報》傳回臺灣，意味著左右之矛盾已悄然激盪於中國、臺灣兩地。

　　綜上所述，此時的《臺灣民報》在報導反奉戰爭後的中國，呈現幾點特色：第一，大量地引用中國報刊：除了可補《臺灣民報》向來新聞性不足的問題，也引進大陸人士對中國時勢的探討。第二，立場顯然已偏向國民黨政府：當時廣州的中國政府兼容左右派思想，這兩股思想正也是這些創刊的留日青年追逐的理念。第三，對中國的報導，開始多了理念之辯：無論是柳書琴所謂的「妖魔之花」般的共產主義，或是發展民族資本主義以求經濟獨立於列強的國家社會主義，面對投誠後仍迫害農工學生運動的馮玉祥，顯然已有不同的評價與信賴程度，並呈現在臺灣讀者面前。

〔註108〕維基百科，「馮玉祥」條目。（2014 年 7 月 6 日檢索）
　　　　http://zh.wikipedia.org/wiki/%E9%A6%AE%E7%8E%89%E7%A5%A5

小結

　　本節介紹了《臺灣民報》從第二次直奉戰爭後，到反奉戰爭結束初期的中國北洋政府局勢的報導、評論。第二次直奉戰爭並未如先前期待般建立一個有秩序且強大、統一的中央政府，張作霖、段祺瑞、馮玉祥、吳佩孚、孫傳芳、國民政府各方勢力均欲取得最大的政治優勢，彼此的衝突日益激化。例如段祺瑞、張作霖一派主張召開以各省代表為主的善後會議，但廣州方面則希望能召開以各階級代表為主，正式的國民會議，南北政府仍難妥協。

　　就北方時局而言，執政的段祺瑞、最具實力的張作霖，以及新興的國民軍系馮玉祥，還有實力尚存的吳佩孚、投機的孫傳芳均各有所圖。自孫傳芳發起奉浙戰爭開始，至國奉戰爭與郭松齡的倒戈，張作霖儘管都能以實力與政治手段一一擺平，但終究元氣大傷，中國依然紛擾不斷，《臺灣民報》對此或轉載刊出，或自撰評論，均呈現高度關切相關新聞之事實。

　　綜上所述，筆者這些《臺灣民報》在反奉戰爭後的中國北方政權報導，可歸結出幾個特點：

　　首先，反奉系張作霖的立場：該報以「意氣衝天」形容郭松齡的得勢，也對他的戰敗表示哀憫，卻不指責他對張作霖的背叛，這顯然與支持張作霖的日本政府的立場相反。《臺灣民報》也刊載日本《每日新聞》、《改造》、《報知新聞》，以及《商報》、《民國日報》、《申報》等報導來呈現多方觀點，不但匯聚反張作霖陣線的言論，也可以看得出來《臺灣民報》在日本政黨政治中的傾向。

　　其次，突破週刊新聞即時性不足的努力：縱使這段時期《臺灣民報》若干文章感嘆中國的戰況千變萬化，難以即時準確報導，但卻也盡量設法讓這些報導能即時。例如比對報刊日期：郭松齡亡於 1925 年 12 月 25 日，〈哀陣亡之郭將軍〉一文僅延遲 2 天，與第二次直奉戰爭之相關報導常有一週以上的延誤，顯然迅捷得多，表現了臺灣民報社試圖自週刊向日刊突破，增加新聞性的嘗試。

　　再者，呈現臺灣對中國的關心程度增加：關於中國的報導在反奉戰爭前，大多置於《臺灣民報》較後面的版面，於此漸次向前推移，特別是對政治制度、政治思想的討論，以及國民黨政權的相關文章亦與日俱增。以 1925 年為界，之前對於北洋軍閥的行狀則大多刊在在第 5 頁之後，之後卻多在前 5 頁的版面上。

　　最後，呈現從殖民地臺灣看中國近代史的視角變化：反奉戰爭前《臺灣民報》的中國新聞，大多是報導、介紹多於評論，但反奉戰爭後，對中國時局之批評與討論日益增多。這些討論正可返顧回臺灣的發展路線之爭，使臺灣的中國報導兼具為祖國中國、殖民地臺灣而討論之雙重特性。《臺灣民報》初期在反直、反奉，及支持孫文政權普遍立場一致，但對國民軍系的輸誠卻左右翼歧異，這種歧異在此時只是開端，待國民黨勢力壯大後，將日益鮮明、激化，下一章再申論之。

第三章　《臺灣民報》對中國南方政局的期待（1923～1926）

> ……我作夢也沒有想到會有這麼一天。我私自下個願望：從今以後，
> 一定要建設成比日據時代還要美好的臺灣，成為一個三民主義的模
> 範省。這不僅是我一個人的理想，也是全臺灣的民眾，六百萬島民
> 的熱望。〔註1〕
>
> ——吳濁流，《無花果》1967 年

　　這段吳濁流描述臺灣剛結束日本時代，成為中華民國轄下一省時，吳老
將「建立三民主義模範省」視為理想與目標。這不唯是吳濁流一人的期盼，
更是當時許多臺灣知識分子的心願。由此得知，孫文所創的三民主義對臺灣
知識分子有不小的影響，甚至被視為臺灣脫離殖民統治後，重建家園的方略。
何以來自中國的理念，深深影響臺籍菁英？《臺灣民報》對孫文三民主義與
國民黨在臺灣的宣導上，扮演怎麼樣的角色？這些宣導對臺灣有何意義？

　　《臺灣民報》創刊的 1923 年，廣州軍政府較之北京政權無足輕重，不但
未得列強承認，也沒有自己的武力，政府組織和成員更迭不定。1923 年陳炯
明發起六一六事變後，孫文毅然實行聯俄容共，設立中華民國陸海軍大元帥
大本營，並於 1924 年成立黃埔軍校；1925 年實力漸增後，擊敗陳炯明勢力，
統一兩廣並收服雲南，成為南方最大勢力。〔註2〕

〔註1〕吳濁流，《無花果》，（台北：草根，1995），頁 149。
〔註2〕張玉法，《中華民國史稿》，（臺北：聯經，2001），頁 168～172。

　　前一章筆者已介紹《臺灣民報》對北洋政局的報導，也揭示了該刊對孫文政權的偏好。儘管南方政府在第二次直奉戰爭中軍事表現不彰，然孫文以其個人魅力與海外的眾多支持，兼得蘇聯之助，聲勢日著，掌握了中國政權的正統性與合法性。筆者細讀《臺灣民報》後發現，該報刊在第二次直奉戰後，對南方勢力的報導日益增加且多為正面敘述，亦更常引用《民國日報》社論，兼之報導版面漸大，頁面提前，故可推論中國南方政府的消息對臺灣菁英而言，重要性日益提高。

　　本章將先介紹《臺灣民報》對孫文個人的報導，再分析他們如何報導國民黨的政見與軍事行動，接著以翁澤生與蔡孝乾兩位臺籍菁英為例，研究該報刊如何處理中國左傾思想與共產主義議題，最後從再從一些報導中，找出左右派因理念不合而最終將走向對立的端倪。

第一節　第二次直奉戰爭前後的孫文相關報導

前言

> ……當排頭逐漸接近長官公署之際，突然從長官公署的屋上機槍開火了。同時有兩三個人倒在機槍的掃射中。民眾只好後退，潛入城內。於是憤激到頂點的民眾，不分皂白，一看到外省人便打。他們最先把公賣局臺北分局包圍，把裡面的局員抓來就揍，並且將玻璃窗、桌子搗毀，有些物品搬出去燒燬，整個辦公室弄得狼藉不堪，但唯有　國父遺像好好地保存著。在這個混亂中，可以看出民眾對　國父的尊敬和大家的一片愛國心了。這些憤激的民眾又潛入新臺公司，做了同樣的舉動。
>
> ——吳濁流，《無花果》，1967 年

　　從這段吳濁流在《無花果》中關於 228 事件的敘述可知，即使臺灣人遭到「外省籍」政權迫害、對「外省族群」極度不滿甚至仇視之際，依然對孫文十分崇敬。時至 2014 年臺灣，縱使太陽花學運汙損蔣介石銅像，掛於學生佔領的立法院之孫文肖像卻毫髮未損。同年易智言導演的金馬獎最佳原著劇本作品《行動代號：孫中山》，亦對孫文其人格理念致敬，甚至引三民主義批判當局。筆者認為，孫文在戰後初期受臺灣人尊敬，固然與戰後國民黨推動

的黨國教育有關，然解嚴自由化後的臺灣年輕世代對蔣介石、孫文普遍具截然不同的評價，絕非黨國教育所致，宜追溯到日治時期即建立於臺灣人心中的孫文形象。

　　本文將在三段中依序介紹《臺灣民報》對孫文的相關報導：從孫文在世時「窮而不通」，乃至第二次直奉戰爭後應段祺瑞之邀北上共商國是，直到孫文逝世的相關論述。接著筆者再介紹、分析該刊的孫文逝世一週年紀念報導，從中了解身處於與孫文不同統治政權的臺灣人，如何在自辦的，號稱「臺灣人唯一的言論機關」之《臺灣民報》報導孫文其人其事，並建立起怎麼樣的孫文形象，最後透過與日治時代最大總督府官報《臺灣日日新報》之比較，了解孫文形象在不同立場上的異同。

一、《臺灣民報》對孫文北上共商國是的報導

　　本大段將呈現《臺灣民報》對孫文人生最後幾年的相關報導，特別是從《臺灣民報》創刊初期，到孫文應段祺瑞之邀北上共商國是之間，以了解孫文的政治勢力與聲望之消長，並與《臺灣日日新報》比對，分析殖民地臺灣的媒體對孫文此人的形象被如何形塑，以及不同立場間有何異同。

　　《臺灣民報》創刊初期，孫文一派一直處於困頓之中，內有國民黨與共產黨之矛盾，外有軍閥、蘇聯、日本與其他列強的角逐競爭。此時期孫文一派的弱勢與險境，除了上一章黃朝琴〈中國政局概觀〉系列文章已有以「南方派」點明之外，還有不少報導，譬如比黃朝琴稍早，刊於 1924 年 5 月的〈中國時局──孫總理窮而不通〉一文，是對孫文的困境頗具代表性的報導。該文寫道，因為有閣員不服從孫文的領導，故意製造內部混亂，且南方政府財政日益窮乏，孫文又沒有斷行內閣改造的勇氣，欲解散內閣也缺乏適當理由，故向南方政府提出自己想要離職的想法。儘管孫文的擁護者們力勸孫文勿去職，且為內閣改善奔走，但孫文態度仍頗消極。〔註3〕

　　另一方面，同時期《臺灣日日新報》則對孫文有不少負面報導。例如 1923 年 6 月 12 日〈孫文氏之惡評〉一文指出廣東人民因為孫文帶領的粵政府內閧而陷於塗炭，住在大稻埕的廣東幫說孫文是「最壞的東西」。孫文的《建國方略》包括了鐵路、商港、水力、礦業、農林等政策，說得天花亂墜，但孫文

─────────────

〔註 3〕〈中國時局　孫總理窮而不通〉，《臺灣民報》，第 2 卷第 8 號，1924 年 5 月 11
　　　　日，頁 7。

何嘗有建設能力？孫文一派甚至還變賣人民祖厝公業、恢復陳炯明已禁止的賭博以抽賭稅；其部下更「壞得很」，不成規律，專事搶劫。〔註4〕

　　1924 年 10 月 22 日〈孫文之暴虐無狀〉一文發自上海，報導孫文軍隊的暴行。該文提到孫文指派部下炮擊廣東全市，並要求許崇智、吳鐵城等工團軍攻擊西南商團軍。西南商團軍受內外夾擊，腹背受敵而漸漸不敵，雲南軍更以機關槍狙擊，導致商團軍慘敗。之後孫文軍進入西南後，在全市放火，恣意掠奪到 16 日，老弱婦女都被殺戮，掠奪品在第一公園堆積如山。直到廣東總領事團揚言若不停戰，將以陸戰隊調停，孫文方應允停戰。〔註5〕

　　1925 年以後，中國國民黨的廣州政府漸漸得勢，《臺灣民報》對其報導與日俱增，且立場偏向支持與期待，該刊 1925 年第一號就有很多關於廣州政府的新聞，第二次直奉戰爭後孫文的北京行更是焦點。同年《臺灣日日新報》也刊出〈甚麼孫文三民主義〉一文，以較正面詞句敘述孫文將前往北京一事，指出他秉持在廣東時的一貫初衷，志不在政權，而在護憲與宣揚三民主義，縱使孫文也透露具體實踐方案尚在運籌帷幄之中，並未明言。另一方面，吳佩孚欲以十省聯盟希圖再舉，至於如何處分吳佩孚，孫文也正在斟酌中。〔註6〕

　　1925 年 1 月《臺灣民報》刊載錫舟譯自大阪《朝日新聞》的社論：〈對孫文的希望　迎其在神戶寄港〉一文。該文提及孫文應段祺瑞之邀，北上商論國是，途經神戶時發表對日本當局的看法。該文提到日本對於孫文訪日「欣幸歡迎」，孫文進入神戶後就和東京、關西的記者在輪船「上海丸」上進行長時間的會談。孫文回答記者的問題中，牽涉兩個重要問題：該用什麼方法引導日華親善？日本人對中國有什麼觀感？〔註7〕

　　《朝日新聞》記者寫道：孫文在接受採訪時表示，日本近來的中國觀感已有很大的變化，且朝向相互諒解與彼此友好的方向進展。〔註8〕中日兩國「若有協力便得自立，若是分離便共倒壞」，故雙方宜彼此諒解，若能如此則於談

〔註4〕　〈孫文氏之惡評〉，《臺灣日日新報》，第 8289 號，1923 年 6 月 20 日，頁 6。
〔註5〕　〈孫文之暴虐無狀〉，《臺灣日日新報》，第 8779 號，1924 年 10 月 22 日，頁 4。
〔註6〕　〈甚麼孫文三民主義〉，《臺灣日日新報》，第 8807 號，1924 年 11 月 19 日，頁 4。
〔註7〕　錫舟譯，〈對孫文的希望　迎其在神戶寄港〉，《臺灣民報》，第 3 卷第 1 號，1925 年 1 月 1 日，頁 17。
〔註8〕　錫舟譯，〈對孫文的希望　迎其在神戶寄港〉，《臺灣民報》，第 3 卷第 1 號，1925 年 1 月 1 日，頁 17。

笑間便可解決衝突。〔註9〕兩國人民間若能徹底理解，造就良好氛圍，就能在各自獨立的地位中互相接觸、親善；只可惜兩國間都有人對這種觀念並不徹底。因此，要對這個目的進行宣傳，兩國要互相闡明自己的立足點，同時也站在對方的立足點，「切要而真實」地互相諒解，因為只重視自己的立場就可以滿足的時代已經過去了。因此，對日本的中國觀宣傳，要靠諒解中國的有志日本人來擔任；對中國的日本觀宣傳，要靠日本的同志和有理解的華人來進行，雙方理解範圍一定要擴大，對宣傳戰的反感猜疑就可以縮小了。至於日華兩國的同志怎麼結合聯絡，朝日新聞記者表示「很想拜聽孫文的意見。」〔註10〕

　　至於第二個問題，日本記者問道：日本人對中國第一個觀感就是中國在這重大時期何以繼續內亂？怎麼沒有捨小異就大同的共識？怎麼沒有支持東亞大局進步的想法？從民國建立後紛亂13年，仍未見收局，讓性急的日本人難以理解。孫文認為，這些紛亂和軍閥亂政在這次的反直戰爭中已告終結，他為了收拾時局才北上，可見孫文不圖私利、光明正大的格局。段祺瑞方面，從他近日的言行可知，一定是退隱五年，舊心脫化，才願意和孫文接近，如果以支配北方武力的段祺瑞之威望，與孫文這樣的「民眾政治家」握手言和，13年的大亂或可以終結。日本記者最後寫道，孫文的偉大是他人學不到的，此次和他會面、親炙其高風，感慨無量。〔註11〕

　　此文譯者錫舟即王敏川。王敏川（1889～1942），彰化人，1919年畢業於早稻田大學大學政治經濟科，留學期間曾加入啓發會、新民會，接觸社會主義，為《臺灣民報》創辦人之一，並任《臺灣青年》的編輯，常於該報譯介、撰寫文章。王敏川於治警事件被捕後雖無罪開釋，但逐漸放棄臺日合作的想法，轉與臺灣旅居上海的留學生左翼團體「上大派」親近，1927年臺灣文化協會的分裂，即出於他與連溫卿的聯手策動。爾後王敏川一直是左傾後新文協的核心人物，支持農工運動，也投身簡吉的「臺灣赤色救援會」。1931年王敏川被捕，直到1938年獲釋，非人道的折磨讓他「語言低沉、走路無力、兩

〔註9〕錫舟譯，〈對孫文的希望　迎其在神戶寄港〉，《臺灣民報》，第3卷第1號，頁17～18。

〔註10〕錫舟譯，〈對孫文的希望　迎其在神戶寄港〉，《臺灣民報》，第3卷第1號，頁18。

〔註11〕錫舟譯，〈對孫文的希望　迎其在神戶寄港〉，《臺灣民報》，第3卷第1號，頁18。

眼俯垂，一身疾病」，1942 年逝世。〔註12〕

　　孫文在日本引起風潮，他在日本發表演說，宣揚「日華親善」、「亞洲民族聯合」理念，這種可化解殖民地臺灣民族與國籍尷尬的議題，必導致《臺灣民報》熱烈追蹤關切。1925 年 2 月刊出的〈孫先生的「亞洲民族聯合」演說〉一文，即是介紹孫文在神戶的演講。此文記載孫文在演講中提到：亞洲本是世界文化的發源地，羅馬、埃及等文化皆由亞洲傳出，但近來亞洲不進反退，歐洲日盛，很多亞洲國家先後遭歐洲所滅，導致東方人都自以為亞洲不過是歐美殖民地。然而，日本卻在日俄戰爭後擺脫歐美羈絆而獨立，廢除一切可恥條約，與歐美平等，日本的強盛大大鼓舞了亞洲人民。〔註13〕

　　孫文在演說中繼續指出：他在巴黎聽聞日本打敗俄羅斯的捷報時，內心「很快樂」，之後在輪船上遇到一位阿拉伯人，望著孫文的臉問他是不是日本人，說他看到俄國軍隊從遠東撤回，即代表俄國已敗，他對日本獲勝欣喜不已。這位阿拉伯人的歡欣之情，也是亞洲人心情的顯現。是以日本大勝後，埃及、阿拉伯、波斯、土耳其、阿富汗、印度等被白種人壓迫的國家都醒來了，在過去二十年間發起各種獨立運動，成績斐然。由此綜觀大局，中日兩國雖毗鄰卻不十分聯合，「豈不怪哉」？

　　孫文還說道：白種人認為有色人種的獨立運動，是反抗世界文化的暴動，甚至有一位「著名的美國作家」撰書警告白種人國家，應該起來反對亞洲民族的獨立運動，該書被譯成了好幾國文字，白種人一面抵抗亞洲民族獨立運動，一面又拚命否認有壓制民族運動的舉動，可見其自私自利。孫文表示，他不明瞭為什麼這些白種人視亞洲民族正當的獨立運動是對抗世界文化的暴動，認為這樣徒然證明了西方國家是非顛倒，極為可笑。白種人以為文化是他們獨有的，不是亞洲民族的，白種人有快樂和興盛的權利，卻不許有色人種擁有同等權利。〔註14〕

〔註12〕　臺灣大學哲學系，中國哲學研究室，臺灣哲學工作室，日治時期臺灣哲學：王敏川（2014 年 7 月 7 日檢索）
　　　　　http://www.philo.ntu.edu.tw/chinese/page.php?no=14
　　　　　文化部，《臺灣大百科》，許雪姬編，「王敏川」條目。2014 年 7 月 7 日檢索。
　　　　　http://taiwanpedia.culture.tw/web/content?ID=5279&Keyword=%E7%8E%8B%E6%95%8F%E5%B7%9D
〔註13〕　〈孫先生的「亞洲民族聯合」演說〉，《臺灣民報》，第 3 卷第 4 號，1925 年 2 月 1 日，頁 10。
〔註14〕　〈孫先生的「亞洲民族聯合」演說〉，《臺灣民報》，第 3 卷第 4 號，頁 10。

最後孫文特別從白種人國家中區隔出蘇聯，並加以推崇：

> 白種人國家中，有一國為其他各國所反對而要想法毀滅的，就是蘇俄。
>
> 白種人各國之所以要壓迫蘇俄，是因為蘇俄承認了亞洲道德完好的文化，和視這些白種人國家對於亞洲國家的傳統政策為錯誤不合正義罷了。〔註15〕

孫文在這場演講也提出西方文化是野蠻的文化，真正的文化存於崇尚道德的亞洲，而非極端崇拜物質主義和暴力的西方。然而，亞洲民族可以學西方的暴力文化，但不是用來壓迫人家，而是用來作為自衛的手段，這樣就可以將自私自利的野蠻白人加諸於亞洲人的兇惡壓迫除去，像日本比亞洲其他民族來得先進。

陳君愷提到孫文寄港於神戶發表演說時，吳新榮也有在現場，吳新榮寫道：

> 當時的講題為『大亞細亞主義』，初到日本的我，感覺天氣非常寒冷，但我聽演講後非常興奮，熱血為之奔流全身，歸途在車內一夜都不能睡。〔註16〕

據陳君愷的說法，之後吳新榮於返校後撰寫〈朋友呀！睨視那爭鬥的奔流啊！〉（原文：〈友爭鬥奔流睨視〉），摘要孫文演說的主旨，也同時勸告日本人不要欺負中國人。該文投稿於金川中學校校刊《秀芳》上，被自由主義者的校長服部純雄安排發表在卷首。服部氏認為該文對親炙孫文的臺灣青年而言，有強大的激勵作用，他的看法應與《臺灣民報》相同，吳新榮的興奮之情更可代表當時部分臺灣知識分子對孫文的崇敬。

1925年2月的〈革命領袖孫中山先生〉一文，提到孫文在1924年的最後一天進入北京，受到四萬多名民眾歡迎。民眾拿著「反對帝國主義」、「廢除不平等條約」等旗幟簇擁，此外也不乏北洋政府代表、閣員等親來迎接。孫文的專車在4時25分抵達時，眾人齊聲高呼：「中華民國萬歲！」、「革命領袖萬歲！」、「孫中山先生萬歲！」，惜孫文因患病未癒，只能下車略與民眾點

〔註15〕 〈孫先生的「亞洲民族聯合」演說〉，《臺灣民報》，第3卷第4號，頁10。

〔註16〕 陳君愷，〈我本將心託明月——日治時期臺灣的「孫文主義者」〉，《孫山中與日本殖民時期臺灣政治社會運動學術研討會論文集》（臺北：國立國父紀念館，2005年），頁204。

頭回禮示意，座車便朝北京飯店駛去，孫文隨從也將其事先準備好的宣傳單，從車窗向民眾撒去。宣傳單內容如下：

> 中華民國主人諸君，兄弟此來，承諸君歡迎，實在感謝，兄弟此來，不是爲了爭地位、不是爲爭權利，是特爲來與諸君救國的。十三年前，兄弟與諸君推倒滿清政府，爲的是求中國人的自由平等，然而中國人的自由平等，已被滿清政府，從不平等條約裡賣與各國了，以致我們仍然處於被植民地的地位。所以我們必要救國，關於救國的道理很長，方法也很多，成功也很不易，兄弟本想和諸君詳詳細細的說，如今因爲抱病，只好留待病好再說。如今先謝諸君的盛意。
>
> 　　　　　中華民國十三年十二月三十一日　　孫文〔註17〕

綜上所述，從早期《臺灣民報》呈現孫文在陳炯明事件前後的困頓，《臺灣日日新報》亦予以極負面的評論，到第二次直奉戰爭與反奉戰爭後，孫文轉變成爲軍閥、日本欲籠絡、合作的對象，並給予正面報導與期待，這些都可以從《臺灣民報》大版面介紹孫文的思想與演說，特別是在日本的發言，以及進入北京後的宣傳單得見。筆者認爲，《臺灣民報》的這些報導呈現以下幾點特色與目的：

第一、對孫文的關切趨向增加與正面：從早期黃朝琴將孫文視爲中國一方軍事勢力，儘管抱有期待，卻沒有太多報導，轉向對之投入極高的關切且視爲中國未來、中日關係的關鍵人物，其中關鍵之一必是孫文與國民黨對中國的影響力與日俱增。另外，孫文聯俄容共後，其所具之實力、魅力致使其言談份量極重，也能爲共產主義、三民主義、國家社會主義與日華親善者做有力的背書，各派倚孫文之名望，傳達、強化自己認同的理念。

第二、強調日華親善的重要：孫文指出，中日合作便能各自自立，分離則共同倒壞，但雙方彼此甚不諒解，故中、日雙方有志之士應互相聯絡合作，以宣傳達成兩國人民同理互諒，互信合作。日華親善的強調，不啻意指中國、日本兩個國家，更可衍生爲大和民族與漢民族之親善，對殖民地臺灣的本島人而言，是爭取總督府更良好對待的理由。

第三、將日本拉回東方文明脈絡：孫文對文明的論點顯然與第一章介紹的羅素高度一致，他將西方文明視爲物質、暴力，東方文明則代表著精神、文明。這顯然非當時日本主流的「脫亞入歐」思想，反而期許日本「脫歐還

〔註17〕　〈革命領袖孫中山先生〉，《臺灣民報》，第 3 期第 4 號，頁 2。

亞」。此論點一方面符合日本在當時的宣傳，更可將日本拉入亞洲共同反帝國主義的陣線，也正因如此，也讓日本無理由以西方帝國主義作風統治臺灣。

第四、建立對孫文與其黨員的正面觀感：從日本記者對孫文的正面態度，到他於神戶、北京均受到熱烈歡迎，以及孫文散發他是爲「救國」而非「爭權」而來的傳單，讓臺灣民眾對他有極正向的觀感。這種正向觀感，讓當時部分欲以中國爲參照，甚至寄情於中國作爲解救臺灣舞臺的臺灣人而言，有極大鼓舞的效果。

孫文在旅日演說中，規避了中、日之現實上的緊張關係及利益矛盾，如不平等條約、華勞日資之糾紛、日本對中國內政和外交上的種種欺壓，也不若《臺灣民報》提出許多具體的作法，如日本應放棄對軍閥的支持、廢止不平等條約、改設大使館等。孫文以文化屬性與兩國友好合作，強調以宣傳化解兩國矛盾的重要，以此作爲中日如何共創美好未來的解答的起點，顯示其高度政治智慧的操作，也減少了來自日本反對者的敵意。另一方面，孫文也推崇蘇聯「承認了亞洲道德完好的文化」，除了符合其聯俄容共政策，也暗示蘇聯的態度堪爲日本模範，卻也爲日後左右翼矛盾加深乃至決裂，埋下伏筆。

二、《臺灣民報》與《臺灣日日新報》對孫文逝世消息的報導

《臺灣民報》將孫文逝世的新聞，大多刊載在第 5 頁之前，甚至作爲頭條、社論出現，表現該刊對孫文逝世消息之極度重視。本大段將整理《臺灣民報》、《臺灣日日新報》刊載孫文逝世的相關報導，以呈現當時臺灣不同立場的主要媒體，對此事的反應與差異。

1925 年，孫文進入北京後身體狀況日糟，開始有他逝世的傳聞出現，譬如 2 月 5 日《臺灣民報》刊載〈孫中山先生略歷〉一文，便如祭文般概述其生平。這篇文章指出孫文生於 1866 年，中法戰爭時發起顛覆滿清、建設共和之志；甲午戰後建立興中會，並於 1905 年成立同盟會，武昌起義之後建立共和。民國 2 年，對抗袁世凱失敗，民國 4 年再起，民國 7 年以後轉戰西南，期能以黨義治國。1924 年，召開中國國民黨第一次代表大會，更新革命綱領，最後在曹錕、吳佩孚被顛覆之後，北上倡議召集國民會議。

此文提到，中國民族性最大的毛病是自大心，而孫文是「覺醒中國的第一覺醒人物」，奔走革命 30 年，建立共和之後，又復對抗帝國主義、軍閥、官僚，履仆履起，愈挫愈勇，其三民主義和大東亞聯盟的偉論有過人識力。「這

位偉大的革命家果欲棄我們而長逝嗎？我人說到這裡禁不住淚浪滔滔了！」〔註18〕

　　1925 年 2 月 21 日出刊的《臺灣民報》〈願中山先生之死不確〉一文，也表達對孫文逝世之哀悼：

> 革命家的死信是常常不確的，記得黎仁（按：列寧）的死信，我們至少在報上接了十次以上，到昨年纔一命眞逝……但若果中山先生眞的棄我們而長逝，這不但是中國的不幸，並且是東洋的不幸，全世界的損失！
>
> 去年我們的世上纔失了一位世界的偉人，俄國大革命家，今年又欲把一位世界的偉人、中國的大革命家從此世奪去，那死的神也未免太無情了。〔註19〕

　　《臺灣民報》3 月 1 日刊出的〈孫文沒有死〉一文，說到作者不相信當時日本與各國說的孫文死訊，果然近日的報刊又給了「極恭喜」的消息，孫文沒有死，其病也有起色，並認爲這值得爲中國 4 萬萬人民慶祝，也爲東亞大局慶祝。〔註20〕

　　相較而言，《臺灣日日新報》對孫文的報導就沒有《臺灣民報》的不捨與激情，唯該報也有多次孫文死訊的新聞，如：1925 年 1 月 29 日有諸如〈孫文氏之噩耗〉、〈孫文亡後國民黨〉、〈孫氏手術後危篤〉之文章，顯然比《臺灣民報》更爲平靜、淡漠地報導孫文逝世之消息。其中〈孫文氏之噩耗〉一文寫道 1 月 26 日，孫文因肝臟潰瘍，在洛克誨拉病院進行胴部與腹部切開手術，但因過程不良，導致不治。該文提到，和孫文多年私交的犬養毅說他有非常之人格與許多之缺點，其自幼即以革命家自任，主張土地國有，宣揚一種共產主義，然而之後依黎元洪之忠告而中止，在征戰韶關時，更親自到前線慰問傷重者，徹夜寫東洋人聯盟之大論文。〔註21〕

　　《臺灣日日新報》與上文同版面〈孫文亡後國民黨〉一文，卻說孫文是「已在昏睡狀態，陷於危險之域…孫文氏之生命，能待之與否，甚爲疑問」，與上文之「逝去」不同。該文提到，國民黨員張繼在廣東全無人望，洪兆銘

〔註18〕　〈孫中山先生略歷〉，《臺灣民報》，第 3 卷第 6 號，1925 年 2 月 21 日，頁 3。

〔註19〕　〈願中山先生之死不確〉，《臺灣民報》，第 3 卷第 6 號，1925 年 2 月 21 日，頁 3。

〔註20〕　〈孫文沒有死〉，《臺灣民報》，第 3 卷第 7 號，1925 年 3 月 1 日，頁 7。

〔註21〕　〈孫文之噩耗〉，《臺灣日日新報》，第 8878 號，1925 年 1 月 29 日，頁 4。

（按：汪兆銘）亦人望不足，故黨內已無統帥者，國民黨員至此若不捨己而互圖團結，則終將分裂。〔註22〕

　　即便如《臺灣日日新報》這樣高度新聞性的總督府官方報刊，尚出現孫文已死與未死的新聞出現在同一張版面上之情事，可見得其死訊難以確認。如《臺灣日日新報》1925年5月16日〈孫文氏之訃〉，寫道「廣東政府孫大元帥文，昨十四朝卒。」但〈孫氏之訃不實〉同時出現在旁，寫道「或報孫文氏卒，其實不然。」然而，此時孫文確實已逝。

　　另外，《臺灣日日新報》的1925年1月29日〈推倒滿清之孫中山略歷〉一文，先寫道孫文本期望與段祺瑞平分國柄，卻「大欲未逞，而巨星先墜」，國民黨此後將大失勢力。孫文於清朝王室尚且興盛，慈禧太后垂簾的時代，即已高聲提倡革命，二十年來奔走國勢，數度死裡逃生。孫文以三寸不爛之舌鼓舞、擴大同志者，雖成功顛覆清室，但最後政治實權全歸武人，號稱民國，但「民權何在？」江寧之役後，孫氏聲名漸微。

　　〈推倒滿清之孫中山略歷〉一文指出，孫文生於貧困之家，早年聽洪秀全、楊秀清等事蹟，遂萌生革命之意，稍長後隨兄到布哇，因信基督教而與其兄不合。孫文十六歲返國，就讀廣東中西醫學校與香港醫學校，並行醫於澳門，名聲漸著，常託行醫鼓吹革命。孫文曾向李鴻章力陳清廷腐敗終不免有革命，然不被注意，故於甲午戰爭後組中興會（按：興中會），圖起事失敗，流亡英國、歐美、日本，最後在東京與黃興、章炳麟、陳天華等人成立同盟會，被推為會長，並於歐美華僑間舉行巡迴演說。〔註23〕

　　該文接著指出，武昌起義之後孫文返國，在上海被推為大元帥，之後被南京中華民國臨時參議會推為臨時大總統。爾後南北議和、清帝退位，袁世凱為臨時大總統，孫文被委辦全國鐵道。唯宋教仁遇刺後，孫文第二次革命失敗，另組中華革命黨，尋找機會推倒袁氏；孫文初始的目標意在排滿，最後竟至同族相殘，名實不符，不無遺憾。袁世凱稱帝後，西南起義成功，孫文實際上並沒參與；直到民國6年，段祺瑞復起，孫文反對對德宣戰，又與中央抗命，和章太炎、李烈鈞等開非常國會，組軍政府，孫文被推舉為大元帥，卻無兵權；之後孫文與陳炯明不睦，互相傾軋，今尚未息。孫文既歿，

〔註22〕　〈孫文亡後國民黨〉，《臺灣日日新報》，第8878號，1925年1月29日，頁4。
〔註23〕　〈推倒滿清之孫中山略歷〉，《臺灣日日新報》，第8878號，1925年1月29日，頁4。

廣東不知鹿死誰手。孫文的理想最高，但近來又與廣東商團不和，為廣東人所不快，乃至有「孫大砲」之號，然千百年後，論民國革命史，孫氏當為第一人。〔註24〕

《臺灣日日新報》上這些孫文逝世的報導和《臺灣民報》大異其趣：《臺灣民報》對孫文偏向隱惡揚善，重視、強調其理念，報導呈現孫文治下的廣州一片大治，譽其為世界級偉人，讓民國充滿希望。《臺灣日日新報》則呈現孫文是失敗者、鬧事者，引犬養毅的話言其為「宣揚一種共產主義」、「有非常之人格與許多之缺點」、「名實不符，不無遺憾」、「致同族相殘」等，亦寫道孫文與廣東商團不睦，明言暗示其理念不切實際，強調他「孫大砲」之號，僅承認孫文在民國革命史上的地位重要，可謂寓貶於褒。

實際上，孫文於 1925 年 3 月 12 日逝世，《臺灣民報》確實掌握此一消息，3 月 21 日的頭版以〈哭望天涯弔偉人〔唉！孫先生死矣！〕〉為題，指出 3 月 13 日的電報說孫文已死，但因為之前有多次誤報，所以強調「這次似乎真的死了」。節錄報導如下：

> 想此刻四萬萬的國民正在哀悼痛哭罷！西望中原，我們也禁不住淚泉怒湧了！為什麼？因為他是自由的化身，在喪權辱國又腐敗至極的滿清治下這種濁混之世出生，苦鬥苦戰，四十年如一日，近來又倡設國民會議。儘管漢民族的血是冷的，但他是熱血的男兒，忍耐不住滿清的剝削欺凌，從最初要將政權從少數滿人奪還多數，並且成功推翻滿清；但後來又轉而反抗狼狽為奸、欺凌人民的軍閥，但軍閥後面有帝國主義撐腰，所以他連一切帝國主義都反抗。而他是正義的化身，政客、官僚、軍閥都是「毛頭隨著風頭倒，兩頭利祿好均沾」之徒，為私利而戰，一切以私利為前提，只有他與其一部分部下，為三民主義、正義而奮鬥，雖然孫文已死，但三民主義和自由正義都還活著。
>
> 泰山頂上的鐘聲停了，但餘響還嘹喨著。酣睡著了人們也漸漸地醒來了！三、一四日〔註25〕

〔註24〕 〈推倒滿清之孫中山略歷〉，《臺灣日日新報》，第 8878 號，1925 年 1 月 29 日，頁 4。

〔註25〕 〈哭望天涯弔偉人——唉！孫先生死矣！〉，《臺灣民報》，第 3 卷第 10 號，1925 年 3 月 21 日，封面頭版。

　　孫文的逝世的相關報導在 1925 年 3、4 月的《臺灣民報》大量刊載，且均佔在前 5 頁的版面，例如 4 月 11 日〈各界哀悼孫先生〉一文表達對孫文的推崇：

> 爲國人求幸福、爲民族放光明、櫛風沐雨，餐血飲淚，以不屈不撓之精神，勇往直前四十年如一日。先生之與人格，無論何人都敬仰而崇拜之，以中國有名於世者言，先生乃誠中國一人而已。乃中華之列寧、中華之華盛頓也……而人民之愛仰先生，亦達極點，故生之靈耗傳出，人民如喪考妣，極其悲悼。〔註26〕

　　〈各界哀悼孫先生〉詳細報導孫文逝世消息。該文寫道，孫文於民國 14 年 3 月 12 日上午 9 時 30 分逝世，在臨終前立三道遺囑，說自己爲國四十年，家產只有屋宇和衣服，書本歸其妻宋慶齡，並交待將自己的屍體像列寧一樣防腐保存。最後，叮囑國民黨要喚起民眾，連結世界上平等待我之民族，共同奮鬥，並將建國方略、建國大綱、三民主義、第一次代表大會宣言、國民會議主張等目標囑付之，謂「革命尚未成功，同志仍需努力」。接著，握宋慶齡及孫科之手，說他希望中國速息內爭，共圖建設，死後殯殮宜儉，一定要合乎平民身分。

　　該文還提到：孫文死後，在段祺瑞的安排下，讓蔡廷幹等照料，同時撥治喪費 5 萬元，要發起國葬，襃揚功績，優擬國節；各機關停止辦公，連同各使館下半旗三尺以誌哀。各地各界都有哀悼會，章太炎、臺灣學生會等，也去上海莫利愛路的孫文私宅祭悼。外國報章也評孫文「爲主義而生，爲主義而死，始終不變其志，實爲中國之第一人，足令吾人敬佩不止。」孫文的遺體，在 3 月 12 日正午，就送到協和醫院進行防腐處理，同時通電莫斯科借用列寧用過的玻璃棺暫時存放，之後會先在北京中央公園舉行盛大儀式，最後運柩至南京紫金山安葬。〔註27〕

　　1925 年 4 月 21 日〈中華國民紀念孫先生大會〉提到，蔣夢麟、閻錫山等動議，要求北京方面發起「全國國民紀念孫中山先生大會」，並主張於各地建銅像、紀念碑、中山公園、中山圖書館，並編輯中山先生叢書、發行紀念刊、舉行紀念會或追悼年會。〔註28〕

〔註26〕　〈各界哀悼孫先生〉，《臺灣民報》，第 3 卷第 11 號，1925 年 4 月 11 日，頁 4。
〔註27〕　〈各界哀悼孫先生〉，《臺灣民報》，第 3 卷第 11 號，頁 4。
〔註28〕　〈中華國民紀念孫先生大會〉，《臺灣民報》，第 3 卷第 12 號，1925 年 4 月 21 日，頁 4。

　　孫文哀悼文中，還有翁澤生在上海寫的〈哀悼中山先生〉、蔡孝乾的〈中山先生逝世（國民黨、民眾）〉兩篇值得注意。這兩位作者都是左傾的親國民黨人士，他們的文章除了對孫文表達讚美崇敬之意，也攻擊帝國主義和軍閥的亂政，同時宣揚左翼思想與階級鬥爭觀。翁澤生於文章中形容孫文「他確是中國歷史上第一偉大的人物」，並於此文如此陳述：

> 中國古來并不缺少「代天伐紂」、「驅逐金元」這一流的人物，可是他們的大多數却非但不是民眾的指導者，非但不是為民眾的利益而奮鬥的領袖，反是利用民眾做他們的奪取帝位、爭名奪利的戰具的所謂英雄－僞善者。似孫先生始終為民眾的利益而奮鬥，提唱革命的三民主義以領導民眾向解放的路上跑的能有幾人？〔註29〕

　　翁澤生指出孫文在領導民眾往解放的路上，負病革命、死而後已，儘管他的革命事業是比較失敗的，但卻有成功的希望，也許已經開始跑向成功的路了。該文指出，一般民眾漸漸覺醒，國民信仰也集於其一身，且孫文到上海時，發言就使國內外震動，租界的「洋大人」們就開始手忙腳亂。只是，現在中國失去偉大的領袖，他的死是中華民國與世界的大不幸，但他的主義與民眾運動卻不會失敗，也希望中國民眾更加奮進，革新中國以慰孫文在天之靈。〔註30〕

　　蔡孝乾的〈中山先生逝世（國民黨、民眾）〉一文，除了和前述幾篇有相近的內容外，也放眼中國國民黨與中國民眾的狀況與未來可能。國民黨方面，蔡孝乾認為：帝國主義者與反國民黨者，對國民黨在孫文死後會陷入分裂的看法，是輕率且膚淺的。因為儘管國民黨有左右派之分，但只要是追求「國民革命」的，無論是孫文主義者，或是共產主義者、無政府主義者，都是忠實黨員。且國民黨有獨立的主義和嚴密的黨綱，孫文最後的遺言「革命尚未成功，同志還須努力」依然是大家要照孫文的遺囑進行的國民革命。「穩健派的老頭兒」和「中山已死可不受拘束」的叛徒，自然會被分化於領導革命的國民黨之外。另據報載，孫文死後，唐繼堯在雲南以西南領袖自居，就任副總理，卻引起一致激昂討伐。〔註31〕

〔註29〕　〈哀悼中山先生〉，《臺灣民報》，第 3 卷第 11 號，1925 年 4 月 11 日，頁 14。
〔註30〕　〈哀悼中山先生〉，《臺灣民報》，第 3 卷第 11 號，頁 14。
〔註31〕　孝乾，〈中山先生逝世（國民黨、民眾）〉，《臺灣民報》，第 3 卷第 14 號，1925 年 5 月 11 日，頁 12～13。

　　蔡孝乾接著寫道，孫文過世後，國民革命不但不會消滅，受軍閥和帝國主義壓迫的民眾反而會奮起而戰，哀悼孫文的文章提的多是「繼續奮鬥」之聲，只要有帝國主義和軍閥，中國民眾的革命運動就會一直繼續。雖善後會議已結束，但促成國民會議的聲浪很大，這又是孫文的遺願，可見其影響力。〔註32〕

　　綜上所述，本大段舉出了《臺灣日日新報》3 篇文獻、《臺灣民報》7 篇文獻，藉此觀察孫文逝世時臺灣官方最大平面媒體，與臺灣最大民間媒體兩方的報導傾向和差異。透過以上整理，呈現反殖民而略左傾的本土報刊，對上反左傾的殖民政府輿論，雙方各有立論，「孫文」於此代表著並非只是一位人物，而是一個「命題」，《臺灣民報》與《臺灣日日新報》以各自的態度與方式處理之，呈現拉鋸的相互平衡報導。

　　孫文生前、逝後，兩刊物間如此的拉鋸持續進行。《臺灣民報》強調孫文的信念及中國的前景，「孫文」一詞象徵各理念實踐下美好的未來中國；反之《臺灣日日新報》的「孫文」是破壞和平、言行不一、空言不實且對國勢的無能為力的中國人，形塑其為欲分權柄者、好辯者、無能者與失敗者，他的歷史定位是「中國革命的第一人」，而中國革命將走向何處，頗有不言而喻的曖昧。

　　這些報刊呈現殖民／反殖民、左傾／反左的隔空交鋒，《臺灣民報》的文章表現出臺灣當時民族主義者、國家社會主義者、共產主義者站在同一陣線，以對在大陸結合這些理念之孫文的認同，形成臺灣與中國的思想聯合陣線，對抗當局的同化殖民主義。因此在臺灣，無論是社會主義者、民族主義者或資本主義者，反殖民者，對「孫文」的正向態度，乃至有意無意間將「孫文」送上神壇，成為臺籍菁英各派共同的必要操作，孫文的理念也隨著對其理念與團隊的報導，愈來愈大規模地進入臺灣。

三、孫文逝世週年《臺灣民報》的紀念文

　　孫文逝世週年，中國各地濃厚的追悼氛圍也傳進臺灣。《臺灣民報》以此為契機，再次宣揚孫文思想與國民黨行動。本大段將介紹孫文逝世一週年後，《臺灣民報》對孫文的相關報導，以觀察孫文在臺灣民眾心中的形象及其影響力之走勢為何。

　　1926 年 3 月 28 日《臺灣民報》刊載〈孫先生忌年追悼大會〉、〈孫中山先

〔註32〕孝乾，〈中山先生逝世（國民黨、民眾）〉，《臺灣民報》，第 3 卷第 14 號，頁
　　　　12～13。

生逝世一週年紀念－三月十二日－〉兩篇文章，於孫文逝後一週年之際，再次介紹孫文生平及思想核心「三民主義」。臺灣民報社骨幹成員對三民主義的認同，從 1926 年福建省議會議長宋淵源訪臺時受歡迎的程度，及其演說受到的重視，可見一斑。

〈孫先生忌年追悼大會〉一文寫道：孫文是開國元勳，世稱國民之父，也是弱小民族的嚮導者，於去年二月十二日（按：應是 3 月 12 日之誤）逝世，當時有人在臺北市的文化講座，開了盛大的追悼會，下午 6 點多就人山人海了。首先，王敏川發表開幕詞，然後民眾對孫文肖像行三鞠躬禮，接著由當時在場的宋淵源講「中山主義」的精髓「三民主義」，也就是救國主義，分別是民族、民權、民生主義。民族主義，就是喚醒世界上的弱小民族脫離帝國主義或資本主義的羈絆，致力於獨立、自治。民權主義，就是在弱小民族獨立、自治後，讓人民在內政上享有選舉、罷免、創造（按：應為創制）、複決四大保障來管理政府；同時政府用行政、立法、司法、考試、監察五權分立的憲法來組織、鞏固之，這樣才是「良善的國家」。民生主義，是為了避免貧富差距導致階級鬥爭的悲劇，所以要「節制資本」、「平均地權」。這場悼會之後還有蔣渭水、連溫卿等的演說，直到晚上 10 點多才結束。〔註 33〕

載於與上文同一期的〈孫中山先生逝世一週年紀念〉係筆名玉鵑女士的謝玉葉所寫。謝玉葉，又名謝玉鵑，曾為翁澤生之妻，是臺灣日治時期少有的女性運動者。少女時期就學於臺北第三高女，思想左傾，曾因與同學黃細娥參加臺灣文化協會，散發反日傳單而被學校開除，爾後進入上海大學，加入中國共產黨（以下簡稱中共）。1928 年謝玉葉與翁澤生等人參與臺灣共產黨的組建，並接下回臺灣進行工作的任務，然而組黨十日後發生了上海讀書會事件，曾在上海的臺共成員被日本掌握，致使原應留在臺灣的謝玉鵑、蔡孝乾等逃往大陸，爾後被謝雪紅等開除黨籍。這事件也引發了之後其夫翁澤生引領上大派，向謝雪紅奪權之事件發生。〔註 34〕

〔註 33〕〈孫先生忌年追悼大會〉，《臺灣民報》，第 98 號，1926 年 3 月 28 日，頁 5。
〔註 34〕網路資料：大人的世界史【民主運動中的女性——《百年追求》筆記之二】黃修任對林瓊華《女革命者謝雪紅的「真理之旅」(1901～1970)》一書摘要。維基百科，「臺灣共產黨」條目，2014 年 7 月 7 日查詢。
https://m2.facebook.com/otonahis/photos/a.530393747055731.1073741828.53038862
0389577/604902539604851/?type=1&_rdrhttp://taiwanheart.ning.com/group/tshitie
http://zh.wikipedia.org/wiki/%E5%8F%B0%E7%81%A3%E5%85%B1%E7%94
%A2%E9%BB%A8

謝玉葉表示，她不願意人們盲目尊崇、無意義地紀念孫文，所以要讓人們知道孫文是怎麼樣的一個人：

> 中山先生是一位什麼樣的人呢？他是一位「大砲」嗎？他是一位「只管破壞而不管建設的人」嗎？或者他是一位拿破崙那樣的英雄呢？或者他是一位好動不好靜、喜歡擾亂的人呢？有人說他赤化了，果然麼？現在我們來看看他一生的行動、他一生的抱負，就能夠曉得他到底是什麼樣的一個人了。〔註35〕

接著介紹孫文生平：宣傳革命思想、設興中會、倫敦蒙難、成立同盟會，並定「中華民國」此名稱，乃至後來武昌起義成功，就職為臨時大總統。之後袁世凱叛民國，孫文組「中華革命黨」反帝制，讓袁氏的野心失敗了。然而，毀棄約法、解散國會、復辟等事接踵而至，故孫文就在廣東發起護法運動，卻遇到陳炯明之變。陳炯明失敗後，孫文在廣州就任大元帥之職，召集國民黨第一次大會，發表改組宣言：主張「三民主義」為中國唯一求國之途，反帝國主義和官僚、軍閥。直到民國13年冬天，發生北京政變，孫文為宣傳「國民之國民會議」，抱病親上北京，卻於民國14年3月12日逝世，享年60歲。〔註36〕

玉鵑認為，孫文值得紀念，乃因為是他一位為中國的自由、平等、民權、民生奮鬥四十年的人；他不是拿破崙那樣的野心家，也不是一位光說不練的「大砲先生」，是位「奮鬥的實行家、為求中國而奮起的革命家」，一位為了建設一個自由平等的中國而犧牲奮鬥的改造者。所以只要是有眼界且明白事理的人，都不致於罵他，除非是喪心病狂、或是不知香臭的人才以為他是萬惡的罪魁禍首。謝玉葉感到奇怪的是，有很多人說他是「好亂之徒，他一革命，中國就亂到這樣……」但也提出質疑：「興亂的難道是他？」孫文生前的目標就是要攻擊興亂的軍閥、幾次親自北伐，就是要讓中國早日平靜之後，以國民會議解決國是。

此文接著提到廣東民治整頓，所以孫文不只是位好亂者，也是一位進化論大師，他訂定了革命方略：分為軍政、訓政、憲政三時期，主張先打破軍閥官僚後，以縣為自治單位，再來組織國民大會，制定五權憲法而實行之。

〔註35〕玉鵑女士，〈孫中山先生逝世一週年紀念－三月十二日－〉，《臺灣民報》，第98號，1926年3月28日，頁10。

〔註36〕玉鵑女士，〈孫中山先生逝世一週年紀念－三月十二日－〉，《臺灣民報》，第98號，頁11。

在政治上，孫文主張人民有選舉、創制、複決、罷官（按：應爲罷免）的權力，一國政治由國民選舉的國民代表執行，將一切政權歸於民眾，擁護工農利益，卻被誣爲赤化，孫文雖聲明共產黨是友黨，但並非共產黨人員。他曾明白地說：「民族主義有兩層面的意義：一則中國民族自救解放，二則中國境內各民族一律平等。」「民權主義就是要拿本國的政治、弄成大家在政治上有一個平等地位、以民爲主，拿民來治的國家。」「民生主義就是弄到人人生計上、經濟上平等的。」〔註37〕

謝玉葉指出，上述的三民主義和建國方略，不曾見孫文赤化之處，雖然孫文也主張喚醒民眾、節制資本、平均地權、聯絡蘇聯、排斥帝國主義，卻和馬克思意見不同：孫文主張歷史的重心是民生；但馬克思的唯物史觀卻認爲生產力的變動造成歷史的進行，所以說孫文赤化、共產，都是中傷。〔註38〕

該文最後指出孫文死後，民眾運動日盛一日，國民黨第二次大會已成功舉辦，廣東也完全掌握在汪精衛、胡漢民、蔣介石等孫文信徒的手上，中國的前途樂觀，只是若孫文還在，中國的國民運動將更加快成功。因此，孫文不只是一位排斥滿清的鬥士，更是有理念、有主張的學者；是導師，也是一位四十年間不撓不屈，爲民族、民權、民生奮鬥的大實行家，所以二十世紀的臺灣人，哪個不會紀念他呢？〔註39〕

綜合上列〈孫先生忌年追悼大會〉、〈孫中山先生逝世一週年紀念〉，以及上一章所提〈怎樣統一中國呢？ 宋淵源氏談時局〉等文章得知，臺灣民報社利用宋淵源來臺與孫文逝世一週年爲契機，再次強調、深化報導孫文生平、理念與國民黨近況與目標。這些報導呈現下列幾項特色：

第一，三民主義透過《臺灣民報》大規模的宣傳：透過孫文逝世一週年，上列文章均再次傳達孫文的三民主義。民族主義是弱小民族對抗帝國、資本主義以圖自治獨立；民權主義強調選舉、罷免、創制、複決四大保障與五權分立，務求民治與政治平等；民生主義提倡平均地權、節制資本之經濟平等，這些理念完全符合臺灣民報社各派人士的想法，成爲臺灣人、中國人的共同追求。

〔註37〕 〈孫中山先生逝世一週年紀念－三月十二日－〉，《臺灣民報》，第 98 號，頁 12。

〔註38〕 〈孫中山先生逝世一週年紀念－三月十二日－〉，《臺灣民報》，第 98 號，頁 12。

〔註39〕 〈孫中山先生逝世一週年紀念－三月十二日－〉，《臺灣民報》，第 98 號，頁 12。

　　第二，重建臺灣人對孫文、國民黨之正向觀感：對孫文其人，這些報導均強調其無私奉獻的平生與理念之偉大，特別是思想左傾的謝玉葉，一方面抨擊負面批評孫文的言論與報導，另一方面竟將孫文與共產黨切割，強調其民生主義與馬克思唯物史觀之不同，以此提高孫文在一般民眾間的接受度。這些報導強調了當時國民黨的正統合法與實力，視之爲統一中國的核心，除了刊載國民黨員宋淵源力倡他們將統一中國，謝玉葉的文章也力陳國民黨在廣州已穩定且已有不少成功的行動，成爲國民黨的正面宣傳。

小結

　　孫文從民國初年的困頓流離，到第二次直奉戰後聲名漸著，乃至反奉戰後北上共商國是時，在各界的歡迎與哀悼下逝世，迄往生一週年後各界悼念爲契機，孫文一派日益站上中國政治舞台的核心，也成爲《臺灣民報》報導中國的中心視角。孫文逝世一年後，《臺灣民報》對其崇敬不減反增，不但取其爲「民國之父」一說，更一再介紹強調其學說，可見臺灣人讀者對孫文和國民黨的關心與日俱增。

　　孫文無論是北上共商國是或對「脫亞入歐」的日本呼籲亞洲團結，都成爲當時各界媒體焦點，《臺灣日日新報》和《臺灣民報》以不同立場報導之，特別是他在日本的演講。孫文在演講中以文化脈絡將日本「拉回」亞洲，肯定日本的成就，也呼籲日本站在理解中國的立場重新省思對華政策。孫文「日華親善」的發言，除了可供臺灣人質疑日本殖民政府對自己「清國奴」的指控與差別待遇，也提供臺灣人國際政治空間：處在日、中兩國之間的臺灣人，正可符合孫文所謂的親善媒介，故總督府善待臺灣人民與否，決定日華之間有多大程度的親善。

　　另外，孫文在反共勢力龐大的日本盛讚蘇聯也值得注意。孫文視蘇聯爲支持、理解亞洲民族的唯一白人國家給予肯定，除了以此獲得蘇聯與左翼人士的支持，也提示日本可行之道，然如此盛讚，卻也讓其模糊不清，兼容極左與極右思想的團隊內部，將在如他一般的魅力領導不在人世之後，陷入路線與思想的歧異與矛盾。

　　孫文抵達天津起，《臺灣民報》對其動向的報導更爲詳盡，直到他病危、過世，乃至逝世後一年後，該刊對孫文的介紹與評價，反較其在世時更多且

更正面，不但採取其被尊奉爲「民國之父」之說，更一再介紹強調人格其學說，致臺灣讀者對孫文和國民黨的認識與日俱增且深具好感。

綜上所述，筆者認爲《臺灣民報》對孫文及其團隊的報導，表現了下列事項：

第一、孫文與其理念兼容臺灣抗日分子的不同向度，且成爲各方宣傳理念的客體與行動的指引：孫文左右兼納的政策，使其得到左翼人士如謝玉葉、蔡孝乾、翁澤生，到右翼的林獻堂、陳逢源、蔣渭水等人的認同。孫文在中國大陸反帝國主義、資本主義的奮鬥，也正是當時臺灣文化協會等社會運動團體的典範與目標。

第二、中國發展與臺灣發展的直接連結相關愈來愈強：自第一章介紹的羅素到現下的孫文，民族自決、民主政治，節制資本這些理念，至此成爲臺灣、中國追求解放而共同要走的路，中國若得依此擺脫資本主義與帝國主義控制，不只其成功模式可爲臺灣重要參照，解放後的中國回頭以其實力讓臺灣脫離殖民統治，亦不無可能。中國將不只是思想偷渡的客體，對一些臺灣人而言，特別是中共體系的臺共成員，已將「中國革命」漸次視爲「臺灣革命」的海外舞臺。

第三、民族偶像與神話的建立：在行政管理領域中，建構符合組織理念的神話與形塑組織中爲人崇拜的偶像符號，均是組織文化的重要構成。當時中國、臺灣均將孫文形塑爲大公無私、一生爲國爲民犧牲奉獻的世界級的偉人，與列寧、華盛頓並列。這種「造神」對中國而言，加強了南方政府的正統性，也爲北伐創造有利契機，完成未竟的國民革命；對臺灣而言，除了加強在已在臺灣宣揚的孫文主義或共產主義之合理性與說服力道，更激發部分臺灣青年投身中國革命。

第四、三民主義與共產主義間矛盾的調合問題漸浮現於檯面：從孫文聯俄容共、在日本盛讚蘇聯，以及死後期望能如同列寧一般防腐處理、借用玻璃棺等情事，都表現了孫文與共產主義的正面關係。另一方面，身爲共產黨員的謝玉葉卻撰文澄清孫文非共產黨員，而三民主義與共產主義不同；蔡孝乾敵意地挖苦「穩健派的老頭兒」和「中山已死可不受拘束」的叛徒，還有翁澤生將重點放在民眾而非國民黨等情事。孫文生前試圖協調的左、右兩翼間未達完全和諧和解的合作，將造成的後果，均顯現孫文團隊在孫文逝世後，山雨欲來的局勢。

大正十五年三月廿八日　臺灣民報　第九十八號

百七十五斤）的桑葉須費很多的肥料、且桑苗千株的價格、若非四五十圓的高價是不濟於用的。但在臺灣「實生」一年生就可以的、價格又極低廉、只僅四五圓就得合用的。現在殖產局養蠶所及臺南州農會、亦在養成桑苗以無償分配於養蠶者。

像這樣、桑乃爲蠶的食料、又爲養蠶的根本、所以桑若得繁茂、則蠶之飼育、亦得受其惠澤。臺灣的一年之中、不論何時都能得飼育、其中最適宜的期節：是自九月下旬至十二月上旬之間二回。自二月下旬至五月中旬三回。至於其他的期節若得達到熟練的時候、不論何時都可以任意飼育的。

欲爲養蠶家、只先準備桑園二三步、其費用又屬僅少、如現在的住宅若不狹窄、就把家具整頓一下、便可隨時應用做個蠶室、倘若住宅不能應用之時、那麼、便就構造一間臺灣特有的「竹柱、茅屋」以充做養蠶之室吧。

如此、僅從二三步的桑園所生出來的蠶業之利益、於春秋兩季三四回的飼育、一定有五百圓以上的收入、而二三步的地租、也不過是二十圓左右、以外似乎無須再支別種費用、如此勞少益多的農業、能使潤澤於臺灣農民之經濟、實莫過於養蠶的。蠶是甚麼東西？其飼育方法又當怎樣？對於這點、無見識的人們、恐怕感覺着很難處置、而其實却是毫無困難之處、百聞不如一見、最好到實地詳細參觀附近的養蠶所、或是參觀臺北市養蠶所與臺南州新營郡役所等處、藉以多廣見聞、是所最切望的所在。

筆者以爲臺灣的有識而且富於博愛精神的青年諸君的大部分、爲臺灣人的文化向上、爲要求政治的自由和擴張經濟的利益計、而在努力奮鬪、實在是頗强人意之事。既然如此、吾們確信你們必能爲臺灣農民利益計、而不惜努力來研究這種最有利的養蠶、以期其普及和發達呢。

孫中山先生逝世一週年紀念

—三月十二日—

玉鵑女士

一　小引

許多的人們、一聽到「英雄」和「偉人」、馬上就尊崇起來。不管他的抱負怎樣、他所做的有益於人類沒有、他果然有尊崇的價值沒有。這種「觀念的崇拜」、我們素來不敢贊同。而且我們也希望大家不要這樣地盲信！

現在中國已在豫備紀念孫先生了。但是我並不願意人家盲尊孫中山先生、我也不願意無意義地記念他、所以我很喜歡介紹些和他有關係的事情給大家、使大家都曉得「我們爲什麼要記念他。」

中山先生是一位什麼樣的人？他是一位「大砲」嗎？他是一位「只管破壞而不管建設的人」嗎？或者他是一位拿破倫那樣的英雄？或者他是一位好動不好靜、喜歡擾亂的人呢？有的說他赤化了、果然麼？現在我們先來看々他一生的行動、他一生的抱負、就能夠曉得他到底是什麼樣的一個人。

二　他的略歷

中山先生字逸仙、諱文、一八六六年生於廣東香山。他二十歲那一年就是中法戰爭的那一年、也就是他傾力於「國民革命」的第一年。他那時雖然是一個學生、可是他因爲覺得列國的壓迫日甚、中國日近滅亡、所以他就結交江湖之士、宣傳革命思想、他和他的三個同志就被叫做「四大寇」、大家都不敢和他們接近。

後來先生畢了業、就托名行醫、開始實際運動、奔走武漢聯絡防營、又跑到美洲、檀香山等處設立與中會。甲午戰爭（中日戰爭）之後先生們就計畫襲取廣東、不幸事破、他的同志被難的有七十多名。他後來脫出廣東跑到美國極力宣傳革命、華僑也漸々於此時覺悟起來了。但是他到倫敦之時、却被中國使館拘捕了。後來雖然逃敎、但他並不因此而稍減爲中國奮鬪的決心。

脫險後他就在歐洲考察政治、抱定三民主義的思想、到處宣傳。庚子年八國聯軍之時、他就由日本轉到我們臺灣、想潛入中國運動。不幸這一次也失敗了、但是比第一次的失敗却少有人罵他了。

庚子事件以後、因爲聯軍打入北京、賠款本利九萬八千萬兩、使

（10）

圖（21）：玉鵑女士〈孫中山先生逝世一週年紀念〉刊影

第二節　1920年代《臺灣民報》報導的國民黨理念與行動

前言

　　上一節已介紹《臺灣民報》對孫文的報導，並得知該報對孫文的態度由同情漸轉爲積極支持與正向宣傳。實際上第二次直奉戰爭時期，孫文的南方政府便成爲各方爭取的對象，直到孫文逝世後，其人其事在臺灣、中國均被大肆報導，連帶國民黨的聲勢也與日俱增。特別是國民軍系的馮玉祥，在反奉戰爭前後即積極與南方聯合，企圖在張作霖、吳佩孚等勢力強勢掌握的北方求取生存空間，孫馮合作也使國民黨有了插足華北的支援。

　　以奉行孫文主義爲名的中國國民黨自然是《臺灣民報》報導中國的焦點之一，隨著孫文聲勢日隆乃至其逝世之舉國同哀後，該刊對國民黨目標的行動日益重視。中國國民黨當時對外有反軍閥、反帝國主義之革命事業，對內則有三民主義和共產主義的路線之爭，這些糾葛也將自中國過海反映在《臺灣民報》中。

　　本節將介紹《臺灣民報》刊載中國國民黨的政見、目標與行動，並從任教於中國嶺南大學的臺籍知識分子張月澄（張秀哲）對中國青年學生的報導，分析國民黨內部派系分立，特別是左右派對立的現象；接著介紹蔣介石清黨前，《臺灣民報》載國民革命軍北伐的相關消息，最後探討這些報導的意義。

一、國民黨政見：召開國民會議與反帝國主義

　　本段將介紹《臺灣民報》從孫文逝世前到五卅慘案發生期間，國民黨的政見與行動，特別是召開國民會議與反帝國主義這兩個議題上，並從這些報導探討其形塑出國民黨的何種形象，以及對臺灣的意義。

　　孫文逝世前的 1925 年元旦，《臺灣民報》第 3 卷第 1 號轉載汪精衛刊於《民國日報——覺悟刊》的〈中國國民黨之最大責任〉一文，頗能體現當時中國國民黨的理念與目標。汪精衛將重點放在「推倒帝國主義」，從歷史和理論出發，細數帝國主義對中國的危害。歷史方面，汪精衛依孫文的自述寫道：孫文在中法戰爭後，開始懷抱革命之志；甲午一役之時，發起第一次革命打廣州。八國聯軍時，孫文發起第二次革命打惠州，並組織同盟會，提倡「革

命始足杜瓜分之禍」。之後民國雖成立，袁世凱卻倚恃各國大借款抵抗國民黨；直到護法軍時期，日本也大借款給毀法派；後來曹錕能對抗國民黨，靠的也是各種來自各國的借款。理論方面，汪精衛指出：從滿洲皇帝、袁世凱到身爲軍閥的曹錕、吳佩孚，等都是「糊塗東西」，不過是「張邦昌、劉豫之流」，一生一世做他人傀儡，若非帝國主義爲其靠山，老早就被國民黨打倒了，憑什麼當國民黨的敵人？因此，國民黨的敵人只有一個：帝國主義。〔註40〕

　　該文接著提到，帝國主義要將中國變成殖民地，三民主義則是要讓中國脫離半殖民的地位，兩者是死對頭。實行三民主義的必經之路，就是打倒帝國主義，之後軍閥自然就會倒臺，否則只打倒作爲傀儡的軍閥也是枉然。雖然打倒帝國主義不容易，但國民黨會負起這責任，以打倒帝國主義爲核心目標，集中精神、力量，努力於實業、政治、教育，以及國民的訓練等，同時駁斥讓外國勢力主持公道等說法，如此帝國主義終有被打倒的一天。〔註41〕

　　與上文刊於同期的〈國民黨孫總理宣言之概要〉一文中，概略說明了孫文的革命目的與重點：國民革命的目的在建設獨立自由的國家，擁護國家和民眾的利益，與將中國陷入半殖民地的帝國主義絕不相容；帝國主義者與軍閥勾結，故北伐的目的不只要推倒軍閥，更要撲滅軍閥背後的帝國主義。〔註42〕

　　〈國民黨孫總理宣言之概要〉接著指出，國民革命的內容已詳述於中國國民黨第一次全國代表大會的宣言中：以民族、民權、民生主義爲基礎。對外方面，取消特權和不平等條約，變更外債性質，消滅帝國主義，使中國在政治、實業上不再蒙受損失。對內方面，要確定中央、地方的權限，以求兼顧國家統一以及省自治的發達，之後以縣爲自治單位，確立民權基礎，保障人民自由，同時協助農工實業團體發展，以求經濟、教育的改良。打倒帝國主義並發展三民主義之後，中國就能夠發展實業增加國家財富，進而帶動農村、保障勞工、發展教育文化，接著就能在國際間平等，進行撤廢租界、取消不平等條約，收回治外法權等事宜，掃盡反革命勢力。〔註43〕

〔註40〕　精衛，〈中國國民黨之最大責任〉，《臺灣民報》，第 3 卷第 1 號，1925 年 1 月 1 日，頁 19。
〔註41〕　精衛，〈中國國民黨之最大責任〉，《臺灣民報》，第 3 卷第 1 號，頁 19。
〔註42〕　〈國民黨孫總理宣言之概要〉，《臺灣民報》，第 3 卷第 1 號，1925 年 1 月 1 日，頁 22。
〔註43〕　〈國民黨孫總理宣言之概要〉，《臺灣民報》，第 3 卷第 1 號，頁 22。

　　這篇文章繼續提到：北伐軍已集中於北江，準備向江西進軍，從袁世凱到吳佩孚，軍閥武力統一的迷夢已打破，這些都是國民革命得到的勝利。今後國民革命的新時代將出現，武力將與國民結合，成為國民的武力，國民革命也將成功。要讓時局發展適應國民需求，必定要將各派壟斷的利益、權利還給人民，國民黨會依據上述政見，讓人民選擇他們的需要，召集國民會議，以建設統一的中國。

　　〈國民黨孫總理宣言之概要〉最後指出，召集國民會議之前，要先開預備會議協議國民會議的召集與選舉方法。預備會議應以實業組織、商會、教育會、大學、各省學生聯合會、工會、農會、反直各軍、各政黨等九個團體直接選出代表來組織；國民會議也和預備會議相同，只是人數要比預備會議多。開議之前，要先赦免各省政治犯，保障各地方團體和人民有選舉、提案、宣傳、討論的自由，國民會議就能實現。國民黨將用第一次全國國民黨大會討論的政綱，作為建國議案提出，期能得到國民的諒解和贊助支持。〔註44〕

　　刊於1925年1月11日《臺灣民報》，由葉楚傖執筆引自《民國日報》的社論〈這是個根本解決國是的機會　中國國民黨不問支支節節的事　只率領民眾來找立國的命根〉，再一次強調國民會議的實行與重要性。葉楚傖（1887～1946），原名宗源，字卓書，別字小鳳，江蘇崑山人，是辛亥革命人物、國民黨的元老，西山會議派人士。曾任上海《民國日報》的主編，也曾任國民黨上海執行部委員，以及青年婦女部部長，在上海執行部委員任內曾與秘書毛澤東不和，並將毛氏排擠出上海。〔註45〕

　　葉楚傖寫道：廣州方面期待實現國民會議，認為這是中華民國的命根。第二次直奉戰爭結束，正是根本解決國是的機會，若只是將國民會議視為換湯不換藥來厚植自己勢力、敷衍各省，便是大錯特錯。中國的問題並非一人一派的升沉競爭，只更換表面名目也僅是自欺欺人而已。要整理國家外交、經濟、政治等，只由單一派系來處理是不會有成效的，所以國民黨不以黨的名義參與支節之事，只專心率領民眾找出中華民國的命根：力爭以國民會議解決國是。建國十三年來，禍亂很多，機會也很多，但很多機會都被人民錯

〔註44〕〈國民黨孫總理宣言之概要〉，《臺灣民報》，第3卷第1號，頁22。
〔註45〕維基百科「葉楚傖」條目，（2014年7月11日檢索）
http://zh.wikipedia.org/wiki/%E5%8F%B6%E6%A5%9A%E4%BC%A7

過、被軍閥奪走了，因此人民們不應該被支節迷惑，要在這次機會中，努力做國民運動，實現國民會議。〔註46〕

　　召開國民會議是當時國民黨鼓吹強調的重大政見，當時正在上海的臺灣人蔡孝乾（1908～1982）也熱衷於此。蔡孝乾在1925年3月寫〈國民會議與中國之前局觀〉一文，指出國民會議的特質乃以革命和民主，以及順應民眾希望而召開。國民黨也提出十三點具體方案，其中以廢除不平等條約與收回海關最爲重要。〔註47〕

　　蔡孝乾強調，國民會議是各階級合作解決時局困境的方式，依孫文的宣言，應該是由九種人民團體：工團、農團、商團、新聞團、女團、專門學校以上的學校團等合作組成；因爲外國資本主義的侵略使農業破產、工業受阻，所以國民黨提出的方案，正可以契合農、工、商等各階級的需求。

　　話鋒一轉，蔡孝乾抨擊帝國主義者，他指出外國資本主義在第二次直奉戰爭結束後發展更爲劇烈：段祺瑞、張作霖先充實了自己的實力，其背後的日本也恢復歐戰時的在華勢力，最爲得意；英國支持的曹錕、吳佩孚則保長江地盤；法國則馬上承認段祺瑞政府，並以此爲條件，要迫使新政府承認他們在華一切條約有效，特別是金佛郎案和法國的中東路之權；美國方面則忙著「道威斯計畫」，並打算使其在中國實行，以打破日、英特殊勢力，達成經濟共管。〔註48〕總之，列強仍然毫不客氣，在中國出現英日對峙、法美伺機而動的局面。要解決這種困境，只能實現國民會議，創造擺脫列強勢力控制的工具。〔註49〕

〔註46〕〈這是個根本解決國是的機會〉，《臺灣民報》，第3卷第2號，頁12。

〔註47〕十三點具體案包括：廢除不平等條約與收回海關、廢止治安警察條例和罷工刑律、將軍隊改革爲以旅爲主要單位、規定最高租額並取消田賦正額外附加捐、實行八小時工作制與國定假日、限制都市房租與建設勞工住屋、沒收這場直奉戰爭禍首之財產，並以之賠償東北東南戰地。另外，還有廢止釐金牙稅、鹽稅、米稅等，並要增加海關進口稅，也要保障教育經費與婦女在政治法律經濟上和男子平等。蔡孝乾，〈國民會議與中國之前局觀〉，《臺灣民報》，第3卷第7號，1925年3月1日，頁14。

〔註48〕道威斯計畫乃1923年由美國提出，目的在舒緩德國凡爾賽條約後的財政壓力。該年德國付不出賠款，法、比兩國便出兵佔其魯爾工業區，使德國人心激憤、經濟更糟。後來美國召英、法、義、比四國通過此計畫，內容包括：盟軍撤出魯爾區、德國先賠十億，之後每年賠25億、在盟軍的監察下改組德國國家銀行、美國等國願意貸款給德國等。

〔註49〕蔡孝乾，〈國民會議與中國之前局觀〉，《臺灣民報》，第3卷第7號，頁14。

〈國民會議與中國之前局觀〉接著寫道：國民會議依孫文之意，在召開前要先成立預備會，產生臨時國民政府，再正式召開。但軍閥卻弄出個善後會議，以各省官員爲代表，預備會議還是沒有開成。無論如何，國民會議還是要開的，段祺瑞在二月中要開善後會議，如果只是任由各省官員糊塗地替列強代辦一些事，也只不過是一場戲而已，反而搞得中國要紛亂了。所以，民眾如能將少數官僚的會議轉變成國民化的會議，讓上述國民黨提出的具體方案得以實行，才能解決時局，達成建立良好政治的願望。〔註50〕

國民會議的議題在 1926 年依然持續。該年 2 月《臺灣民報》有〈國民黨促成國民大會 訓令黨員一致努力 頒布民會宣傳標準〉一文，再一次重申國民黨支持國民會議，主張恢復國權、發展民權。該文指出孫文逝世後軍閥更肆無忌憚，但北方反動軍閥陸續崩潰，非法政府也即將瓦解，故應該依孫文總理的主張，聯合各個眞正的民眾團體，積極組織、完成國民會議的工作。國民革命爲國民會議的骨幹，國民會議的目的是對外取消一切不平等條約，對內建立國民政府。國民會議乃由預備會議產生，應該是國民的會議，而不是由某一階級或某一派強佔包辦。國民黨主張的國民會議就是國民的主張，所以國民黨是國民的黨，孫文是眞正主張國民會議的人，要實現國民會議，就要先打倒段祺瑞。〔註51〕

這些《臺灣民報》透過國民黨倡導國民會議的文章，筆者認爲有下列特色：

首先，《臺灣民報》已經將批判核心自軍閥移轉至帝國主義。1925 年以前《臺灣民報》報導北洋軍閥時，將軍閥視爲中國萬惡之源，認爲他們勾結列強、造成兵禍、自私自利且中國混亂。但此處刊載汪兆銘、蔡孝乾等人之文，則將矛頭指向帝國主義，視軍閥爲傀儡，列強爲中國禍亂的根本。這種言論置於殖民地臺灣，也是對日本殖民政權的批判；一些直接對日本政府中國政策持反對意見的文章刊載，除了表現《臺灣民報》的批判力道加重，對左翼人士而言亦合乎共產國際「打倒帝國主義者」的理念。

再者，對國民會議高度重視。這些介紹國民黨的文章，均提到國民黨的首要目標是召開具眞正民眾代表性的國民會議，葉楚傖、汪兆銘、蔡孝乾之

〔註50〕 蔡孝乾，〈國民會議與中國之前局觀〉，《臺灣民報》，第 3 卷第 7 號，頁 14～15。
〔註51〕 〈國民黨促成國民大會 訓令黨員一致努力 頒布民會宣傳標準〉，《臺灣民報》，第 93 號，1926 年 2 月 21 日，頁 5。

文章均力倡之。《臺灣民報》詳盡報導國民會議的組成與欲達致的目標：應以各人民團體代表爲主開會，反對由官員依帝國主義指示召開決定國家前途的會議，先召開預備會議，再召開正式的國民會議。如此強調應召開以民意基礎爲依歸決定人民未來的會議，與林獻堂等發起臺灣議會設置請願運動的理想一致，中國的理想符合臺灣的需求，也間接建立了國民黨代表了民主、國民會議的印象。

二、張月澄〈中國青年學生愛國運動〉引介來臺

筆者將介紹《臺灣民報》刊載張月澄於 1926 年五四紀念日，在嶺南大學所寫〈中國青年學生愛國運動〉系列文。張月澄的文章不但表現出南方青年學生各派系的行動，更能代表一位對中國寄予期待的臺籍青年，如何看待南方政府，以及《臺灣民報》意欲帶予臺灣民眾的南方形象。這些報導不單單敘述中國青年學生如何實踐愛國運動，也透露南方勢力即將面臨左右傾分裂，山雨欲來的前兆；對身處臺灣的菁英或青年而言，也勢必成爲行動指引與路線之爭的前哨。

張月澄（1905～1982），又名張秀哲，臺灣臺北人，文學家、實業家與社會運動者；家境富裕，父親張聰明因採煤致富，其子張超英曾著《宮前町九十番地》紀念他。張月澄 13 歲時即赴東京留學，返臺後就讀臺北一中，之後又赴香港拔萃男書院，並在大學時就讀於嶺南大學和廣州中山大學法科政治系，爲魯迅較親近的臺灣學生之一。張月澄在廣州時，即和同鄉學生組成「廣東臺灣革命青年團」，進行臺灣反殖民抗日運動，直到 1927 年於上海被捕，遭送返臺。解禁後再往中國、日本，直到二戰結束後，228 事件爆發，以「叛亂嫌疑」被捕入獄，雖在家族盡用鉅資人脈下營救而獲釋，但已成了活死人，終身抑鬱而終。〔註52〕

張月澄〈中國青年學生愛國運動〉一文，於 1926 年 5 月 30 日被轉載於《臺灣民報》，該文分爲六節，分別是：中國現狀、國民趨勢與國民黨的關係、民眾的責任與國民革命、學生愛國運動的歷史背景、革命策源地與政府、國民政府治下的青年學生愛國運動概況。同年 6 月 6 日刊載〈中國青年學生愛國運動（續）〉一文，接著上文末節，介紹廣州學生的派別，最後提出結語。

〔註52〕張秀哲，《勿忘臺灣落花夢》，（台北：衛城，2013 年），作者介紹。

〈中國青年學生愛國運動〉一文提到歐戰驚醒了全人類，也刺激了中國人，使中國民族運動有蒸蒸日上之勢。中國的國內有萬惡軍閥割據稱雄，壓迫民眾，只知賣國求榮，不管國家損失和人民痛苦，像袁世凱為了當皇帝而簽了二十一條要求，曹錕為了當總統而畫了臨城劫案的押，段祺瑞為了當執政而解決金佛郎案，更不用說他們都向外國銀行舉債。國外方面，帝國主義者對中國進行武力侵略、外交侵略、文化侵略與經濟侵略，使中國經濟恐慌、生產低減、民不聊生，淪為次殖民地。〔註53〕

張月澄接著指出，中國近年來信仰孫文三民主義，加入國民黨的人愈來愈多，大家主張國民革命、打倒軍閥、打倒帝國主義、取消不平等條約，一起努力奮鬥，成效甚著。三民主義，是為了促進中國國際地位和政治平等，達成民族自決，謀中國四億同胞享有最大、最多數幸福的理念，因此有血氣的中國同胞，都應該負責、信仰三民主義、加入國民黨，使中國能早日擺脫軍閥和帝國主義者，得到自由平等的地位，這是國民的天職。至於國民革命的急先鋒，就是組成民眾的聯合軍，互相協助，經歷苦戰百鬥，一起努力打倒軍閥，統一中國。之後召集國民會議，組織國民政府，取消一切不平等條約、驅逐帝國主義者，使中華民族解放，國際地位平等，最後組織理想的社會，才算成功。〔註54〕

關於學生與革命事業的關係，張月澄寫道，從革命事業的歷史來看，該事業離開青年學生是不會得到什麼成功的。例如：辛亥革命以前的義勇隊、黃花崗之役、五四運動、上海五卅慘案、六廿三沙基血案，以及最近爭關稅自主的三一八北京血案，凡一切有革命性質的運動，沒有不是青年學生主動發起的。學生是責任重大的先知先覺者，要領導群眾，成為中國民族革命的主力軍。

張月澄認為，廣州是中國國民革命的策源地、大本營，是世界革命的重要部分，國民政府更是大本營中的總機關，國民黨是總核心，士農工商等廣州各民眾都在中國國民黨旗下，為實現三民主義而努力奮鬥，各種革命運動發達；不像北方各地均受帝國主義者、軍閥、反革命者的摧殘。所以，廣州的革命學生要早日為統一全省努力奮戰。〔註55〕廣州青年學生對各種社會、

〔註53〕 〈中國青年學生愛國運動〉，《臺灣民報》，第 107 號，1926 年 5 月 30 日，頁 12～13。
〔註54〕 〈中國青年學生愛國運動〉，《臺灣民報》，第 107 號，頁 13。
〔註55〕 〈中國青年學生愛國運動〉，《臺灣民報》，第 107 號，頁 14。

政治、文化、愛國運動等革命工作，相較於北方也更加倍努力，他們受了革命青年導師汪精衛、陳公博、惲代英、甘乃光、何香凝、黎樾廷、沈雁冰諸先生的指導，以及孫文的人格感召，加上沙基血案給予過甚的刺激，使廣州革命氣息濃厚，相關工作一日千里。〔註56〕

接著張月澄開始介紹廣州各團體的組織與工作。首先「廣州學生聯合會」為全廣州大、中、小學各校男女學生組成，是廣州學生最大的團體，也是學生運動的最高機關。五卅慘案以來，他們組成百餘演講隊到處演講，報告慘案真相、散布「廣州血淚」傳單，也提出外交目標，宣導「取消一切不平等條約」、「收回海關權」、「收回領事裁判權」、「收回教育權」等標語。同時，該會還選派代表到北方各地宣傳血案、聯絡各團體，並秘密派人到香港運作該地學生罷課回國，也接濟港省罷工的糧食，助其從事救國工作。〔註57〕

再者是「嶺南大學對外委員會」，該校是南中國於五卅案後的最高學府，其學生聯合華人教職員組成「嶺南大學滬案後援會」，沙基慘案後改組為「嶺南大學對外委員會」。該會工作以宣傳居多，如派演講隊到處宣傳、組織劇團演愛國劇、印中文《寧死》、英文《The Suffering Middle & Ingdom》等刊。嶺南大學教授區勵周、學生許耀章於沙基殉難後，也為其立烈士碑，捐款濟助其家人。〔註58〕

其他比較小的組織，包括「廣東大學救國會」，也以宣傳活動為主。學界還有「中法醫學校學生救亡團」、「廣東省立女子師範學校對外後援會」。「各界聯合對外協會」則由軍政農工商學界聯合組成，工作包括宣傳、調查、協助沙基慘案相關事宜。這些團體在各種社會、農民、婦女運動中，都盡力與政府合作，努力奮鬥，促進國民革命成功。〔註59〕張月澄認為，團結就是力量，各階級有聯合戰線的必要，學生們絕對不可以分裂，混亂了聯合陣線；但社會上一定要有贊成和反對兩派，所以期許各派能在不分裂的範圍內，用建設的態度進行革命工作。

之後張月澄更深入介紹廣州學生派別。首先是「民權派」，這一派重視民權主義，後來漸變為國家主義，他們和新學生社各持成見，形同水火乃至衝

〔註56〕 〈中國青年學生愛國運動〉，《臺灣民報》，第107號，頁14。

〔註57〕 〈中國青年學生愛國運動（續）〉，《臺灣民報》，第108號，1926年6月6日，頁12。

〔註58〕 〈中國青年學生愛國運動（續）〉，《臺灣民報》，第108號，頁12。

〔註59〕 〈中國青年學生愛國運動（續）〉，《臺灣民報》，第108號，頁12。

突激烈，造成無謂的鬥爭，內部也有由鄒魯主持的秘密組織，在各校多有分部。第二是「新學生社」，這一派繼續五四運動的精神，集中各界學生力量，參加國民革命，過去有一定的成績，但被一部分反對派指稱他們赤化、過激、共產等，在各校也都有分社，社員約 3000 人。〔註60〕

第三則是「孫文主義學會」，該社和前兩社差異很多，不單只是學生組織。他們本是孫文主義信仰者，堅持革命主張，但最近該會會員與部分學生成員意見相左，似要獨樹一幟。故張月澄認為孫文主義的信徒應領導學生、群眾，集合在中國國民黨旗下，共同參加國民革命為是。最後是「基督教派」，本是基督教教會學校的學生，沒有形成一派，主張人格救國、和平理想，不走極端，常退出革命戰線，因而內部也產生不革命、反革命的爭議，後來演變成「反教運動」，導致教會出面辯解；他們隨後亦參與國民革命的實際運動，五卅慘案後，行動更為積極。〔註61〕

該文提出，過渡時期的國民革命運動，絕不希望分裂，無論思想和物質有什麼歧異，都要以國民革命為目標，組成聯合大戰線，以建設的態度進行革命工作，記住「革命尚未成功，同志仍須努力」這段孫文遺囑，努力奮鬥，期待國民革命的大成功。

最後張月澄高呼口號，此口號也可視為一位當時以中國為臺灣前途戰場之臺籍青年當時的目標：

> 打倒一切反革命派、打倒軍閥、打倒帝國主義、取消一切不平等條約、統一全國學生運動、國民革命成功萬歲、中華民國萬歲、世界被壓迫弱少民族解放萬歲。〔註62〕

張月澄〈中國青年學生愛國運動〉雖以中國為名，卻站在南方廣州勢力的立場。他透過《臺灣民報》向臺灣介紹了廣東青年學生的組織活動，以及他們之間各派系，其文呈現一些重點：第一、強調軍閥與帝國主義對中國的危害，且將帝國主義的危害置於軍閥之上。其次，闡明青年學生對中國革命的重要，視青年學生為社會、國家、民族進步的希望。再者，介紹各廣東青年學生的派系，儘管有對立面，也正向、樂觀解釋此局勢與未來發展。

〔註60〕 〈中國青年學生愛國運動（續）〉，《臺灣民報》，第 108 號，頁 12。
〔註61〕 〈中國青年學生愛國運動（續）〉，《臺灣民報》，第 108 號，頁 13。
〔註62〕 〈中國青年學生愛國運動（續）〉，《臺灣民報》，第 108 號，頁 13。

　　這系列文章呈現中國與臺灣當時相同的氛圍：青年學生運動蓬勃、左右派分立、社會運動與宣傳蓬勃進行。《臺灣民報》載中國青年積極參與社會政治運動，反對帝國主義，為民眾自由、財產、人權而抗爭，這與《臺灣民報》期許臺灣青年爭取民族自決、議會設置及反對資本家剝削的立場一致。張秀哲強調三民主義是促進國際地位與政治平等之良策，有血氣的中國同胞都應信奉之，並加入國民黨。此言論建立了臺灣人對三民主義與國民黨的正面形象，亦符合文化抗日的需求，除了更關切、期待國民黨日後的北伐行動，甚且有吳濁流在國民政府接收臺灣初期以「將臺灣建設為三民主義模範省」為志願之情事。

三、《臺灣民報》的清黨以前國民革命軍北伐報導

　　如上一段所述，國民革命是國民黨實踐理念的具體方式，本段將呈現國民黨清黨前，亦即國共聯合期間，《臺灣民報》對國民革命軍北伐的報導，並探討這些報導對臺灣而言具何種意義。

　　1926 年 3 月兩廣統一後，國民黨即積極佈署北伐事宜，直到親國民黨的湖南督辦唐生智逐直系湖南省長趙恆惕，趙氏乃聯合吳佩孚之軍反攻唐，唐氏乃向廣州國民政府求援。另一方面，直奉聯軍亦於南口力攻馮玉祥的國民軍系，國民軍系也向國民黨求助，此兩事開啟了北伐之門。對中共而言，中山艦事件後陷入消沉，急欲另謀發展空間，共產國際也表示可將革命工作移向武漢；對蔣介石而言，亦希望擺脫廣州的左傾與反蔣聲勢並擴大實力。1926 年 7 月 4 日，國民黨發表〈國民革命軍北伐宣言〉，7 月 9 日蔣介石召開北伐誓師大會，開始三路北上進軍，中國進入北伐時期。〔註63〕

　　1926 年 8 月 15 日，北伐已進行一個多月，勢如破竹，《臺灣民報》載〈奉對北國民軍　吳敵南革命軍——吳張代表在京商定辦法，恐南北都無法可辦了〉一文，報導長沙陷落，北伐軍和唐生智軍均聲勢浩大，南方、長江局勢均危，故本來集中攻南口的張吳軍，不得不兼顧北方。直奉各要人頻繁開會決定分工：西北國民軍歸張作霖討伐，南方革命軍由吳佩孚赴漢口應付，北京中央則由杜錫珪維持南口戰事。然而，吳佩孚的部下田維勤因部下一直叛變，已無戰力；南口近日也已停戰，吳佩孚如瀕死之虎，僅餘幾千衛隊，徒

〔註63〕張玉法，《中華民國史稿》，頁 165、172～173。

俱聲勢。至於張作霖軍，之前和吳軍合攻南口也數月不破，更不用說獨立擊破西北國民軍。〔註64〕

為了讓北伐得到更多支援，《臺灣民報》也刊出廣告性質的〈蔣介石請援於華僑──並宣明北伐之宗旨〉一文：

> 吳佩孚擬用武力征服粵國民革命軍，若令其野心得逞，則三千餘萬同胞，將無餘類。予故蹶起率我精銳之師，與彼周旋，用以保護粵民，且為藉期確立海外同胞之自由平等，並打破狂妄之帝國主義，與及早樹立統一政府目的起見，願我海外同胞，力排險難、援助我軍。〔註65〕

同年11月，該刊亦載〈國民黨員須當兵〉一文，提到中國國民黨聯會在廣州開會，決議黨員的兵役案，規定25歲到40歲有服1～2年兵役的義務，戰時會延長，忌避或逃亡者則開除黨籍。〔註66〕此文除了宣揚中國青年有參與北伐革命之義務，更是鼓動臺灣青年應具體行動之言論。

隨著戰爭推進，週刊《臺灣民報》更要挑戰其新聞即時性的限制突破。1926年8月〈將來有希望的三雄　馮、蔣、孫的比較〉一文，列舉中國政局倍受注目的三人，馮玉祥、蔣介石，與孫傳芳。該文提到某「消息通」指出，馮玉祥重視社會下層，常讓兵士照料農民、平民；蔣介石則重視社會中層，如學生、中流工商，黨派色彩最為濃厚；孫傳芳則重視社會上層，和江浙富紳等多有往來。下層社會缺乏知識，上下階層社會都缺乏團結之力，只有中層社會，人數既多，團結不難，兼得國民黨輔佐，儘管孫文已死，其三民主義亦已大大得勢。〔註67〕儘管如此，《臺灣民報》於編者按仍出提出不同意見，指孫傳芳著眼於上層社會為真，但蔣馮二氏固然注目於中下層社會，卻不能截然判定蔣重中層，馮重下層。〔註68〕

〔註64〕　〈奉對北國民軍　吳敵南革命軍──吳張代表在京商定辦法，恐南北都無法可辦了〉，《臺灣民報》，第118號，1926年8月15日，頁5。

〔註65〕　〈蔣介石請援於華僑──並宣明北伐之宗旨〉，《臺灣民報》，第120號，1926年8月29日，頁4。

〔註66〕　〈國民黨員須當兵〉，《臺灣民報》，第133號，1926年11月28日，頁5。

〔註67〕　〈將來有希望的三雄　馮、蔣、孫的比較〉，《臺灣民報》，第120號，1926年8月29日，頁11。

〔註68〕　〈將來有希望的三雄　馮、蔣、孫的比較〉，《臺灣民報》，第120號，頁11。

　　對國民革命軍北伐順利的局勢，臺灣民報社持正向態度。1926 年 10 月，《臺灣民報》第 125 號頭版〈中國北伐軍的意義〉一文，指出吳佩孚、孫傳芳、張作霖三家所抱的思想，並非為民造福，而是以自己的利益為出發點，屬於封建軍閥。至於蔣介石的軍隊，抱持著民族、民權、民生三民主義的思想，比封建軍閥好得多。馮玉祥的思想，就是建立真正的共和國、增進自治權，以及維護國內和平，故南蔣與北馮，乃是民主派的軍閥。如果封建軍閥獲勝，中國百姓將永不得超生，因此北伐軍的勝敗意義與直奉戰爭等完全不同，是中國革命以來的重大事件。〔註69〕

　　該文指出廣東軍這次的勝利，代表中國新勢力的勃興和舊勢力的凋零，他們的理念：三民主義，早就深植於中國青年、海內外僑胞、農工商各界人士心中，因此國民革命軍的戰勝，是長時間醞釀的結果，包括學生的奮鬥、民眾的聲援等。另外，日本言論界大多主張不干涉此戰，外務省也持此態度，這是賢明的處置，若是日本暗中援助封建軍閥，勢必招怨於中國人民，非永久之計，故為了日華親善，當然要讚美這種不干涉主義。〔註70〕

　　北伐軍的戰況一直傳回臺灣，北京的莪君所寫〈中原的戰局（一）〉，先抱怨《臺灣民報》週刊不能在臺灣出版，無法即時報導「忽東忽西、變化萬千」的戰況，故送到讀者眼前的消息已是舊事。莪君將以自己見聞所及與連日之報載，略談中原戰局。〔註71〕莪君，依此筆名拆字與其 1926 年人在北京來看，極可能是長期擔任《臺灣民報》漢文主編的張我軍，其人其事於下一章介紹。〔註72〕莪君指出國民革命軍戰事順利，不到兩個月就攻下湖南與湖北，直到打孫傳芳時，歷經數十場苦戰，總算底定江西，福建也已得三分之二，蔣軍可謂勢如破竹。莪君認為勝利的原因極簡單：

　　兵有主義，紀律嚴明且不怕死；將有戰術，屢以奇謀佔地奪城；軍

〔註69〕〈中國北伐軍的意義〉，《臺灣民報》，第 125 號，1926 年 10 月 3 日，頁 1。

〔註70〕〈中國北伐軍的意義〉，《臺灣民報》，第 125 號，頁 1。

〔註71〕有論者依《少年臺灣》一刊，兼之「莪君」內有「我君」推理，可能是張我軍，見於 http://blog.xuite.net/yeh.zi59/twblog/128234843-%E8%97%8F%E6%9B%B8%E6%9E%B6%E3%80%90%E5%9B%9B%E4%B8%89%E3%80%911927%E5%AE%8B%E6%96%87%E5%A6%82%E3%80%81%E5%BC%B5%E6%88%91%E8%BB%8D%E5%89%B5%E8%BE%A6%E7%9A%84%E3%80%8C%E5%B0%91%E5%B9%B4%E5%8F%B0%E7%81%A3%E3%80%8D

〔註72〕文化部臺灣大百科：「張我軍」條目 http://nrch.culture.tw/twpedia.aspx?id=22128

械精足，且是新式武器；得人和，因國民已厭惡軍閥，兼之對國民
黨的主義已理解，故各地工人學生爲內應、農民郵差領路，都有利
於國民革命軍。〔註73〕

同年 12 月 26 日〈中原的戰局（續）〉一文出來時，戰局已漸明朗，該文
寫道張作霖意欲利用南方政府的北伐實現其當總統的野心，所以讓部下推他
做「安國軍」總司令，欲以此團結北洋軍閥。事實上，北方各軍閥成見甚深，
怎麼可能團結？加上張作霖主張不只作戰合作，更著眼在各省的建設和安全
上，均可見其野心。莪君又指出，北方事事與南方相反，例如北方的閣員乃
由安國軍司令任命，革命軍卻是政府委員任命；南方要解決中國的腐敗、危
機等問題，北方則認爲中國應該如此苟安，不宜改革。〔註74〕

莪君接著報導各路軍況：江蘇安徽部分，張宗昌的直魯軍雖然已前進，
但受到牽制，故利用孫傳芳敵革命軍。孫傳芳如果獲勝，仍是張作霖之部下，
若孫氏失敗，張宗昌則可進入其領地趁火打劫。另一路則是由京漢線入河南，
守此地的吳佩孚部下大多已投降，吳本身也無實力，故張作霖派軍隊入該地，
表面上要助吳佩孚反攻武勝關，支援劉鎭華防範國民軍，但用意仍在解決吳
佩孚的部下。第三路則由京綏鐵路到綏遠防禦國民軍的反攻，因馮玉祥自蘇
聯歸國，請來該國軍官 80 名重練軍隊，進展甚速，奉軍要防止其發展，只是
閻錫山不肯借路，故張作霖有意強行假道，儘管尚未實行，但總是指日可待。

《臺灣民報》關於國民革命軍北伐的報導不只這些，但上述報導爲國共
決裂前，較大篇幅且詳盡的文章，這些文章呈現下列特點：

第一、《臺灣民報》完全站在支持南方政府的立場：該刊以「瀕死之虎」、
「無法可辦」挪揄張作霖，且認爲這些軍閥若得勝，將是中國的不幸；另一
方面，對北伐軍行動採正面的態度，除了將北伐勝利形容爲中國革命後最重
大事件，甚至刊出北伐軍向海外僑胞求助的宣言與南方政府實行徵兵消息，
以及一南一北，張秀哲與張我軍兩位臺籍青年在中國寫的文章，頗有鼓舞臺
灣青年往赴中國參與革命之意向。

再者，《臺灣民報》新聞即時性的調整突破：對臺灣民報社的臺籍菁英而
言，中國北伐戰爭不僅是爭權奪利的改朝換代，更是信念之戰，期待能儘早

〔註73〕 莪君，〈中原的戰局（一）〉，《臺灣民報》，第 134 號，1926 年 12 月 5 日，
頁 15。

〔註74〕 〈中原的戰局（續）〉，《臺灣民報》，第 137 號，1927 年 12 月 26 日，頁 14。

知道中國北伐軍的動向、戰況,然而《臺灣民報》係在日本發行的週刊,消息傳回臺灣時,局勢可能已有不同,如先前報導孫文死訊與軍閥戰爭。這次報導北伐戰爭時,該刊於戰局較底定時再刊出新聞,或引旅華臺灣人的文章,故此時的報導多符合史實且不失其評論性。

小結

本節介紹了《臺灣民報》報導廣州國民黨政府的理念、行動的文章,包括國民會議、三民主義的宣導、廣州學生組織派系的簡介與分歧。從這些報導,筆者總結四點觀察:

第一、抨擊重心由軍閥轉向帝國主義:反帝國主義是當時國民黨左右翼最重要的共同目標,這些文章將帝國主義視爲中國問題的根源,軍閥只是依恃其下的傀儡。汪兆銘細數了帝國主義在歷史上的危害,蔡孝乾則指出英、美、日、法和吳佩孚、張作霖、段祺瑞等相勾結,張月澄也以金佛朗案、沙基血案等一再強調帝國主義的惡行。這種對帝國主義、殖民侵略的批判刊於《臺灣民報》,也是對殖民當局的質疑與譴責。

第二、加深臺灣人對孫文、三民主義與國民黨的正面印象:孫文逝世後的北伐期間,《臺灣民報》對孫文、三民主義與國民黨的介紹不減反增,且傾向正向支持:孫文是大公無私的偉人,其三民主義是拯救弱小民族的理念,國民黨以國民革命實踐三民主義。北伐打倒軍閥後,召開「國民會議」、建立具民意基礎的政府,以民意的合法性和正當性消滅存於中國之帝國主義。就臺灣而言,三民主義合乎臺灣民報社向來的理念而值得大力推廣,發生在中國的積極行動也是對臺灣社會運動的鼓勵,樂觀中國的報導亦可以鼓舞中國情結者,甚至透過投身中國尋求臺灣的出路。

第三、詳細報導中國國民會議相關消息:《臺灣民報》對國民會議的報導,從組織方式到主要議題等,都介紹得十分詳盡,且將國民會議視爲打倒軍閥後,下一步的還政人民、建設中國工作重心。這些消息對一直努力向日本請願以期設立臺灣議會的林獻堂等人是重要的參考,而宣傳中國國民會議的重要與意義,也是宣傳臺灣議會設置的目的與必要性。中國民主的實現更可激勵當時受殖民統治的臺灣人,有更多積極的作爲。

第四、左右翼對立的日益激化並延燒來臺:國共合作之際,儘管他們在打倒帝國主義、消滅軍閥、統一中國等議題上是共同陣線,然左右翼也在各

方場域亦互相傾軋，張月澄的文已可見端倪。又左傾的蔡孝乾在國民會議議題上與汪兆銘的文章相呼應，預告了國民會議各方面的細節，然右傾的葉楚傖卻認為國民黨不應過問支節，且國民會議不應由任一派系完全掌握，這種對立已在《臺灣民報》漸次浮現。

第三節　聯俄容共時期《臺灣民報》的左翼發展

前言

　　1922 年〈孫越聯合宣言〉發表後，孫文獨排眾議實行聯俄容共，中國國民黨改組為列寧式政黨，中共也於第三次全國代表大會，決議所有中共黨員均以個人名義加入國民黨，國共展開建立「革命統一戰線」的合作。孫文在世時，尚能協調國共矛盾，中共儘管對三民主義有自己的操作，但也依共產國際的指導表面上奉行三民主義、服從國民黨而私圖擴張。孫文逝世後，中共聲稱孫文奉行「聯俄聯共扶助農工三大政策」，或稱「新三民主義下三大政策」，但這些顯然與國民黨右翼，特別是西山會議派理解不同。國民左右翼雙方均開始擴大宣揚各自的理念以及異於對手之處，彼此的矛盾也日益顯著。〔註75〕

　　為謀各自的出路，北伐成為兩造的具體辦法。張玉法指出，在國民黨左、右翼失和下，雙方為了擴展發展空間均支持北伐。北伐順利致各自發展的左右派各有一定勢力後，爭端亦將漸次浮上檯面。兼容左右、支持南方政權的《臺灣民報》成為中國左、右翼角力之火延燒回臺灣的戰場，於上一節已現端倪。

　　回顧該刊沿革，1920 年臺籍東京留學生創《臺灣青年》之時，即有不少左傾者擔任該刊重要幹部，如彭英華、王敏川、蔡復春、許乃昌等，常發文介紹左傾思想，呼應當時社會主義吹襲全球的浪潮。孫文聯俄容共期間的 1923 年 6 月，《臺灣民報》在東京創刊，直到 1927 年遷回臺灣前只在日本發行，兼容左右且支持孫文一派的《臺灣民報》自然少不了左翼風格的文章。舉例來說，許乃昌於《臺灣民報》創立後不久的 7 月 10 日，刊於《臺灣》第 4 卷第 7 期的〈臺灣議會與無產階級解放〉一文，即質疑臺灣議會設置請願運動

〔註75〕張玉法，《中華民國史稿》，頁 152～161。

究竟是爲了追求少數階層的利益，或是大多數階級的利益。蔡孝乾、翁澤生等人的文章，也頗具階級批判的色彩。〔註76〕

本節將介紹《臺灣民報》系列刊物當中左翼具代表性的文章，以及左翼在中國的相關報導，並從翁澤生、蔡孝乾兩位左翼人士在《臺灣民報》刊載的文章，了解左異思想在臺灣如何發展、推廣，以及與中國之間的關係。

一、《臺灣》、《臺灣民報》介紹左翼的相關文章（1923～1926）

日治早期將與臺灣民報系統最相關，介紹社會主義最具系統，且連結中國的代表性論述，當屬原載於日本左翼期刊《改造》，後由冰瑤翻譯，轉載在《臺灣》，佐野學所著〈弱小民族解放論──社會主義和民族運動〉（1923 年6 月）一文。佐野學（1892～1953），日本大分縣人，東京帝國大學法學部畢業後，成爲早稻田大學講師，思想左傾於日共福本主義，並於 1922 年加入日本共產黨，成爲常任幹事，《臺灣》常刊出其論述。〔註77〕此文介紹社會主義下的民族主義、批判「改良的小資本主義」，最後提供達致社會主義的鬥爭手段，堪稱當時指導臺灣左翼行動的基本教範。〔註78〕

該文提出社會主義思想中的民族問題應分作二期：前期是馬克思、恩格斯完成社會主義理論的努力時代。他們批評 19 世紀波蘭的民族復興運動，認爲主張建立一個波蘭不如「確立波蘭國內的四個民族各有主張自主的權利」；另一方面，這個波蘭仍被法國帝國主義控制，所以要表明各民族應以文化爲單位，各自有自決的權利。後期則爲最新的民族革命觀，強調民族自決、民族自治、民族融合乃至民族合一。佐野認爲，對弱小民族壓迫的動機，已從古

〔註76〕 鄭妮可，〈佐野學的殖民地資本主義論〉，載於夏潮聯合會網站，2009 年 8 月20 日。http://chinatide.net/?p=198
〔註77〕 福本主義係指福本和夫提出的共產主義理念，主張純粹馬克思主義，並批判修正主義的「分離結合論」；主張「革命對象先爲天皇、後爲列強的『二階段革命論』，並建立少數精粹的共產黨，同時主張資本主義崩潰中，革命時機已成熟，要引進階級意識，受共產國際指導。引自趙勳達，〈蔣渭蔣渭水的左傾之道（1930～1931）：論共產國際「資本主義第三期」理論對蔣渭水的啓發〉，《臺灣文學研究》第 4 期，2013 年 6 月，頁 137。
這些文章包括〈關於將來的殖民政策〉、〈幫助臺灣議會的設置！〉、〈弱小民族解放論──社會主義和民族運動〉
〔註78〕 佐野學著，冰瑤譯，〈弱小民族解放論〉，《臺灣》，第 4 卷第 6 期，（1923 年 6 月 10 日），頁 64～75。

代「人種的反感」進入到「資本的榨取」，包括經濟上榨取工業原料，製成工業產品後又高價賣回殖民地；政治上劃分甚至完全控制殖民地，或以保護之名行壓迫之實；以及文化上嚴禁治下的弱小民族特有的語言、宗教與習慣。〔註79〕

佐野學認為，殖民統治使弱小民族產生「階級自覺」意識，也誕生弱小民族資本家：

> （帝國主義者）在弱小民族亦要扶助國內有產階級的發生，他們因或與外來的資本競爭，或與協同作資本家的藩屏。如印度、中國，便有這種現象頗使弱小民族間發生階級自覺的效果。〔註80〕

佐野學指出，因遭受壓迫而產生的民族運動可依照有無意識到「世界文化」的存在，而區分為「小資本階級的改良民族運動」與「無產階級的革命主義的民族運動」兩類。前者如甘地不合作運動、土耳其的青年黨，以及愛爾蘭的反英運動，這些運動依然倡導資本主義、固有文化與機械工業文化，一來不能擺脫經濟隸屬與資本國的控制，二來農工無產者層亦不得解放，只有「無產階級的革命主義的民族運動」才能達致此目的。因此，印度已由顏智（甘地，Gandhi）的不合作運動轉為暴動、示威、同盟罷工等積極反抗，甚至派代表出席莫斯科第三國際會議。

佐野學進一步說明，社會主義中的「民族」應做為一個文化單位，而非政治單位，並擁有四個原則：「民族同權、民族自決、民族自治與民族聯合」，乃至最後實現「世界共和國」。要解決民族問題，首先社會主義應予忠實的援助，提供弱小民族發起無產革命的理論，引導小有產階級進入無產階級的運動。再者，要破除弱小民族依附在土地上的舊要素，致力於農業運動的勃興與發展。另外，不應容許「國家的生活」，因為那是原始又蒙昧的小資產階級與民族主義掛勾，讓這些小資產階級成為最大獲利者的手段，和平主義正是他們用以妨礙階級鬥爭的藉口。最後，要反大亞細亞主義與泛伊斯蘭主義，因為這些也都只是大資本家、大地主的利益。

那麼該怎麼做呢？佐野學提出三級近代民族運動完成說：

> 以上所述的近代民族運動，是經過三個階級。第一就是要政治獨立的民主主義的運動。第二就是小有產階級的改良主義的民族運動。第三就是無產階級的革命的民族運動。——第三的運動，就是在資

〔註79〕 佐野學著，冰瑤譯，〈弱小民族解放論〉，頁 69～70。
〔註80〕 佐野學著，冰瑤譯，〈弱小民族解放論〉，頁 67。

本主義制度下的民族運動的最終的形態，和資本主義的崩壞，有很深的因果關係。同時和社會主義的樹立國際社會有不可打離的關係。如今各民族的運動，漸將無產階級的色彩帶得濃厚了。現在的民族運動實有世界歷史的意義。其關與將來社會進化的程度，要看資本國家內無產階級運動的進展如何，和弱小民族間的無產階級分子的量質的進展如何呢。〔註81〕

綜上所述，佐野學提出先求政治上獨立，再由小資產階級發起民族運動，最後發起無產階級革命民族運動，與國際社會主義聯合。

回到《臺灣民報》，佐野學該文刊出前後即有左翼言論。刊於 1923 年 2 月〈廣東國民大會—帶一點兒勞農氣分〉一文，提及廣東國民大會以汪兆銘、胡漢民、廖仲愷等元老執牛耳，各代表熱心討論，俄羅斯代表也發表演說。會中對黎仁（列寧）逝去表達哀悼，可見得廣東政府與勞農蘇聯之間的關係漸漸密切。〔註82〕同年3月，〈廣東國民黨的共產主義化〉一文直接指陳國民黨和蘇聯太親密，站在勞農一方的旗幟太鮮明，導致吳佩孚決定討伐廣東國民政府；東南亞的荷蘭東印度、新加坡、泰國等地，都有取締其境內中國國民黨黨部、黨員之事。國民黨也認識到要有自己的軍隊，於是在蘇聯支持下仿自紅軍，成立以政治為主、軍事為輔的軍校。〔註83〕

1924 年 9 月《臺灣民報》刊登〈北京的反帝國主義聯盟致世界被壓迫民族書〉一文，即極富左翼戰鬥色彩。這篇文章開宗明義表示要寫給朝鮮、臺灣、緬甸、菲律賓、暹邏、波斯、埃及、阿拉伯、馬來半島和各種黑人看的，指出大家都是被壓迫的民族，如果想從壓迫的營壘中脫離，就要「一心爭鬥」對抗帝國主義者的殘酷的侵略和強暴。所以要利用這個時機，聯合全世界所有被壓迫者，向帝國主義者下達總攻擊。該文透露全世界被壓迫者已佔 2/3，再加上蘇聯的支持，被凡爾賽條約弄成半殖民地的德國、奧地利、匈牙利也不會反對；帝國主義列強民族不到三億人，被壓迫的人民已有十幾億，而且這三億人多數仍是被其政府壓迫的農工。帝國主義者可以把人們玩弄於股掌，最大的原因在於他們有團體、有組織，甚至慘酷地分開整個民族，以做

〔註81〕 佐野學著，冰瑤譯，〈弱小民族解放論〉，頁 75。
〔註82〕 〈廣東國民大會——帶一點兒勞農氣分〉，《臺灣民報》，第 2 卷第 3 號，1924年 2 月 21 日，頁 7。
〔註83〕 〈廣東國民黨的共產主義化〉，《臺灣民報》，第 2 卷第 4 號，1924 年 3 月 11日，頁 6。

爲其奴隸，儘管中國沒有被劃分勢力範圍而瓜分，但終究還是被列強合力掠奪欺壓。〔註84〕

> 可是我們忍耐的心情，算是完了，我們決定向他們開始發起「階級鬥爭」，因此我們所要求的，也不僅是解放自己，是解放全世界被壓迫的弱小民族。我們是願意鬥爭的、辛苦的。可是不甘被壓迫的痛苦，也不怕犧牲自己的生命，只要能夠脫離帝國主義的壓迫，而得到目的，馬上就會和這些黃色、棕色、黑色、白色的同一階級的民族聯合一戰。〔註85〕

接下來，該文認爲中國人雖已創立反帝國主義運動大聯盟，卻疏於了解其他地方的動向，所以應該彼此接觸交流，「像兄弟般攜著親愛的手，掃除一切障礙」，使全世界被壓迫的民族得以解放自由，也希望各地人們將其消息告訴北京的反帝國主義聯盟，北京反帝國主義聯盟也將樂於分享。在佐野學批判國家民族主義與小資本主義的理念狹隘、無視國際局勢、且讓小資產階級得利之餘，《臺灣》與《臺灣民報》也出現反帝國主義、民族聯合與階級鬥爭等左翼言論的文章。

二、翁澤生的中國「闢謠」報導

翁澤生（1903～1939），筆名水藻、水藻生，臺北人，1924 年畢業於廈門集美學校，同年夏季赴上海大學就讀。1925 年參加五卅慘案的抗爭，並於同年加入中共，隔年回到廈門，1927 年蔣介石清黨後轉到上海進行地下工作。1928 年，與林木順、謝雪紅、蔡孝乾等人在上海成立「日本共產黨臺灣民族支部」，簡稱「臺灣共產黨」或「臺共」，隨即直屬於第三國際，由中共代爲指導。翁澤生持續在上海、廣東等地活動，直到 1933 年於上海被捕，遣送回臺，1939 年病逝於獄中。〔註86〕

〔註84〕 〈北京的反帝國主義聯盟 致世界被壓迫民族書〉，《臺灣民報》，第 2 卷第 18 號，1924 年 9 月 21 日，頁 9。

〔註85〕 〈北京的反帝國主義聯盟 致世界被壓迫民族書〉，《臺灣民報》，第 2 卷第 18 號，1924 年 9 月 21 日，頁 9。

〔註86〕 許雪姬編，《臺灣大百科全書》，「翁澤生」條目，2009 年 9 月 9 日最後修正 http://taiwanpedia.culture.tw/web/content?ID=5581；
何義麟編，《臺灣大百科全書》，「臺灣共產黨」條目，2009 年 9 月 24 日最後修正 http://taiwanpedia.culture.tw/web/content?ID=3738&Keyword=%E8%87%BA%E7%81%A3%E5%85%B1%E7%94%A2%E9%BB%A8

　　翁澤生加入中共後，常撰文表達對勞動階級的同情、馬克思主義的嚮往，致力宣傳左翼理念。1926 年後，中國左右派對立激化，在中國活動的翁澤生利用《臺灣民報》作爲在臺灣創造有利輿論的媒界。中山艦事件後，汪兆銘則離粵，蔣介石權位提高，國民黨中央政治委員會以防革命權落入外人爲由，讓反對北伐的蘇聯顧問季山嘉回國，同時繼續聯俄容共，史達林也得表態支持北伐。翁澤生等左翼人士必須在如此劣勢下尋求生存空間。〔註87〕

　　1926 年 6 月《臺灣民報》〈中國五月五個「日」〉一文，翁澤生欲駁斥流傳在臺灣的「錯誤」中國消息，以傳達「正確」的訊息：

> 傳入臺灣的消息眞是錯得令人吐舌，尤其是關於中國方面的事情更是不成樣子！說到傳入臺灣的中國國民運動的消息那就頭痛了！不是顚倒是非，就是故造謠言，差不多都是幾位先生自己造出來的咧。所以我們臺灣同胞，不但不能從新聞上、學校中得著眞實的消息，反要受偏被悞（受騙被誤），被注入錯誤的觀念，受著不少麻煩呢！〔註88〕

　　翁澤生指出臺灣人不清楚何爲「五四」、「五卅」，只稱中國紛亂不休，所以他要爲文介紹。文章指出中國人把五月叫做「光榮的五月」，軍閥官僚卻稱之爲「倒運的五月」，所謂「五月的五個日」包括紀念 1886 年美國芝加哥勞動階級勝利的 5 月 1 日、巴黎和會學生抗議成功的五四運動紀念日、紀念馬克思的出生和孫文就職的 5 月 5 日、袁世凱答應日本提出〈二十一條要求〉最後通牒的五九國恥、以及去年發生的五卅慘案。〔註89〕

　　同年 7 月 4 日第 112 號刊出〈被謠傳的中國事情——製造謠言的香港〉一文，翁澤生指斥中國報紙報導 4 月 15 日共產黨要破壞廣東政府，廣東將赤化，蔣介石將與共產黨決裂一類文字實屬毫無意義的「放屁」。他相信在臺灣了解到的中國種種，多是靠不住的謠言：臺灣人從報紙、學校、家庭甚至是旅客得知中國的事，只是「外皮的話」，因爲除留學生、新青年之外，多數人都不懂中國狀況，新聞所載也多是來自香港或他地的謠言，或是幾句「皮相之談與自造的屁話」而已，特別是廣東和國民革命軍之事更難以看清。〔註90〕

〔註87〕張玉法，《中華民國史稿》，（台北，聯經出版，2001），頁 164。

〔註88〕上海 水藻，〈中國五月五個「日」〉，《臺灣民報》，第 110 號，1926 年 6 月 20 日，頁 11。

〔註89〕上海 水藻，〈中國五月五個「日」〉，《臺灣民報》，第 110 號，頁 11～12。

〔註90〕上海 水藻生，〈被謠傳的中國事情——製造謠言的香港〉，《臺灣民報》，第 112 號，1926 年 7 月 4 日，頁 12。

此文接著細數所謂的「謠言」：第一，廣東要實行共產制：這種流言一再出現，但廣東始終沒實行共產，因為中國現在要的是聯合各階級革命分子一起打倒軍閥和帝國主義，連無產革命都談不到，更遑論「實行共產」；共產黨的陳獨秀也說：「中國目前所急需的是民族革命運動。」沒有主張中國可以實行共產，更何況是聯合各階級的國民黨？因此，說廣東要實行共產，全是離間手段和中傷的謠言。〔註91〕

　　第二，孫文死去的消息。有關孫文的死訊來了好幾次，可謂造謠到了「鄙劣至極」。第三，誤以為胡漢民被汪精衛送到俄國充軍。翁澤生指出甚至國民黨同學也有人相信此流言，但胡漢民不僅以國民黨代表資格進入俄國，還受盡歡迎、大為國民政府宣傳，如今他也已回來，出席左派的執行委員會。這些流言都是為了讓國民黨內鬨而產生的。〔註92〕

　　第四點才是此文重心，極占文章篇幅，翁澤生要為1926年3月20日的中山艦事件闢謠。他指出上海、臺灣等地新聞均報導蔣介石以非常手段拘捕反蔣之共產黨員60名，並派兵監視工會、收繳糾察隊槍械、逮捕槍殺工會首領、軟禁汪精衛、驅逐俄國人等，素來被罵為「赤化的蔣介石」居然反共，實在可笑。蔣介石曾說過親俄親共的話：像中共在國民黨內奉行三民主義，容共也是孫文毅然決定之政策，成績俱在，並責備黨內「徒爭意氣、毒（中）了毒計」。這樣主張聯俄、援助罷工、打倒帝國主義、與汪精衛共患難的蔣介石，竟然會逐走合作的俄人、拘禁槍殺工人、軟禁汪精衛？這樣的流言可笑又可鄙，但時間一過，露出馬腳，可憐的造謠者終究徒勞無功。〔註93〕

　　翁澤生接著指出，那天中山艦擅移，使蔣介石因誤會而捕嫌犯數人，後來也澄清誤會了，蔣介石以「未得政府命令，近於專擅」之名自請處分，呈請政府「嚴予議處」，這哪裡「反共」？又怎麼會捕殺兩人、驅逐俄國鬥士、軟禁汪精衛？可惜造謠者又失敗，要離間、中傷他人，卻惹起民眾的唾罵。〔註94〕

〔註91〕上海 水藻生，〈被謠傳的中國事情——製造謠言的香港〉，《臺灣民報》，第112號，頁12。

〔註92〕上海 水藻生，〈被謠傳的中國事情——製造謠言的香港〉，《臺灣民報》，第112號，頁13。

〔註93〕上海 水藻生，〈被謠傳的中國事情——製造謠言的香港〉，《臺灣民報》，第112號，頁13。

〔註94〕上海 水藻生，〈被謠傳的中國事情——製造謠言的香港〉，《臺灣民報》，第112號，頁13。

　　翁澤生更指出「所謂共產黨欲破壞國民政府、建設工農政府」等謠言，都是笑話，因為中共的宣言就提出：「共產黨承認國民黨是現在國民革命的領導，承認了中國當下急需的不是無產階級革命，而是國民革命。」故極力實行國民黨的三民主義，擁護國民政府。陳獨秀也說過，共產黨並非瘋子，哪會想摧殘作為國民革命大本營的國民政府而建立工農政府？〔註95〕「蘇俄把持廣東政府」也是謠言，因為蘇聯援助中國國民革命，是基於援助弱小民族以促進世界革命成功，也是因為中國國民革命和蘇聯有「唇亡齒寒」之關係，所以他們很誠懇地和中國革命家合作。蔣介石也曾說：蘇俄不但不要他們實行共產主義，還要他們崇信三民主義。而且蘇聯並不居國民政府的指揮位置等事實，足以打破想離間革命的流言。〔註96〕

　　關於國民黨內部的問題，翁澤生於文章中提到，汪精衛被開除黨籍不成問題，因為開除他的是西山會議那些不合法的反動者，而且那些人在第二次代表大會受了懲戒，故決議不生效力。另外除了反動份子，右派已漸漸和左派合作，胡漢民、汪精衛在船上互相不打招呼的傳言也被證明不實。總而言之，這些謠言不只是針對廣東政府，都是為了要離間與破壞革命分子的聯合，使民眾遲疑不進，中國的革命受阻，製造流言的就是帝國主義者與其爪牙，香港更是製造流言的大本營。因此中國國民革命相關報導出現的「赤化」、「共產」等言，可將之解為「奮鬥、努力」，至於「蔣介石反共、蘇俄侵略」等話，就不必再理睬。〔註97〕

　　由翁澤生所在的臺灣共產黨派系乃受中共指導的背景來看，與其說翁澤生在為中國闢謠，不如說他在為中共辯護，其言論顯然都站在中共立場且頗富鬥爭色彩：除了對中國時事提供有利左翼的解釋，也以香港造謠之說攻擊帝國主義與反動派，極力塑造國共合作氛圍良好的形象。翁澤生一面主張傳進臺灣的中國事情大多不值得採信，一面又以掌握正確中國消息的發言者姿態，引導《臺灣民報》讀者重建對中國左派的印象。翁澤生的文章顯然有置入性行銷操作，其有意無意間將欲推廣的理念安插在其所謂「客觀」卻不盡符合事實的報導。

〔註95〕上海 水藻生，〈被謠傳的中國事情──製造謠言的香港〉，《臺灣民報》，第112號，頁13。

〔註96〕上海 水藻生，〈被謠傳的中國事情──製造謠言的香港〉，《臺灣民報》，第112號，頁13。

〔註97〕上海 水藻生，〈被謠傳的中國事情──製造謠言的香港〉，《臺灣民報》，第112號，頁14。

　　翁澤生眞正的核心在爭取中山艦事件的新聞權並操作之，依此建立一套報導內部的邏輯體系。他先發文介紹中國 5 月的 5 個重大紀念日，且著重於和左翼理念、行動的連結，例如中國紀念 5 月 5 日，翁氏表示是同時紀念孫文就職與馬克思生日兩事，塑造馬克思與孫文對中國同等重要的印象。之後又發文，先以眾所皆知的孫文死訊不精確，證明臺灣的中國訊息常有錯誤，再爲廣東將行共產、胡漢民被送到蘇聯充軍兩事「闢謠」，最後引導閱聽人重建對中山艦事件的理解。翁澤生將「中山艦事件」簡化爲一場因中山艦擅移而造成蔣介石的誤會的小事，蔣介石也因此自請處分，創造國共依然和睦、蘇聯友善、國民革命有望的形象予臺灣人，並將一切不同的消息歸全推於帝國主義英國治下的香港與反動派造謠所致。如此操作得以規避國民黨內左右翼失和的問題，也代表著中共在中山艦事件後暫走向韜晦沉寂，力圖求和。

　　綜上所述，翁澤生的報導極具後眞相政治特色，我們無從得知其國共和睦之宣傳透過《臺灣民報》報導後得到多少人採信，但現實上國民政府左右翼雙方於孫文逝世後，各自爭取擴大影響力並謀取發展空間，北伐之後更是如此。這些宣傳戰從中國延燒到臺灣，中共的發展對受其指導的臺灣左翼勢力具緊密連結，中共與臺共休戚與共，發生在大陸的左右翼爭端透過《臺灣民報》影響臺灣，形成當時知識分子對家鄉未來之路的不同抉擇。

三、蔡孝乾〈反動時期的中國國民運動〉介紹

　　當時在中國活動的臺灣共產黨重要成員，除了前揭翁澤生之外，尚有蔡孝乾，本段將介紹蔡孝乾於 1926 年刊載於《臺灣民報》之〈反動時期的中國國民運動〉系列文，以了解在中國的臺灣左翼如何宣達理念與批評對手。

　　蔡孝乾（1908～1982），臺灣彰化縣花壇人，1924 年到 1925 年就讀上海大學社會科學系，參加上海臺灣青年會，並主持旅滬臺灣上海學生聯合會。1926 年 7 月，蔡孝乾返回臺灣，致力於讓臺灣文化協會左傾的工作，並於 1927 年 1 月與連溫卿等人成功逐走林獻堂、蔣渭水等，改造臺灣文化協會爲新文協。1928 年，蔡孝乾在上海參與臺灣共產黨的成立後，隨即返臺工作。然而留在中國的臺灣共產黨員發生上海讀書會事件，許多黨員遭遞送返臺，殖民當局也在臺灣展開大規模搜捕，使蔡氏逃往江西瑞金的中共區，加入中共。之後蔡孝乾隨中共參與二萬五千里長征進入延安，是唯一參與長征的臺灣人。二戰後，蔡孝乾回到臺灣，協助中共進行政治工作，但 1950 年被捕變節，

供出中共在臺工作人員，使中共在臺灣的地下組織完全摧毀，導致時任中華民國國防部參謀次長卻為中共間諜的中將吳石，以及一群共諜被殺。此後，蔡孝乾受到監視，深居簡出直到逝世。〔註98〕

1926 年 5 月 26 日，蔡孝乾在於上海寫〈反動時期的中國國民運動〉一文，於《臺灣民報》7 月中旬起連載兩期，舉出列強、軍閥、知識分子三個「反動性勢力」對中國的影響，顯示當時左翼戰鬥意識的對手。

列強方面，蔡孝乾認為五卅慘案後，儘管中國發生大罷工，帝國主義者卻泰然自若地訂定作戰計畫並實行之：首先，召集關稅會議、法權會議、華人參政權議案來安撫民眾、消沉民氣，這些其實都是列強的陰謀，讓中國民眾忘了五卅以後的奮鬥。再者，利用軍閥鎮壓國民運動，例如英國協助吳佩孚，「某國」協助張作霖，兩者都輸入大量軍械給軍閥，甚至讓張作霖攻擊直隸、封鎖上海總工會，讓孫傳芳槍殺劉華，也指示段祺瑞屠殺反對最後通牒的愛國同胞，以便帝國主義者在其地盤內實行經濟侵略。第三，便是親自出馬，如「某國」出兵滿洲幫張作霖打倒郭松齡，甚至派軍艦進攻大沽口，引發列強利用大沽事件聯合通牒、威嚇中國；英國則是藉稅務司與中國海關封鎖廣州海口，這些事件都可以直接抹殺中國的國民運動，使國民運動無翻身餘地。〔註99〕

軍閥方面，蔡孝乾認為中國最反動的軍閥，當屬張作霖與吳佩孚。從民國 13 年北京政變以來，北京、天津一帶全在親民的國民軍之手，張作霖、吳佩孚時時刻刻都想恢復勢力。但張氏、吳氏的失勢便是帝國主義勢力的失勢，因此列強便與之狼狽相倚，給予大量軍械：英國送予吳佩孚，「某國」更以十二條合約，借軍械與一千萬元給張作霖，致國民軍失勢，帝國主義者恢復其在京津一帶的勢力。〔註 100〕接著蔡孝乾論述中國在帝國主義者欺凌下的慘

〔註98〕　許雪姬編，《臺灣大百科全書》，「蔡孝乾」條目，最後修正：2009 年 9 月 9 日。
　　　　http://taiwanpedia.culture.tw/web/content?ID=5883&Keyword=%E8%94%A1%E
　　　　5%AD%9D%E4%B9%BE
　　　　維基百科，「蔡孝乾」、「臺灣共產黨」條目，2014 年 7 月 14 日　檢索
　　　　http://zh.wikipedia.org/wiki/%E8%94%A1%E5%AD%9D%E4%B9%BE
　　　　http://zh.wikipedia.org/wiki/%E5%8F%B0%E7%81%A3%E5%85%B1%E7%94
　　　　%A2%E9%BB%A8
　　　　百度百科，「蔡孝乾」條目，2014 年 7 月 14 日檢索
　　　　http://baike.baidu.com/view/1870040.htm
〔註99〕　上海 孝乾，〈反動時期的中國國民運動〉，《臺灣民報》，第 114 號，1926 年 7
　　　　月 18 日，頁 12。
〔註100〕上海 孝乾，〈反動時期的中國國民運動〉，《臺灣民報》，第 114 號，頁 12。

狀：津浦京漢一帶完全在日英帝國主義者和張吳軍閥聯合戰線的統治下，北京國立 8 校都在其搜查之列，他們預備改組北大、禁止男女共同學習，還屠殺愛國同胞一百餘人。另外，他們通緝「過激人物」，槍斃京報編輯邵振青，並處置危險思想，制止赤化。而河南十餘萬農民被解，天津唐山與京奉京漢各鐵路工人被嚴重壓迫，甚至斬決進行農民運動的周水平，也封鎖上海南京的書店、拷留上海總工會的職員等，使國民黨左派分子與共產黨在北方無法活動。〔註101〕

一星期後《臺灣民報》第115號，蔡孝乾〈反動時期的中國國民運動（續）〉一文專講到智識階級的反動性。該文指出，智識階級是靠智識技藝而生活的無產勞動階級，這群人介於有產階級和無產階級之間，所以搖擺不定：大部分抱持著和有產階級相同的意識，但有時少部分人會參加無產階級的解放運動。蔡孝乾認為，當代中國的「國家主義者、醒獅派、國民黨右派、反赤救國聯合會等」，都是附和帝國主義和軍閥的智識階級，口說「赤化」、「反共」、「紅軍」等語，都是帝國主義所喜的，其對帝國主義派和軍閥的攻擊，只是荒唐的空文章，虛應故事而已。〔註102〕

此文接著對各派提出說明：《醒獅報》在五卅運動時提倡的「八不主義」，都是讓帝國主義者開心樂見之事。這派多屬中學、大學師生，前無對象、後無支援造成他們搖擺不定，故其運動荒唐微弱。「反赤派」在蔡孝乾眼中則是帝國主義的走狗，這些人的領袖章太炎仰吳佩孚的鼻息，其《獨立報》的總部就設在五卅血路南京路上。〔註103〕國民黨右派，也就是西山會議派與上海的中央執行委員會成員也都是反動分子。種種反動現象，像香港天天都有中傷國民政府的謠電，《太平導報》也有「暴論妄言」，這些可謂是中國民族解放運動的不幸事件。〔註104〕

接著蔡孝乾談到民眾的勢力。認為就算中國處於日英帝國主義和軍閥勾結、反動智識階級的荒唐行事之中，但中國的國民運動仍不斷前進。就北方來說，雖然親近人民的國民軍系被打敗，但仍保有相當的實力；張作霖與吳

〔註101〕上海 孝乾，〈反動時期的中國國民運動〉，《臺灣民報》，第114號，頁13。

〔註102〕上海 孝乾〈反動時期的中國國民運動（續）〉，《臺灣民報》，第115號，1926年7月25日，頁11～12。

〔註103〕上海 孝乾〈反動時期的中國國民運動（續）〉，《臺灣民報》，第115號，頁12。

〔註104〕上海 孝乾〈反動時期的中國國民運動（續）〉，《臺灣民報》，第115號，頁12。

佩孚雖然強大且佔優勢，但沒有固定勢力，彼此間明爭暗鬥；此外，五卅運動激烈的革命勢力根基也不會被消滅。〔註105〕自從消滅楊劉之後，國民政府在軍事、政治上都很整然有序：廣東的基礎有20多萬工人、80幾萬有組織的農民、10萬黨軍及全國50萬左右的左派黨員，還有全國風起雲湧的革命青年都走向廣東的國民政府；其他如工會、農會、學生會等也都是潛藏的革命勢力，國民運動不會因此廢止，革命群眾也在待機而發。〔註106〕

　　蔡孝乾用「反動時期」形容當時中國現況。「反動」一語引自日本，指稱反對社會的運動、變化與進步的人，在馬克思主義者的用語則特指反左勢力。〔註107〕蔡孝乾行文雖從反帝國主義、反軍閥開始，重點實則落在對右翼知識分子的批判，特別是指國民黨右派為帝國主義、軍閥的同路人。這樣直接攻擊國民黨右派、西山會議派的文章1926年前較為罕見，此前重視的均是國民黨內部團結形象的塑造。〈被謠傳的中國事情──製造謠言的香港〉刊於蔣介石誓師北伐前，〈反動時期的中國國民運動〉則是在北伐戰爭開始後，國民黨內部的矛盾顯然於北伐後日益激化。依張玉法認為左、右雙方均欲利用北伐爭取各自發展來看，蔡氏、翁氏在《臺灣民報》的言論也顯示出左、右翼開始擴大勢力，漸走向分道揚鑣自是不在話下。

　　左翼勢力矛頭對內，符合中共在1925年1月四全大會之決議：擴大國民黨左派、批評中派的動搖、共同反對右派。〔註108〕以往中共以階級聯合先實現國民革命，再進行無產階級革命的方針已不復存在，國民黨右翼與保守分子成為鬥爭的對象。此類反右言論隨著《臺灣民報》由中國傳到臺灣，臺灣社會運動內部的左、右翼也隨著中國局勢的變化而改變，從原先的聯合戰線轉為彼此對立。地主出身的林獻堂、楊肇嘉與實業家出身的陳逢源，將成為左傾的連溫卿、翁澤生、蔡孝乾、王敏川等鬥爭對象，以階級聯合共謀臺灣文化向上、民族自決的「臺灣文化協會」，也將趨於質變瓦解。

〔註105〕上海 孝乾〈反動時期的中國國民運動（續）〉，《臺灣民報》，第115號，頁12。

〔註106〕上海 孝乾〈反動時期的中國國民運動（續）〉，《臺灣民報》，第115號，頁12。

〔註107〕教育部，《重編國語辭典修訂本》，「反動」條目。2014年7月18日檢索。http://dict.revised.moe.edu.tw/cgi-bin/newDict/dict.sh?idx=dict.idx&cond=%A4%CF%B0%CA&pieceLen=50&fld=1&cat=&imgFont=1

〔註108〕王章陵，〈孫文主義學會成立的經過及其影響〉，頁321。引自張玉法，《中華民國史稿》，頁162。

小結

　　臺灣民報系列報刊刊載了日共系統的佐野學、中共系統的翁澤生、蔡孝乾之左翼思想文章，且均以「中國」爲探討對象，這些現象與內容呈現下列特點：

　　一、表現國民黨內部由聯合陣線走向左右對立的中國時勢：除了前揭《臺灣日日新報》載孫文「宣揚一種共產主義」，《臺灣民報》刊載 1923 年報導廣東國民大會時國民黨與蘇聯一團和氣，甚至引發北洋軍閥與列強聲討、取締國民黨，還有翁澤生等左傾人士都要澄清孫文、國民黨非共產主義者等現象得知，國民黨在當時臺灣民眾心中原先是左傾的印象，直到 1925 年孫文逝世後漸漸生變。從翁澤生爲中山艦事件防禦性闢謠且刻意塑造國民黨團結形象，到北伐開始後蔡孝乾攻擊性地批評國民黨內反動分子，均可見國民黨與台灣內部左右翼矛盾日益加深。

　　二、左翼思想與社會運動在臺灣的宣傳與號召常以中國爲名：《臺灣》所載佐野學的共產革命行動方略，及《臺灣民報》刊載蔡孝乾、翁澤生、謝玉葉等人的文章，均表現出李承機所謂媒體被製造的操作型，用以推廣左翼思想並號召行動，是臺灣早期共產主義隨著上大派或留日學生傳進臺灣的表現。1920 年代後期，左翼擴大積極戰鬥性的一面，並在中國、臺灣、日本三地產生莫大影響力，資本主義、民族主義和共產國際採不同態度的團隊們，也將走向水火不容。

　　三、中國政局對臺灣社會運動的影響力日益加劇：在反帝國主義的立場上，左右派立於同一陣線，然而隨著中共的壯大與北伐開始，左翼行動轉趨積極，且依其世界革命性質，勢必伸張影響到臺灣來。《臺灣民報》上呈現從翁澤生初期屈從與製造左右和睦印象，到蔡孝乾直接攤牌反右，言論趨於積極且更富鬥爭性，儘管以「中國」爲論述客體反資本家與保守反動派，卻必然將引起臺灣相似立場者的尷尬，決裂也只是時間問題。

第四章 《臺灣民報》的左右派論戰：
〈中國改造論〉筆戰（1926～1927）

　　前揭《臺灣民報》刊載了討論中國前途、中國民族性的文章，以及中國的軍閥混戰、第二次直奉戰爭、反奉戰爭、孫文逝世、蔣介石北伐與國民黨內鬥等新聞，表現出臺灣對廣州政權的關注日益提高，甚且中國的時局也影響臺灣左右對立日趨激化。北伐之後，國民黨內的中共勢力致力擴大理念宣傳，強調唯物史觀，宣揚民族聯合、階級鬥爭與建立勞農政府等理念，甚至與國民黨內資本主義者、民族主義者對立。這些這些來自中國大陸的歧異反映在《臺灣民報》暗潮洶湧，臺籍左翼對中國右翼的抨擊，等同指向臺灣右翼。起初關於此類議題最多僅如前揭蔡孝乾對「中國反動派」的指控，未直接在臺灣人間激烈公開論戰，直到1926年陳逢源〈最近之感想（二）——我的中國改造論〉刊出後，臺籍左右派各自大發論議相互筆戰，乃至徹底攤牌，最終成為是1927年臺灣文化協會大分裂的直接參與者。

　　這一系列的論戰文是筆名「芳園」的陳逢源，與以許乃昌、蔡孝乾為代表的左傾人士之交鋒。《臺灣民報》週刊自1926年8月29日第120號，陳逢源〈最近之感想（二）——我的中國改造論〉一文始，打響論戰第一槍。同年10月10日，留學東京的許乃昌在《臺灣民報》第126號開始發表〈駁陳逢源氏的中國改造論〉系列文，連載到10月31日的第129號為止，計4篇8小節。1926年11月7日，陳逢源自第130號起，連載〈答許乃昌氏的駁中國改造論〉系列文，到11月28日的第133號暫時中止，計有4篇5小節。中止原因乃12月5日第134號蔡孝乾加入戰局，發表〈駁芳園君的「中國改造論」〉

單獨駁斥陳逢源〈最近之感想（二）——我的中國改造論〉一文。儘管蔡孝乾未提及〈駁陳逢源氏的中國改造論〉系列文內容，但 1927 年初〈轉換期的文化運動〉系列文也呈現了此論戰的意義與具體效果。

1926 年 12 月 12 日的第 135 號起，陳逢源〈答許乃昌氏的駁中國改造論（五）〉繼續連載到 1927 年 1 月 9 日第 139 號為止，陳逢源發表了共計 8 篇 11 節。1927 年 1 月 13 日起第 142 號到 2 月 6 日的第 143 號，許乃昌再連載〈給陳逢源氏的公開狀〉二篇，抨擊陳逢源並重申自己的立場。雙方的言詞漸趨激烈，相互抨擊不夠透徹了解馬列主義、中國國情與世界局勢等。

本章將詳細介紹這場論戰內容，並從這些文章探討雙方各自的論點、時代背景，最後再參照這場論戰的相關研究，探討這場論戰對臺灣的意義。

表（2）：中國改造論論戰文章於《臺灣民報》出處整理 〔註1〕

日　　期	期　數	文章名	作　者
1926.08.29	120	最近之感想（二）——我的中國改造論	陳逢源
1926.10.10	126	駁陳逢源氏的中國改造論（一）（二）（三）	許乃昌
1926.10.17	127	駁陳逢源氏的中國改造論（四）（五）	許乃昌
1926.10.24	128	駁陳逢源氏的中國改造論（六）	許乃昌
1926.10.31	129	駁陳逢源氏的中國改造論（七）（八）完	許乃昌
1926.11.07	130	答許乃昌氏的駁中國改造論（一）	陳逢源
1926.11.14	131	答許乃昌氏的駁中國改造論（一）（二）	陳逢源
1926.11.21	132	答許乃昌氏的駁中國改造論（三）	陳逢源
1926.11.28	133	答許乃昌氏的駁中國改造論（四）	陳逢源
1926.12.05	134	駁芳園君的「中國改造論」	蔡孝乾
1926.12.12	135	答許乃昌氏的駁中國改造論（五）	陳逢源
1926.12.19	136	答許乃昌氏的駁中國改造論（六）	陳逢源
1926.12.26	137	答許乃昌氏的駁中國改造論（七）	陳逢源
1927.01.09	138	答許乃昌氏的駁中國改造論（八）	陳逢源
1927.01.30	142	轉換期的文化運動（一）	蔡孝乾
1927.01.30	142	給陳逢源氏的公開狀（上）	許乃昌
1927.02.06	143	轉換期的文化運動（二）	蔡孝乾

〔註 1〕作者自製

1927.02.06	143	給陳逢源氏的公開狀（下）	許乃昌
1927.02.13	144	轉換期的文化運動（三）	蔡孝乾
1927.03.06	147	中國統一運動	SM 生

第一節 「中國改造論」論戰的鋒起

本節將介紹「中國改造論論戰」發生之際，即 1926 年 8 月到 1927 年 2 月前後，臺灣、中國與日本的時代背景，以及筆戰的三位主要人物陳逢源、許乃昌、蔡孝乾的學經歷，再詳細介紹陳逢源〈最近之感想（二）——我的中國改造論〉一文，以及許乃昌的第一篇回應：〈駁陳逢源氏的中國改造論〉系列文章。

一、背景與緣起

《臺灣民報》最值得注目的左右派論戰，當屬認同資本主義的陳逢源，與左翼人士許乃昌、蔡孝乾的交鋒。這場論戰主旨在討論中國改造的路線，應從發展資本主義，抑或直接進入共產革命開始，雙方往覆討論了馬克思、列寧與孫文主義的內涵、蘇聯革命後的利弊、資本主義的利害、帝國主義對中國的影響，以及國民黨的方針、動向……等等。

陳逢源（1893～1982），臺南市人，臺灣的經濟學家與實業家，畢業於總督府國語學校國語部。1911 年起在三井物產株式會社任職 9 年，1920 年代初期漸漸參與臺灣社會運動，1923 年因治警事件入獄，1926 年後往實業界發展，任職於大東信託株式會社，1932 年起擔任《臺灣新民報》經濟部長。二戰後任華南銀行常務董事，以及大同、聲寶、台視等多家企業的董事及監察人。〔註2〕

許乃昌（1906～1975），筆名秀湖、沫雲，彰化人，曾任《臺灣民報》總主筆。1920 年留學上海，1922 年於上海大學認識陳獨秀，1924 年赴蘇聯莫斯科就讀於東方勞動者共產主義大學，並於 1925 年進入東京的日本大學，參與左派政治運動。228 事件爆發後，因被通緝而到處逃亡，曾在林呈祿的邀請下

〔註2〕 臺灣大學哲學系網站，中國哲學研究室，日治時期臺灣哲學，「陳逢源」條目
　　　 http://www.philo.ntu.edu.tw/chinese/page.php?no=14
　　　 文化部，《臺灣大百科全書》，謝國興編「陳逢源」條目，2014 年 7 月 8 日檢索。

在東方出版社工作，擔任出版社總經理。許乃昌之姪許世楷表示，許乃昌曾經被想走蘇聯政治路線的兩蔣父子約談，調查其在莫斯科的人脈。〔註3〕

　　從 1926 年 8 月到 1927 年 2 月，近半年的論戰時期，正是中國國民黨與臺灣文化協會左右翼漸漸分歧的時期，日本共產黨也在 1926 年重新成立，主張社會主義與民主主義兩階段革命。〔註4〕此外，這段時期內的日本適逢 1926 年 12 月 25 日大正天皇逝世，昭和金融恐慌爆發，兼之國內尚未從關東大地震的低靡完全復甦，使軍部勢力與極右派日益得勢。儘管執政的若槻禮次郎內閣曾表示「不干涉中國內戰、支持蔣介石統一運動」，卻於任內的 1927 年發生中國暴力排外的南京事件，亦即在共產國際的指導下，中國的部分北伐軍與中共在南京清算南京的列強外僑，日僑受害甚深，導致國民政府與日本關係惡化。〔註5〕

　　國民政府方面，中共於 1925 年 1 月的四全大會即明言黨的鬥爭一般原則是：「擴大國民黨左派、批評中派的動搖、共同反對右派」。在孫文聯俄容共之初，黨內即有反對此合作的聲浪，然均為孫文壓制，因此國共之間還是鬥爭多於合作。其中，重要鬥爭包括西山會議、孫文主義學會與青年軍人聯合會之爭、新舊三民主義之爭、土地改革之爭、整理黨務案、中山艦事件與北伐案等等。〔註6〕

　　孫文於 1925 年 3 月 12 日逝世後，國共之爭日益激化。1925 年廖仲愷被刺後，胡漢民赴俄，反共的鄒魯、林森、張繼等人不見容於廣州，乃陸續北上，於 11 月在北京召開西山會議，要求取消中共黨員在國民黨的黨籍，並開除蘇聯顧問。中共黨員以維護黨紀為由，主張嚴懲西山會議派，蔣介石則主張從寬處分，最終僅有二、三人被開除黨籍，直到國民黨清共、分共後，這些處分也在 1928 年撤銷。〔註7〕

〔註3〕臺灣大學哲學系網站，中國哲學研究室，日治時期臺灣哲學，「許乃昌」條目
　　　　http://www.philo.ntu.edu.tw/chinese/page.php?no=14
　　　　文化部，《臺灣大百科全書》，許雪姬編「許乃昌」條目，2014 年 7 月 8 日檢索。
〔註4〕日本共產黨網頁　http://www.jcp.or.jp/
　　　　維基百科「日本共產黨」條目，2014 年 7 月 9 日檢索
　　　　http://zh.wikipedia.org/wiki/%E6%97%A5%E6%9C%AC%E5%85%B1%E7%94%A2%E9%BB%A8
〔註5〕維基百科「南京事件」條目，2014 年 7 月 9 日檢索
　　　　http://zh.wikipedia.org/wiki/%E5%8D%97%E4%BA%AC%E4%BA%8B%E4%BB%B6_(1927%E5%B9%B4)
〔註6〕張玉法，《中華民國史稿》，（台北：聯經，2001），頁 163。
〔註7〕張玉法，《中華民國史稿》，頁 162～163。

孫文主義學會與青年軍人聯合會均是黃埔軍校的小組織。青年軍人聯合會係中共控制，在校內宣揚共產主義，孫文主義學會則意欲反制之，雙方仇視日深。在黃埔軍校內的中共黨員，擷取三民主義中有利於共產主義的題材加以發揮，如惲代英所編的《國民革命》一書，視民族主義爲反帝、民權主義爲反軍閥、民生主義爲反資本家、地主、土豪劣紳，並將三民主義擅自加上聯俄、聯共、扶助農工，成爲新三民主義。這種新三民主義爲戴季陶等人反對，戴氏於 1925 年 6 月著〈孫文主義之哲學基礎〉等文駁斥之，其理論亦成爲西山會議派的基礎。〔註8〕

土地政策方面，三民主義主張以和平的方式達成平均地權、耕者有其田，方法是地主估價，政府依地價課稅或收買，再配售予農民；中共則主張消滅資本家私有制，沒收機器、土地、廠房等，唯中共初期操作仍以減租爲主，也不認爲有必要進行土地革命。然而共產國際卻要求中共在北伐期間進行土地革命，直到國民黨進行清黨分共爲止。〔註9〕

1926 年 3 月發生中山艦事件，鮑羅廷與陳獨秀對國民黨妥協，同時反對北伐案的季山嘉返國，國民黨左傾人士汪精衛稱病隱匿，離粵赴法，中共則在史達林指示下續留國民黨，形勢對右翼有利，如上一章左翼翁澤生也屈居之。同年 5 月，國民黨第二屆二中全會，提出《整理黨務案》，要求中共黨員改善態度、交出名冊、不任部長、不得擅自組織會議，並宣誓實行北伐。張玉法也指出，中共和蘇俄一直反對北伐，認爲必敗，但中山艦事件後，國民黨內左右翼均欲擺脫對方勢力的控制，擴大自己以另謀發展、生存空間，北伐時機成熟，乃於 1926 年 7 月展開。〔註10〕

北伐開始之後，革命軍佔湖廣閩贛，孫傳芳乃與張作霖聯合，張作霖就任安國軍總司令，爾後馮玉祥回國並加入國民黨，戰事對北方漸趨不利。1926年 11 月，北伐軍成功控制長江；12 月，廣州政府應蔣介石要求遷都武漢後，中共在湖廣與江西地區擴大農民運動與排外運動，引起譚延闓等一些反左傾的國民黨中央委員遁至南昌，與西山會議派會合。1927 年 1 月 3 日，蔣介石與反左人士在南昌開中央政治會議，決定國民政府與中央黨部暫駐南昌，導致中共方面行動更趨積極。中共黨員常於南京、上海、湖廣、江西等地單獨

〔註8〕　張玉法，《中華民國史稿》，頁 165。
〔註9〕　張玉法，《中華民國史稿》，頁 167～168。
〔註10〕　張玉法，《中華民國史稿》，頁 163～164。

行動，甚至組織、指揮上海工人於上海大罷工、建立上海特別臨時政府，促使蔣介石更加決意清黨；儘管汪兆銘於 1927 年 4 月趕回國以謀緩和國共衝突，但已無濟於事。〔註 11〕

其實自 1927 年 2 月底起，在蔣介石的默許之下，陳立夫、陳果夫等人即展開奪取各地黨政權力的行動，導致武漢政府在鮑羅廷的指導下反蔣，蔣則拒絕承認武漢政府舉措。3 月，北伐軍攻入南京，中共黨員策動北伐軍殺害、掠奪外僑，導致英、美、日出兵南京，是為南京事件，蔡元培、李烈鈞等認為「共黨破壞革命，危害國本之逆謀」，主張清黨，得到白崇禧的支持，遂導致上海發生「四一二事件」，史稱「清黨」，也終究導致寧漢分裂的發生。〔註 12〕

臺灣方面，臺灣文化協會自組建來，即以用文化與輿論對抗日本殖民統治為宗旨，建立包羅不同派系成員的共同戰線：右傾者有霧峰大地主林獻堂、實業家蔡惠如、陳逢源，以及後來左傾的三民主義支持者蔣渭水。左傾者部分，連溫卿屬日共的山川均主義者，王敏川是日共的福本主義者，至於上大派的翁澤生、蔡孝乾則是中共黨員。〔註 13〕1926 年起，文協路線之爭日益激化，右派的林獻堂、蔡培火希望保持文協文化啟蒙的宗旨，左派則希望文協能給予社會運動更多的直接支援，甚至建立政黨，雙方勢同水火，在各地辯論大會和演講會提出各自的論述，矛盾逐漸導致分裂。〔註 14〕

〈中國改造論〉論戰即在上述背景下進行，臺灣左右翼人士以「中國改造路線」為題大交筆鋒。這場筆戰雖以《臺灣民報》為舞台，卻呈現臺灣、日本、中國大陸三地左右分立的史實背景，有其重要性且值得深究。

〔註 11〕 張玉法，《中華民國史稿》，頁 168、175～178。

〔註 12〕 維基百科「南京事件」條目
http://zh.wikipedia.org/wiki/%E5%8D%97%E4%BA%AC%E4%BA%8B%E4%BB%B6_(1927%E5%B9%B4)

〔註 13〕 山川主義由山川均主張，他認為應以合法的無產政黨來結合群眾從事反資本主義鬥爭，認為不宜盲從於共產國際，應建立一個日本特有的革命路線。引自趙勳達，〈蔣渭水的左傾之道（1930～1931）：論共產國際「資本主義第三期」理論對蔣渭水的啟發〉，《臺灣文學研究》第 4 期，2013 年 6 月，頁 137。

〔註 14〕 維基百科「臺灣文化協會」條目：
http://zh.wikipedia.org/wiki/%E8%87%BA%E7%81%A3%E6%96%87%E5%8C%96%E5%8D%94%E6%9C%83

二、陳逢源的基本論述〈我的中國改造論〉

本段將介紹這場論戰的起始：陳逢源〈最近之感想（二）——我的中國改造論〉一文，並剖析其論點。

陳逢源刊於《臺灣民報》「雜錄」專欄，以〈最近之感想〉為題的系列文章共有三篇，分別在 1926 年的 8 月 22 日、8 月 29 日、10 月 3 日分三期連載。第一篇批評後藤新平、總督府的愚民政策，第二篇表述他對中國改造的看法，第三篇則批評警察對演講與社會運動的打壓。這三篇位於「雜錄」專欄而非新聞，較趨於讀者投書性質，儘管都有反帝國主義殖民、批評總督府政治之論，但三篇內容相關性低，可視為三篇單獨的論證。本節單獨挑出其中影響最大、激起這場筆戰的第二篇〈中國改造論〉一文，進行探討。

〈最近之感想（二）——我的中國改造論〉中，討論了幾個主題：第一、社會進化與資本主義；第二、中國的社會組織；第三、帝國主義侵略的影響；第四、商工階級的勃興；第五、獎勵股份公司的必要，以及最後的結論。陳逢源稱該文乃參考田崎仁義以歷史脈絡來看中國的〈支那改造論〉，強調自己欲從經濟方面深化討論。

對於社會進化與資本主義議題，陳逢源寫道：

> 我們確信社會進化的行程，應有一定的順序，只靠一時的努力任是怎麼樣大，斷不能馬上達到理想的地方。由歷史上著眼，各先進國打破封建制度的原動力，便是資本主義制度。……
>
> 產業組織發達到這點（英國工人炭礦爭議），才流弊百出，不得不再一番的大改造了。馬克思於其《唯物史觀》的公式有說：「一種的社會組織的生產力、在其組織內，非達到有發展的餘地以後，斷不能顛覆。又新的、更高度的生產關係，其物質的存在條件，在舊的社會的胎內孕了以前，斷不能發現。」〔註15〕

陳逢源認為馬克思是「社會進化主義」，資本主義是必經之路。但他也認為資本主義不是終點：

> 資本主義斷不是永久的金城鐵壁，今日處於支配階級的資本家，好像往日封建時代的王候（按：侯）一樣，應有被推翻之一日。〔註16〕

〔註15〕陳逢源，〈最近之感想（二）——我的中國改造論〉，《臺灣民報》，第 120 號，1926 年 8 月 29 日，頁 8。

〔註16〕陳逢源，〈最近之感想（二）——我的中國改造論〉，頁 8。

在社會組織上，陳逢源認為中國當時的狀況如下：

> 一部分已進入資本主義，大部分仍然是封建制度，現在割據各省
> 的督軍，與往日的諸候一樣，他們不計國家全體的幸福，只顧自
> 己一身的權勢，利害而已。這些精神，依然是封建制度的精神吧
> 了。〔註17〕

接著陳逢源舉例說明，他認為中國有支給衣食的學徒制，以及個人經營
的北京絨毯業，即類似西洋中古後期的基爾特（行會，Guild）；但中國經濟上
仍以家庭手工業，以及高度依賴土地的產業為主，加上還有很多地緣、血緣
相結合的大家族存在，故中國仍是封建社會。〔註18〕

因應帝國主義侵略的部分，陳逢源提到中國應朝向日本資本主義走，而
非俄國共產革命之路，因為和俄羅斯比較起來，中國久受帝國主義侵略，且
位於容易受敵的地理位置，兼之帝國主義的摧殘也已使得中國資本主義不得
發達。因此，陳逢源認為比起武力統一中國，不如增長商工階級的勢力，且
上海、無錫等地的工廠林立，商會與銀行公會的實力與日俱增，這些行號為
了自己的利益考量，必定會主張廢督裁兵、反對增稅、排斥外資而用國貨，
同時反對借外債，乃至要求廢除不平等條約。這些商工階級的利益也是一般
中國人的利益，他們終究能組自衛軍甚至軍隊，打破軍閥。

最後，陳逢源認為中國人利己心太重，沒有奉公精神及經營大組織的資
格與能力；如果連股份公司都經營不佳，是「不配說什麼社會主義」的。至
於詳細情形如何，「目前沒工夫論起」。〔註19〕

三、許乃昌的回應〈駁陳逢源氏的中國改造論〉

陳逢源的〈中國改造論〉一文刊出後的 6 星期，許乃昌〈駁陳逢源氏的
中國改造論〉一系列文也開始連載 4 期，這些文章分為 8 個小節，與陳逢源
的文章針鋒相對。本文將詳細部介紹許乃昌的論點以及對陳逢源批判。

首先，許乃昌為反駁陳逢源的社會進化主義，將陳逢源引的馬克思主義
譯文再提出來，同時引用德文原文再翻譯，兩者對照如下：

〔註17〕陳逢源，〈最近之感想（二）——我的中國改造論〉，頁9。
〔註18〕陳逢源，〈最近之感想（二）——我的中國改造論〉，頁8。
〔註19〕陳逢源，〈最近之感想（二）——我的中國改造論〉，頁9。

一種的社會組織的生產力，在其組織內，非達到有發展的餘地以後，
斷不能**顛覆**。又新的、更高度的生產關係，其物質的存在條件，在
舊的社會的胎內孕了**以前**，斷不能發現。

陳逢源：引自馬克思《唯物史觀》〔註20〕

一個社會形體，非待在其內部還豫與餘地的一切生產力發展了以
後，是決不會**滅亡**的。並且新的更高級的生產關係，**非待其物質的
生存條件**，含孕於舊社會的胎內**以後**，是決不會發現的。

許乃昌：引自馬克思《經濟學批評》〔註21〕

許乃昌引德文原文，除了澄清論點、舖陳論述，也要證明、批判陳逢源
不懂德文，無法了解馬克思主義的真義。從上面兩段引文來看，雙方相異之
處主要有兩者：

第一，舊社會的結局：陳逢源引文譯為在有舊基礎上，受人為改變的「顛
覆」；許乃昌自譯係強調舊社會將徹底結束，自然「滅亡」，新社會重新開創。
第二，新的生產條件：陳逢源的譯文強調「生產關係的物質條件，在舊社會
內孕了『以前』」，是不會被發現的，新生產條件發現於舊社會中，舊社會是
充分必要條件；而許乃昌譯文則強調物質的生存條件，若不是含孕於舊社會
『以後』，不會被發現，新生產條件發現於舊社會之後，只是一個可有可無的
過渡，舊社會只是充分但非必要條件。

許乃昌將問題再拉到社會到底是如陳所言的「進化」，抑或是可以「跳躍」
的。他提到：

社會的物質生產力，在其發達的某種階段，便和自己以前在那裡面
工作的、那現在的生產關係，或把牠僅用法律表示出來的所有關係
相衝突，那些關係初是生產力的發達外形，而後變成其桎梏，於是

〔註20〕陳逢源，〈最近之感想（二）——我的中國改造論〉，頁8。
〔註21〕許乃昌，〈駁陳逢源氏的中國改造論（一）～（三）〉，《臺灣民報》，第126號，
　　　　1926年10月10日，頁11。
　　　　中共中央馬克思恩格斯門列寧斯大林著作編譯局編，《馬克思恩格斯選集》，
　　　　第2卷，頁113的譯文如下：「無論哪一個社會型態，在它所能容納的全部生
　　　　產力發揮出來以前，是絕不會滅亡的；而新的更高的生產關係，在它的物質
　　　　存在條件在舊社會的胎胞裡成熟以前，是絕不會出現的。」引自邱士杰〈從
　　　　〈黎明期的臺灣〉走向「中國改造論」——由許乃昌的思想經歷看兩岸變革
　　　　運動與論爭（1923～1927）〉，《史繹》，第135期，頁114。

社會 xx（革命）的時代便開展了。——由此可見馬克司的立論，不
僅僅是社會進化主義，而是說一切的進化必然要行向 xx（革命）。

社會每次必須經過一種突變，才能開始一種新方向的漸變——往往
必須經過一次根本的改造、方能開始一種新秩序的改良。〔註22〕

從許乃昌這段文字可以看得出來，他認爲舊社會最後一定會形成生產關
係與法律規範的關係之間的衝突，法律終將反倒變成生產關係發展的限制，
於是就會產生社會上根本改造：邁向新秩序的突變。

接著許乃昌開始論述他對中國時局的理解。他認爲 1920 年代的中國，並
非陳逢源所認爲的「封建時代」，因爲陳逢源認爲中國軍閥如同中古西歐割據
一方，但實則單純獨立勢力的軍閥並不存在，軍閥完全是依靠帝國主義的支
持而成爲帝國主義的工具，並非獨立。至於陳逢源提出發展「中國資本主義」，
許乃昌認爲有矛盾：陳氏雖然提及上海等大都市工廠林立的樂觀局面，認爲
中國資本主義可期待；但許乃昌則指出鐵道、航海、礦山等產權都被列強掌
握，「林立」的工廠不完全是中國人的工廠，有很多是外人所擁有的。至於對
中國本土的工廠與「奉公精神」方面，許乃昌如此評論：

但由我們看起來，股份公司顯然是資產階級自私自利自己要賺錢的
組織，普天之下，未聞有只要「奉公」而不要利益的股份公司！...
受外國資本主義支配的中國，不容易和外國資本主義競爭，不容易
得到相當的利益，於是就是有「奉公的精神」，也不願意去經營。

外國資本主義卻又不容中國資本主義發展，而中國資產階級又不敢
積極起來反抗外國資本主義。〔註23〕

許乃昌認爲，講求利潤的資本主義股份公司，才是不可能有「奉公」精
神的組織，發展中國資本主義這條路行不通，況且主要利權仍在外國人手上，
中國資本主義者依然受到很大的限制。而且爲了利益，這些資本主義者可能
以民族主義之名站在無產階級的一方，打擊外國資本家，視狀況支持革命；
但若再進一步威脅到這些中國資本家的利益時，他們卻又會妥協於列強與軍
閥，毫不猶豫地站在與農工對立的反動，不顧中國一般人民的利益。例如，

〔註22〕 許乃昌，〈駁陳逢源氏的中國改造論（一）～（三）〉，《臺灣民報》，第 126 號，
頁 11。

〔註23〕 許乃昌，〈駁陳逢源氏的中國改造論（一）～（三）〉，《臺灣民報》，第 126 號，
頁 12。

五卅慘案時，中國資本家掌握工部局把中國工廠電力一併切斷，迫使工人妥協。〔註24〕

　　因此，許氏認爲：「祇有中國的無產階級，會徹底去爭奪中國民眾的利益，壓倒軍閥官僚，改造中國。」〔註25〕

　　對於國民革命路線是否可行，陳逢源認爲中國可以仿日本明治維新的路線，先發展資本主義，漸漸養成足以對抗外國侵略的實力。但許乃昌則認爲，日本推動維新的當下處於帝國主義初期，外國尚未取得壓倒性優勢，故可走資本主義而不受歐美國家阻擾，但中國已處於帝國主義末期，也就是資本主義後期，外國勢力已可以完全壓倒本國產業，斲喪中國資本主義喘息、發展的機會。因此，國民黨第二次全國代表大會，提出的國民革命路線有二：其一、聯合世界革命先進國、被壓迫之民族、被壓迫的人民，發起革命；其二、建立人民軍隊與廉潔政府，保護新興工業與農工團體。許乃昌指出，講求階級合作的國民革命，最終恐歸於烏有，而國民黨內部右派如戴季陶等人，與左派如汪精衛、蔣介石等人，兩派的拉扯讓國民黨正面臨選擇的關鍵時刻。〔註26〕

　　許乃昌認爲，中國並非處於陳逢源所說的封建時代，而是一種「中間型的社會組織」。他指出各國社會進化歷程不同，未必一定要經過資本主義；唯物史觀是決定論，不是機械論，沒有公式，馬克思重視的是世界經濟，進程可跳躍。中國是處於「世界帝國主義時代特殊的殖民地式中間形態，非封建與資本主義的過渡期」，是一種無法回到封建，同時資本無法發展的畸型狀況。因此，許乃昌引列寧的話來提出解決之道：「落後國可得到先進國無產階級之助，而達到蘇維埃，不必通過資本主義制度，而達到共產主義。」也引佐野學的學說：「世界的經濟關係的時代，我以爲社會是能夠跳躍特定的一階段，而移入其次的新階段的。」〔註27〕

〔註24〕 許乃昌，〈駁陳逢源氏的中國改造論（一）～（三）〉，《臺灣民報》，第126號，頁12。

〔註25〕 許乃昌，〈駁陳逢源氏的中國改造論（四）～（五）〉，《臺灣民報》，第127號，1926年10月17日，頁12。

〔註26〕 許乃昌，〈駁陳逢源氏的中國改造論（四）～（五）〉，《臺灣民報》，第127號，頁10～12。

〔註27〕 許乃昌，〈駁陳逢源氏的中國改造論（六）〉，《臺灣民報》，第128號，1926年10月24日，頁9～10。

許乃昌還畫了一個圖表以示其論點：〔註 28〕

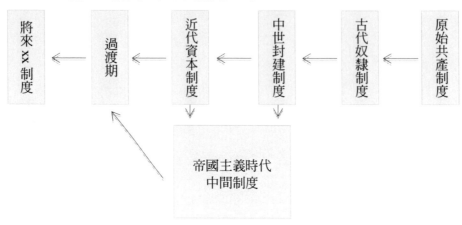

圖（22）：許乃昌的社會進化圖〔註 29〕

　　許乃昌接著解釋這種「帝國主義時代中間制度」的特色：首先，外來影響使封建體制快速崩潰，但外國資本壟斷市場、控制政權，所以無法發展資本制度。其次，外國資本主義的強大，導致小農工商都是無產階級，甚至各省督軍都是被控制的。另一方面，中國情況特殊，已不適用日本維新，也不能直接套用蘇聯的制度，唯一的出路就是尋求階級合作國民革命，進行反帝國主義運動；同時中國與全世界的無產者、被剝削的人民合作，共同走向共產的勝利，只要先進國家資本主義滅亡，落後國家就不會發展資本主義。但在革命過程中，無產者與農民要為追求民族解放、削弱帝國主義、改善自己而奮鬥，遏制、打倒包括中國資產階級在內的勞動民眾剝削者，最後建立由勞動平民組織的國家，執行有規畫的發展經濟實業計畫。〔註 30〕

　　許乃昌文章有強烈情緒字眼，對事又對人的言辭，體現了「打倒右派、批判中間，聯合左派」的方針，鬥爭意味十足：

> 陳氏所説，乃張東蓀聽羅素説「中國須發展實業」而大鬧特鬧的舊笑話。……「沒工夫論起」只是桌上空論。……千萬不要只讀幾本外人著作、或僅僅數天的旅行，就要高談中國改造論，那真正是「談何容易」，那真正是可憐的冒瀆、可笑的輕舉。……要向陳氏無可如何的高論，提出無可如何的抗議。

〔註 28〕 許乃昌，〈駁陳逢源氏的中國改造論（七）～（八）〉，《臺灣民報》，第 129 號，1926 年 10 月 31 日，頁 9～11。

〔註 29〕 參照許乃昌〈駁陳逢源氏的中國改造論〉的圖，作者自繪。

〔註 30〕 許乃昌，〈駁陳逢源氏的中國改造論（七）～（八）〉，頁 11。

資產階級學者會用卑劣、狡猾的方法，故意的曲解或附會馬克思主義，用以欺騙忠實的民眾。我們的陳先生，居然也學會了這種賢明的政策。但很可惜，要曲解馬克思主義，也須相當的了解馬克司主義才成。我們陳氏，卻沒有歐洲修正派麥倫修旦，或所謂正統派考祖基（其實也只是叛教徒）等的能力，於是便明明白白的暴露出他的粗惡的附會了。〔註31〕

綜上所述，許乃昌於此討論了幾個議題：馬克思主義的進程、中國的時局、資本主義與國民革命，也批判陳逢源其人。他認為中國正處於封建瓦解，帝國主義入侵，資本主義不得伸展空間時代，是一種畸型的「帝國主義時代中間制度」，已經不適合走資本主義，縱使走上階級聯合的國民革命路線，終將化為烏有。然而改造中國的過程中，國民革命也是其中一環：先以國民革命打倒帝國主義，之後國內的勞動階級再聯合全世界的無產者打倒資產階級與資本主義，最終建立勞動階級的政府，以此政府推動計畫經濟、發展實業。

小結

陳逢源據其理解的馬克思學說指出，社會經濟進步是漸漸演化、不可跳躍的，處於封建時代的中國，宜先發展民族資本主義，對外對抗外國資本，對內發展民族工商業，造成工商勃興、經濟繁榮，即有資金募兵練軍，打倒軍閥。另一方面，中國不宜走俄羅斯式的共產革命，因為中國資本主義不發達，國民缺乏奉公精神與經營大組織能力，且中國地理位置相對容易受敵，列強侵略摧殘已然深久。

另一方面，許乃昌引馬克思主義的德文與自譯，抨擊陳逢源對馬克思主義的理解錯誤，並提出左翼改造中國的策略。他指出馬克思認為社會可經過一種突變而走向生產條件改變，走向民族資本主義乃非必要，可直接進入共產革命。中國正因為處於受外國資本主義侵略的封建社會，故成為一種「帝國主義時代中間制度」的畸型社會型態，是走向共產主義的過渡期。他也指出，自私資本家成立的股份公司，本身就並非奉公的存在，有害無益，因此中國不能套用日本的維新，也不能複製蘇聯的制度，唯一的出路，就是尋求階級合作的國民革命打倒帝國主義，之後與全世界無產者合作，走向共產的勝利。

〔註31〕許乃昌，〈駁陳逢源氏的中國改造論（一）～（三）〉，頁10～11。

雙方的論點針鋒相對，內容也與上一章所示廣州的左右翼之爭雷同，應是與兩人的中國背景相關：陳逢源是與中國有商業往來的實業家，人脈多為資產階級與右翼人士；翁澤生則屬左翼上大派，遵奉世界共產革命理念，文章與陳逢源針鋒相對乃至出現情緒性強烈字辭，使原本「沒工夫論起」的陳逢源，在之後以 10 連載的文章來細細論起，強烈連結中國背景的兩個人，以中國的改造為筆戰客體，讓左右翼之爭戰火在海峽兩岸延燒。

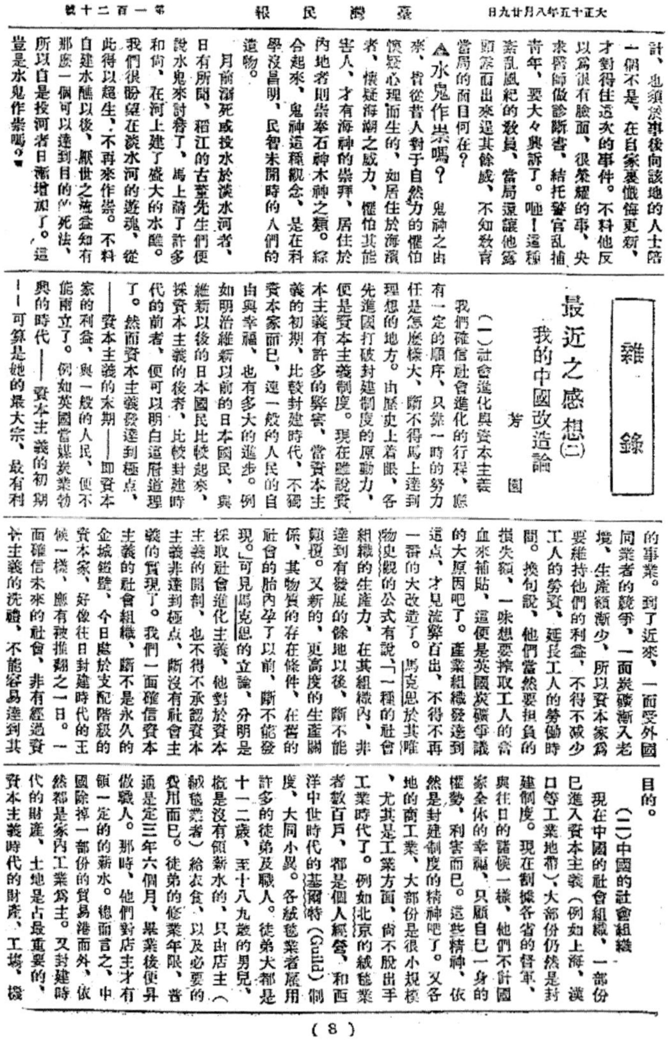
大正十五年八月廿九日　臺灣民報　第一百二十號

計、也須於事後向該地的人士陪一個不是、在自家裏懺悔更新、才對得住這次的事件。不料他反以爲很有臉面、很榮耀的事、央求醫師做診斷書、結托警官亂捕青年、要大々興訴了。咃！這種紊乱風紀的教員、當局還讓他露頭露面出來逞其餘威、不知教育當局的面目何在？

▲水鬼作祟嗎？　鬼神之由來、皆從昔人對于自然力的懼怕懷疑心理而生的、如居住於海濱者、懷疑海湖之威力、懼怕其能害人、才有海神的崇拜、居住於內地者則崇奉石神木神之類。綜合起來、鬼神這種觀念、是在科學沒昌明、民智未開時的人們的遺物。

月前溺死或投水於淡水河者、日有所聞、稻江的古董先生們便說水鬼來討替了、馬上請了許多和尚、在河上建了盛大的水醮。我們很盼望在淡水河的遊魂、從此得以超生、不再來作祟。不料自建水醮以後、厭世之流益知有那麼一個可以達到目的的死法、所以自是投河者日漸增加了。這豈是水鬼作祟嗎？■

雜錄

最近之感想(二)

我的中國改造論

芳園

(一)社會進化與資本主義

我們確信社會進化的行程、應有一定的順序、只靠一時的努力任是怎麼樣大、斷不得馬上達到理想的地方。由歷史上着眼、各先進國打破封建制度的原動力、便是資本主義制度。現在雖說資本主義有許多的弊害、當資本主義的初期、比較封建時代、不獨資本家而已、連一般的人民的自由與幸福、也有多大的進步。例如明治維新以前的日本國民、與維新以後的日本國民比較起來、採資本主義的後者、比較封建時代的前者、便可以明白這層道理了。然而資本主義發達到極点、——資本主義的末期——即資本家的利益、與一般的人民、便不能兩立了。例如英國當媒炭業物興的時代——資本主義的初期——可算是她的最大宗、最有利的事業。到了近來、一面受外國同業者的競爭、一面炭礦漸入老境、生產額漸少、所以資本家爲要維持他們的利益、不得不減少工人的勞資、延長工人的勞働時間。換句說、他們當然要担負的損失額、一味想要搾取工人的膏血來補貼、這便是英國炭礦爭議的大原因吧了。產業組織發達到這点、才見流弊百出、不得不再一番的大改造了。馬克思於其唯物史觀的公式有說「一種的社會組織的生產力、在其組織內、非達到有發展的餘地以後、斷不能顛覆。又新的、更高度的生產關係、其物質的存在條件、在舊的社會的胎內孕了以前、斷不能發現。」可見馬克思的立論、分明是採取社會進化主義、他對於資本主義的開制、也不得不承認資本主義非達到極点、斷沒有社會主義的實現了。我們一面確信資本主義的社會組織、斷不是永久的金城鐵壁、今日處於支配階級的資本家、好像往日封建時代的王候一樣、應有被推翻之一日。一面確信未來的社會、非有經過資本主義的洗禮、不能容易達到其目的。

(二)中國的社會組織

現在中國的社會組織、一部份已進入資本主義(例如上海、漢口等工業地帶)、大部份仍然是封建制度。現在割據各省的督軍、與往日的諸候一樣、他們不計國家全体的幸福、只顧自已一身的權勢、利害而已。這些精神、依然是封建制度的精神吧了。又各地的商工業、大部份是很小規模、尤其是工業方面、尚不脫出手工業時代了。例如北京的絨毯業者數百戶、都是個人經營、和西洋中世時代的基爾特(Guild)制度、大同小異。各絨毯業者雇用許多的徒弟及職人。徒弟大都是十一二歲、至十八九歲的男兒、概是沒有領薪水的、只由店主(絨毯業者)給衣食、以及必要的費用而已。徒弟的修業年限、普通是定三年六個月、畢業後便昇做職人。那時、他們對店主才有領一定的的薪水。總而言之、中國除掉一部份的貿易港而外、依然都是家內工業爲主。又封建時代的財產、土地是占最重要的、資本主義時代的財產、工場、機

(8)

圖（23）：陳逢源〈最近之感想（二）我的中國改造論〉刊影〔註 32〕

〔註 32〕《臺灣民報》，第 120 號，1926 年 8 月 29 日，頁 8。

第二節 「中國改造論」論戰激化

　　本節將介紹陳逢源對許乃昌論述的再回應，以及中間蔡孝乾的加入，直到最後許乃昌的結辯。這些文章包括陳逢源從 1926 年 11 月到 1927 年 1 月間，在《臺灣民報》刊載的〈答許乃昌氏的駁中國改造論〉8 篇，以及載於同刊 1926 年 12 月 5 日，蔡孝乾寫的〈駁芳園君的「中國改造論」〉，最後則是 1927 年 1 月底到 2 月初，許乃昌〈給陳逢源氏的公開狀〉上下兩篇。雙方在此更深入探討馬克思主義與中國的改造的路線，乃至後來竟有意氣之爭的強烈語句！

一、陳逢源的再回應：〈答許乃昌氏的駁中國改造論〉

　　許乃昌的文章連載完之次回《臺灣民報》，即有陳逢源之許氏的回應〈答許乃昌氏的駁中國改造論〉。陳逢源雖一開始即坦誠沒有讀完許乃昌全文，但對許乃昌所提的質疑與批評均有一一回應。〔註33〕

　　陳逢源先於文章討論社會的發展，到底是進化式或是跳躍式。他確信，社會進化的行程交匯在現實、傳統主義與國情之下，「將來」必定由「現在」演進而成。陳逢源指稱他的翻譯乃據日本馬克思主義的權威學者河上肇的譯文，他認為馬克思不是「突變」，而是「進化」，經由調合、衝突乃至創新。至於中國的時局，應是處於封建制度崩壞、資本主義萌芽時的階段，宜以打倒軍閥、改正不平等條約為當務之急，如此，才能發展資本、貢獻社會。最後由政府進行平均地權、節制資本的政策，貿然採取餓（俄）國所跑去的路，確信將百害無一利。〔註34〕

　　關於資本主義在中國是否無法發達的議題，陳逢源舉出數據進行論戰。許乃昌於〈駁陳逢源氏的中國改造論〉文章中，舉出 1924 年到 1925 年間，上海華人的紡織廠房由 73 間降到 69 間，而日廠則由 42 間增到 45 間，以此說明華人資本主義受到壓縮。〔註35〕但陳逢源則引大朝駐華記者武內文彬的數據，舉 1891 年到 1925 年的數據，全中國紡織業廠房的總數由 2 間增加到 128 間；1925 年時，華人公司廠房有 55 間，佔 55%，織布機有 10402 部，紡紗量有 1,929,997 綻；日人公司的廠房有 15 間，佔 38%，織布機有 7300 部，

〔註33〕陳逢源，〈答許乃昌氏的駁中國改造論（二）〉，《臺灣民報》，第 131 號，1926 年 11 月 14 日，頁 11。

〔註34〕陳逢源，〈答許乃昌氏的駁中國改造論（一）〉，《臺灣民報》，第 130 號，1926 年 11 月 7 日，頁 11～12。

〔註35〕許乃昌，〈駁陳逢源氏的中國改造論（一）～（三）〉，頁 12。

紡紗量有 1,369,132 綻；英人公司的廠房僅 3 間，織布機有 2616 部，佔 7%。
陳逢源用這些數據來證明中國本土資本主義的發達，並質疑許乃昌的數據不
知從何而來。接著，陳逢源認為從數據上來看，並沒有如許乃昌說的歐戰結
束後，資本主義在中國漸漸恢復的狀況，可見得中國儘管受不平等條約與軍
閥的摧殘，但產業發展成果還是很好。〔註 36〕

　　至於出口商品金額部分，加工品最多，農產出口比例減少，代表著中國
粗製工業漸漸發達，甚至打擊日本的在中國的發展，可見得中國資本主義已
威脅帝國主義。另一方面，歐戰後的帝國主義有其「煩悶」，包括購買力減少、
後進國家的工業化、列強與殖民地都提高關稅保護自己等現象。〔註 37〕

　　這裡的論戰是為了證明中國本土資本主義是否能發展，雙方都在數據上
有一些對自己論點有利的操作：許乃昌僅舉兩年的狀況，華人廠減少 4 間，
日人廠增加 3 間之事實，卻也不說明以往的狀況與容許誤差範圍，於統計代
表性可疑之狀態下，就說中國資本主義發展失敗；陳逢源的數據只舉一年，
並用比例來看中國與外國工廠的多寡，並未能看出動態變化，這點在之後也
被許乃昌批駁。

　　就中國的特別國情方面，陳逢源認為中俄相比，中國無國家資本主義，
也無社會主義發展的空間。他評許氏之論「卻沒有什麼獨自的意見，不過是
遵奉列寧的宣傳，而翻譯俄國的社會革命的方式而已，看起來很徹底，只是要
反外國帝國主義，以及反國內資本主義而已，但在事實上很難成功」。〔註 38〕
陳逢源指出，行共產主義會招來列強團結圍攻，就算無產階級團結也沒用，因
列強國內治下的無產階級也沒革命成功，更無力幫忙外國，僅有俄國幫助也
並不濟事。另一方面，對帝國主義國家的無產階級而言，侵略也可使其獲利，
故國內不太會傾左，更何況去幫助中國反帝國主義與自己的國家？當下民
族、階級兩者之間輕重如何，亦難下斷言，因此與其走階級鬥爭，不如在資
本主義體系下，利用列強矛盾謀自身權益，至於若要走共產制度，須待強國
赤化後，再樹赤旗。〔註 39〕

〔註 36〕 陳逢源，〈答許乃昌氏的駁中國改造論（二）〉，頁 12。
〔註 37〕 陳逢源，〈答許乃昌氏的駁中國改造論（三）〉，《臺灣民報》，第 132 號，1926
　　　　年 11 月 21 日，頁 10～11。
〔註 38〕 陳逢源，〈答許乃昌氏的駁中國改造論（四）〉，《臺灣民報》，第 133 號，1926
　　　　年 11 月 28 日，頁 11～12，引用語出自第 11 頁。
〔註 39〕 陳逢源，〈答許乃昌氏的駁中國改造論（四）〉，《臺灣民報》，第 133 號，1926
　　　　年 11 月 28 日，頁 11～12。

陳逢源接著論述俄國的狀況。他指出俄國革命時，並非強調實行共產制度，而是平分土地，因此革命成功後，俄國也僅實行土地分配農民，主要工業國有、貿易管理等措施。儘管一開始有實行共產制度的政策，但隨後列寧也走修正主義，承認農民自由貿易。陳逢源引布哈林的說法：農民對小交易有興味…他們贊成布爾什維克、階級獨裁，反對共產經濟、政黨獨裁，俄共政府雖有托洛斯基一派主張不與農民妥協，但仍有史達林一派實際主義者，他們為避免政治讓步，漸向經濟讓步。〔註40〕

另一方面，工業落後之國無產可共，何論「共產」？根據馬克主義而演繹出來的列寧主義，有項最重要的特色：不論資本主義成熟度如何，都可以拿暴力推翻，形成蘇俄共產黨的標語：「不投降便打倒」。〔註41〕蘇維埃的無產專政，說到底其實是共產黨員的獨裁，是一黨專政；但真正的無產階級專政，是以多治少，簡直是德模克拉西（民主）而非獨裁。蘇聯當今的狀況，是不擇手段的恐怖政治以及特務政治，言論不自由；羅曼羅蘭評蘇聯的建國放棄了人道、自由、真理，依然保有軍國主義、警察權和殘忍的暴力，共產主義只是獨裁政治的手段，不能認為是神聖的東西。為達目的不擇手段，斷不是真理，僅能達到不完全狀態，無法長久。陳逢源認為：蘇聯的建立「只有政治革命事實，沒有社會革命的內容。」他也斷定，現在的俄國，不是什麼無產階級理想的天國。〔註42〕

重新回到馬克思主義的論點，陳逢源指出，馬克思的論點自相矛盾，進化、革命兼有之。其在《唯物史觀》、《資本論》兩書中，即主張進化主義，認為不能跳過自然的發展階段，亦不能拿立法來排除，但能縮短或緩和其苦惱的生產期。然而在《共產黨宣言》一文，馬克思則是採用革命主義：共產主義者公開宣言他們的目的，只有靠強力顛覆一切現在的秩序才會達到。至於剩餘價值學說，是都會經濟學，並非以農村為客體，農人和工人不一定能等一劃為無產者，且都市常常壓榨農村，工、農之間也頗有矛盾。

至於中國能否共產？陳逢源分幾個層面探討。在民族性上，陳氏認為華人重現實功利，俄人則是極端狂信；就國情來看，中國應該適用三民主義，

〔註40〕陳逢源，〈答許乃昌氏的駁中國改造論（五）〉，頁9。

〔註41〕陳逢源，〈答許乃昌氏的駁中國改造論（五）〉，《臺灣民報》，第135號，1926年12月12日，頁8。

〔註42〕陳逢源，〈答許乃昌氏的駁中國改造論（五）〉，頁9。

不能招抄美國的勞工資本家化或蘇聯的共產革命路線。至於組織方面，中國雖然無產者眾多，但加入工會者相對比例頗少，團隊難以濟事，且中國的無產者大多是想當小資本家的農民，並不信仰土地國有的共產制度。另一方面，是中國無產可共，而且國家指導者與一般民眾都訓練不足，無法有能力運作大組織。〔註43〕

陳逢源提出當務之急，應該先打倒軍閥、推翻列強帝國主義、取消不平等條約、振起漢族意識等，做這些先解放民族的事之後，再解放階級，國民主義應優先於超國家思想的共產主義。蔣介石並非赤化，也不提社會革命，主張統一後由國民會議解決，他的作為有責任、適合現實且不空虛。〔註44〕

陳逢源指出雖然《資本論》讓資本主義被妖魔化，但資本主義初期，資本家的利益合於社會一般利益，是可被期待的。中國不是科學、有組織，有能力經營大規模組織的能力的國家，儘管有如先施、永安等大企業行號，然而經營者都是廣東人；有能力經營大組織者只是廣東人，並非全國，更不可能全國推行共產。蘇聯的共產主義，也漸次向資本主義妥協，故中國宜採行邁向社會主義的資本主義，在資本主義的前提下，為政者宜徹底施行社會政策：限制土地、重課不勞而穫所得、保障勞動者以及集會結社和言語自由、謹防國際或個人資本壟斷。

〈答許乃昌氏的駁中國改造論〉最後做出幾點結論：第一，新的、流行的未必是最好的真理，不一定要跟著潮流走。第二，中國當務之急在於恢復國權、廢除不平等條約、統一國家、打倒軍閥民主主義，同時應該要反對一黨專政。第三，經濟上宜先立足於資本主義，積蓄國家資本，發揮實業家組織力，至於勞動者，可以用團結權（集會結社權），制止國內資本主義過度擴張。陳氏最後總結，他主張的社會政策，不是為了維持資本主義的社會政策，而是要漸漸推移現有制度，進一步說，不論什麼社會組織，都有社會政策的必要。〔註45〕

陳逢源這一系列的文章提及了馬克思學說、中國的國情、資本主義以及蘇聯的狀況。首先，陳逢源指出自己乃翻譯日本馬克思主義學者河上肇之德

〔註43〕 陳逢源，〈答許乃昌氏的駁中國改造論（六）〉，《臺灣民報》，第136號，1926年12月19日，頁11。

〔註44〕 陳逢源，〈答許乃昌氏的駁中國改造論（七）〉，《臺灣民報》，第137號，1926年12月26日，頁11～12。

〔註45〕 陳逢源，〈答許乃昌氏的駁中國改造論（八）〉，《臺灣民報》，第139號，1927年1月9日，頁12～13。

譯日譯文，並指稱馬克思的著作彼此矛盾，他的社會演進理論突變、進化均有之。接著，陳氏認為中國正處於封建崩壞，資本主義萌芽的時期，他舉上海紡織業為例，認為華人的工廠和織布機的數量均有增加，以此推翻許乃昌外國資本主義打壓致中國本土資本主義無法發展的論述。再者，就人的層面來看，一方面中國除了廣東人外，並無經營大組織的能力，也無產可共，更遑論共產，另一方農工之間也有矛盾，未必均能劃一為「無產階級」。

至於中俄國情相較，陳逢源認為中國只能在資本主義體制下，利用列強矛盾謀取自身利益，除非強國也赤化實行共產，否則必定會受列強團結圍攻。另一方面，陳逢源也指稱蘇聯一開始的口號並非共產，而是平分土地，共產是人民所反對的，乃至到後來列寧、史達林也實行修正主義。陳逢源更批評建國後的蘇聯是共產黨一黨專政，已陷入特務政治和獨裁統治，並非真正的無產階級專政，也不是無產階級理想的天堂。

二、蔡孝乾的加入：〈駁芳園君的「中國改造論」〉

陳逢源〈答許乃昌氏的駁中國改造論〉連載期間，蔡孝乾也加入這場論戰，因當時陳逢源的文章尚未連載結束與稿件往返時間耽擱，所以蔡孝乾的文章只是就陳逢源〈我的中國改造論（二）〉一文而寫，不少論點和許乃昌相似。以下介紹蔡孝乾〈駁芳園君的「中國改造論」〉一文。

蔡孝乾批陳逢源「單就中國論中國，而沒注意到國際的情形」，接著論述中國是否為封建。他指出，因為國際資本主義打破封建大家族與農業經濟，所以中國不是像陳逢源說的封建時代。蔡孝乾指出陳逢源的矛盾：一方面陳說中國資本主義受列強摧殘，但另一方面又說中國工商產業蒸蒸日上。事實上，當時工廠多為外人掌握，中國被迫迎接國際資本主義，已不能再走本土資本主義。〔註46〕

蔡孝乾也指出，工商階級是反動者、妥協派，五卅運動時他們不能持久，甚且上海總商會還把 17 條抗議條文刪成 13 條，可見其並無誠意，只有無產勞工堅持到最後。至於中國有沒有經營大組織的資格與能力？蔡氏舉出先施、永安、新新公司都很大，可惜賣的都是外國貨，受制於外人，因此絕不是中國人利己心太強，實乃因受制於外人。

〔註46〕蔡孝乾，〈駁芳園君的「中國改造論」〉，《臺灣民報》，第 134 號，1926 年 12 月 5 日，頁 11。

　　蔡孝乾認為革命的原因不在於「生產力和其榨取階級在政治權力擁護的生產關係之間的衝突。」乃在於生產力與生產關係上，若兩者彼此相容，就會慢慢走向進化；一旦走向不相容，就會發生革命。可見得馬克思主義不是進化的，而是革命的，因此不能走向資本主義，應該讓無產階級團結起來，致力於打倒國際帝國主義。

　　該文接著指出，再極左的人也不主張中國要即刻進入共產，連蘇聯也不是共了產的，他們只是在共產的門口：無產階級專政之路上。這是因為俄羅斯貧困，若是共產革命成功在英國發生，現在英國必是整齊的共產國家；但俄國在 1917 年前後無產階級的痛苦已到極點，發生革命，卻如列寧所認為的，俄羅斯是得了「左派共產主義小兒病」，將會在未來全世界都共產了以後，成為最落後的共產國家。在蔡孝乾眼中，中國的局勢比十月革命時的俄羅斯更壞：帝國主義列強和軍閥的剝削，使得無產階級陷於水火之中，所以更不能走資本主義。〔註47〕

　　接著蔡孝乾歸納自己的重點：一、中國封建已被國際資本主義破壞。二、中國無產階級已向社會主義路線跑去了。三、打倒帝國主義在華勢力，才是工商勃興、股份公司發達的要素。因為中國無法得到發展，累積的財富終究敵不過帝國主義蠶食，是以中國不能走資本主義，重點應放在無產階級解放民族，實現社會主義理想。〔註48〕

　　另一方面，這次論戰的尾聲時，《臺灣民報》還有蔡孝乾〈轉換期的文化運動〉系列文中，挾臺灣左派在文化協會鬥爭勝利之姿，擴大解釋臺灣文化已進入轉換期：

> 最近，自陳芳園君發表「中國改造論」以來，引起了許乃昌君蔡孝乾君等的反駁，資本主義和社會主義的論戰正在劇烈，這也是臺灣思想界轉換期中的特徵之一。〔註49〕

　　蔡孝乾此文將這場討論改造中國的論戰，重新拉回臺灣，聲稱臺灣的思想界已由資本主義轉換到社會主義路線。無論如此發言是否合乎事實，這篇文章重點已不僅在討論事理，兼有氛圍的塑造與為分裂後的新文協背書。

〔註47〕　蔡孝乾，〈駁芳園君的「中國改造論」〉，《臺灣民報》，第 134 號，頁 13。

〔註48〕　蔡孝乾，〈駁芳園君的「中國改造論」〉，《臺灣民報》，第 134 號，頁 12～13。

〔註49〕　蔡孝乾，〈轉換期的文化運動（二）〉，《臺灣民報》，第.143 號，1927 年 2 月 6 日，頁 11。

綜上所述，蔡孝乾的〈駁芳園君的「中國改造論」〉討論了馬克思主義、中國國情、蘇聯的狀況，以及資本主義與共產主義在臺灣的可能。他批評陳逢源並沒有注意到國際局勢，並指出中國被迫迎向「國際資本主義」，已無法再走本土資本主義。和前一章蔡孝乾批判中國反動派的文章相同，他再一次以五卅慘案爲例，指責中國的工商階級是反動、妥協派；另一方面，中國有先施、永安等公司，證明中國人絕非是利己心太強而無法經營大組織，實乃因爲受制於外人而無法發展、累積更多資本。

〈駁芳園君的「中國改造論」〉一文在馬克思主義上的立場，和許乃昌較雷同，認爲社會進化到一定程度，會產生生產力與生產體制的不相容，乃至發生革命。但蔡孝乾也指出因爲中國的局勢比十月革命的俄羅斯還要險惡，連蘇聯都患了「左派共產主義小兒病」而不共產，僅走在無產階級專政的路上，所以中國不應該馬上進入共產，更不應該走資本主義，應該聚焦在無產階級解放民族，以實現社會主義理想。

在中國能否行共產方面，蔡孝乾駁斥中國應該馬上走向共產的說法。他提到俄羅斯因爲經濟貧困不得已而發起革命，並未備齊實行共產的條件，故沒有完全實行共產，而中國的貧困險境更甚於俄羅斯，所以無產階級應該要團結起來，打倒帝國主義與軍閥，走向社會主義。

從蔡孝乾的文章來看，其對馬克思主義的理解不若許乃昌與陳逢源，甚至也製造了與許氏不同的論點。例如對於中國人有沒有能力經營大組織、有沒有公義精神這些議題，陳逢源認爲中國人只有廣東人有這項能力，但可漸漸發展、培養於其他人；許乃昌則認爲股份公司本身即爲資本主義下無公義可言的原罪產物，本土資產階級自私無公義心可言，有奉公精神也不願去經營，終將只是受帝國主義支配經營且不敢反抗；蔡孝乾則強調中國公司非利己心太強，實乃受制於外人，所以賣的都是外國貨，未若許乃昌對中國本土資產家、資本主義者有強烈的敵對打倒意識。

儘管蔡孝乾與許乃昌均認同中國不應走資本主義，也不宜走蘇聯的路線，但蔡孝乾對共產主義的堅持沒有許乃昌強烈，保留空間也較大。從兩個人的脈絡來看，許乃昌、蔡孝乾均是上大派的，但許乃昌此時在東京研究社會主義學說，漸接近日共系統，服膺極左傾的福本主義；蔡孝乾則在實務界運作社會主義運動，接近中共一派，講求發展中國特色的社會主義，也形成了同爲左翼的許、蔡兩人之歧異。

蔡孝乾的介入在陳逢源、許乃昌雙方的論戰間，並未發揮任何顯著作用：
對許乃昌沒有特別的助攻功能，陳逢源也並未將之放在眼裡，故對於蔡孝乾
該文如此回應：

> 近日蔡孝乾氏的反駁，大抵與許氏同樣，沒有再答辯的必要。但氏
> 對馬克思所說的生產關係與生產力的衝突的理解，似乎不能透徹，
> 我也沒工夫再作議論了。〔註50〕

三、許乃昌的結辯：〈給陳逢源氏的公開狀〉

這一系列中國改造論論戰，結束於許乃昌〈給陳逢源氏的公開狀〉上下
兩篇，於 1927 年 1 月 30 日與 2 月 6 日刊載於《臺灣民報》。許乃昌在這兩篇
文章用更強烈的字詞表達其理念，從標題來看，批判的對象也由陳逢源的「中
國改造論」，轉為「陳逢源」本人。以下介紹、分析〈給陳逢源氏的公開狀〉
內容。

在〈給陳逢源氏的公開狀（上）〉一文，許乃昌指稱陳逢源「站在有產者
的階級意識上，在有產者的利益上…是資本主義萬歲論」、「你為有產階級辯
護，我為無產階級」，也認為陳逢源的回應「不能啟我的蒙，充滿錯誤、曲解、
無批評的非難、文不對題的攻擊。」〔註51〕許乃昌指出當時對唯物史觀有很
多批評，例如福田德三、高田保馬、梁啟超、蔡元培等，批評唯物史觀是倒
敘史觀、經濟史觀、宿命論、物質萬能現實主義等，他認為：「全是文不對題
的批評，未免太無聊」。

接著，許乃昌指陳被陳逢源引文的作者河上肇認為馬克思、恩格思一方
面是進化主義，一方面也是革命主義，並沒有矛盾。陳逢源的譯文被訂正後，
便引河上肇的日文來批評許乃昌，但許乃昌他們本來就對河上肇的譯文不滿
意；而且陳逢源不能直接糾正許的原文，不懂原文卻拉別人來當護符，沒有
資格來批評比較。

許乃昌認為，一切進化到定點都會飛躍（sprung），這種飛躍就是突變、
革命過程。至於革命，特別是社會革命一項，就包含政治革命、經濟革命與
意識革命三者。河上肇把政治革命與社會革命分開，以為社會革命是進化主

〔註50〕 陳逢源，〈答許乃昌氏的駁中國改造論（八）〉，頁 13。
〔註51〕 許乃昌，〈給陳逢源氏的公開狀（上）〉，《臺灣民報》，第 142 號，（1927 年 1
月 30 日），頁 11～12。

義，而政治革命是革命主義，這是一種誤解。許氏引用馬克司的學說指出，只有在沒有階級、也沒有階級對立事物的秩序，社會進化才不會是政治革命。〔註52〕

　　許乃昌也回應他引用工廠數量的資料來源是《通俗財政經濟大系》第22篇〈支那經濟の見方〉，他想爭論的不是一年的靜態，而是年年的動態。許氏寫道：「而在華邦人（日本人），進行增錘計畫，或買收英人、華人紡績等，把英、華人紡績公司的不況視之度外，表示著實得的活躍」。以此說明，華人、英人的紡織產業利益，都漸漸流向日商。〔註53〕

　　許乃昌指出，他在莫斯科住過一年，懂的一定比抄襲資本家御用出版品文章之人還多；至於陳逢源說的無產可共、官僚式、共黨獨裁、不投降便打倒……這些都是抄來的造謠、中傷、荒謬、混朦事實，不必反駁。接著許乃昌引孫文說過的話，證明孫文也認為俄國與列強相反，是用和平政策抑強扶弱、主持公道，以公理撲滅強權的國家，並表示願意日後再細說俄國。

　　接著許乃昌用更強烈的筆法直接攻擊陳逢源，如下：

> 你前三段的文章，因為未見我的全文，所以免不了說些不關痛癢的話，這我很以為諒。而待期（期待）你的後文。是寫後文時，雖然已經讀了我的全文，而所說的話，句句還是「文不對題」——確實是下筆千言，離題萬里，開口也是反共產、合口也是反共產，以外還有什麼東西？我有沒有說馬上就要樹起共產主義的旗號，這請大家再讀我的文章就好了，可以不必多說。你故意拿出一個「共產」來做對像（象），而大鬧特鬧之，這實在未免太無聊了。

> 可是這也「不是你的發明」原來都是學上海所謂國家主義派（其實是外國帝國主義和軍閥的走狗）的機關紙醒獅獨立青年雜誌等的而已。…你自然也是步他們的後塵的了。〔註54〕

　　許乃昌引瞿秋白的文章，說中國這些右派人士一定知道中國共產黨主張的究竟是什麼，也一定知道中共不曾主張明日就要中國社會實現共產制度。

〔註52〕許乃昌，〈給陳逢源氏的公開狀（上）〉，頁12。
〔註53〕許乃昌，〈給陳逢源氏的公開狀（下）〉，《臺灣民報》，第143號，（1927年2月6日），頁11。
〔註54〕許乃昌，〈給陳逢源氏的公開狀（下）〉，《臺灣民報》，第143號，頁12。

這些批判者站在右派、國家主義派的立場，故意一口咬定共產主義便是如何如何，比方：「共產適足以召共管」、「中共主義不適用在中國」、「中共在抄俄國的老文章」、「不投降便打倒」、「勞農專政是寡頭政治」等論點，再信口造謠胡說來中傷。如果中國這種落後國家都實現共產了，帝國主義當然早就已經不存在，又何來共管？

許乃昌接著繼續強烈回應陳逢源：

> 你說：所謂列寧主義的特色：（一）不論成熟資本主義程度如何（二）都可以拿暴力推倒。這又是你所造的謠言（或者又是抄別人的），完全沒有絲毫的研究的態度。請問你，列寧和真正的列寧主義者，在何處唱過這種主張？天下雖廣，列寧主義者雖多，我能夠斷定沒有一個說過這種話的。你若能夠根據事實指出來，我投太平洋而死！

> 你好像很痛恨「翻譯外國學說」，這實在又是更進一步了。公益會、崇聖會等的國粹先生一定會歡喜地來拱手向你道謝，台灣的衛道者流之中，又加了一個新戰將了。可是我們看起來，卻怕的是誤譯亂譯（像你的經濟學批評的序文的譯文和你的馬克司主義論），絕不怕好的翻譯。自己沒有研究理解，輕輕把別人的主張用翻譯兩字來否認，這便是那些舊支配階級的惡劣的慣用手段，他們不懂歷史的進化，只是想要維持於他們自己有利的舊制度，然而戰不勝新思想，於是不得不採取這種無聊的手段。〔註55〕

最後許乃昌解釋，民報社要求快快結束這次論爭，所以只能等必要時再出來相陪，他願意像馬克思一樣，接受科學的批評，而非輿論的偏見，「我們要趕快行我們的路呀！妄言多罪。」〔註56〕

綜上所述，許乃昌這兩篇文章攻擊對象是陳逢源以及右傾人士，他以右翼有心人士之「非難、錯誤、曲解」這些詞來處理陳逢源所揭示之共產主義內容，也一再重申可以多閱讀許乃昌自己的作品。另一方面，許乃昌也認為他沒有把話說完，只因為臺灣民報社希望結束這場論戰，所以在日後有機會，他願意詳細說明蘇聯的狀況與共產主義。如同蔡孝乾，許乃昌重申他們並不主張立即在中國實行共產，也稱列寧主義者並沒有「不論資本主義到什麼程度，都可以用暴力推倒」這種論述。

〔註55〕 許乃昌，〈給陳逢源氏的公開狀（下）〉，《臺灣民報》，第143號，頁12～13。
〔註56〕 許乃昌，〈給陳逢源氏的公開狀（下）〉，《臺灣民報》，第143號，頁14。

這兩篇結辯文的火藥味十足，有不少情緒字眼與被遮斷的字詞（報上以「xx」表示），論述客體也由對事轉爲對人，例如之前的許、蔡、陳的標題都是〈駁……論〉，這兩篇的標題卻是〈給……氏的公開狀〉。許乃昌直接、間接指控陳逢源「資本主義走狗、離題萬里、大鬧特鬧、帝國主義和軍閥的走狗、誤譯亂譯、手段無聊、抄人文章」，並說陳氏對馬克思的理解是「曲解、錯誤、不實指控、信口造謠胡說」，馬克思學說、改造中國方向之辯，至此已成爲意氣之爭。

小結

這一節介紹、分析陳逢源〈答許乃昌氏的駁中國改造論〉系列文、蔡孝乾〈駁芳園君的「中國改造論」〉，以及最後許乃昌的〈給陳逢源氏的公開狀〉上下兩篇，這些文章主要以中國爲客體，討論時局、資本主義可行性、蘇聯的狀況、馬克思主義的內涵。陳逢源與許乃昌、蔡孝乾雙方各自站在不同的立基點，討論勢必沒有交集，乃至最後陷於意氣之爭。

陳逢源堅持中國處於資本主義的初期，民族產業也日趨興盛，帝國主義者在中國的發展空間已受壓縮，蔣介石、汪兆銘等也不主張走共產主義。另一方面，陳逢源認爲馬克思主義是「進化論」，必須透過資本主義的洗練，讓中國人能有經營大組織的能力和奉公精神，政府再進行節制資本，即可達致三民主義理想的社會。許乃昌與蔡孝乾則主張帝國主義的壓制使本土資本家淪爲其工具，而無法發展本土資本主義，因此中國應該如馬克思主義提倡的「跳躍論」，走向無產階級革命，打到帝國主義及其一切追隨者，建立勞農無產階級專政的政府，待國際時機成熟了，自然可走向共產主義。

這樣的論戰出現在中國左右派走向對立、藉北伐之機各圖發展的時期，也是臺灣文化協會左右分裂的關鍵時期。風靡世界的共產紅潮，強烈襲捲於臺灣、中國、日本之間，連帶出三地的牽引：來自中國的三民主義與中國共產黨理念、來自日本的福本主義與山川主義，均交匯於《臺灣民報》。對陳逢源、許乃昌與蔡孝乾三人而言，他們都在透過探討中國出路的過程中，尋找臺灣掙脫帝國主義桎梏、發展民族自決的各種可能，形成兩種互相對立的不同正義，最後各自邁出不同的行動腳步。

昭和二年二月六日　臺灣民報　第一百四十三號

一種絕妙的政策。但是從大多數的農民看起來、實在是迫農民於水火之中的〇〇政策。這樣、在文明的(?)法律保障之下、竟公々然々施行共强〇式的掠奪。農民呻冤叫苦的記錄、時常見於民報。可憐的農民、因爲饑餓所迫、拚命爭鬪。他們爲持久的有組織的爭鬪起見、急々組織農民組合。臺灣農民組合、便是在這種情形之下得了長足的發展的。

其他、如竹林爭議、如大湖的小作爭議等、都是臺灣農民受着經濟上的威脅而至開始爭鬪的表現。

在工人方面、如最近臺北基隆之機械工會的成立。臺灣的工業不甚發達、所以沒有廣大的工人群衆。然而工人階級也己漸々覺醒、曉得組織團体了。

在青年方面、如臺北彰化苑裡等地的青年讀會的組織、如基隆平民俱樂部的成立、如臺灣無產青年會的成立。

在婦女方面、如小姐式的彰化婦女共勵會的解体、以至嘉義婦女協進會的成立、婦女運動才步入正軌。昨年來、基隆新竹中壢、沙止還帶大甲嘉義等地的婦女問題講演會的開催、都足以證明臺灣婦女的覺醒。

其次、如去年六月十七日臺北所發生的『六一七案』、如嘉義的某疑獄事件、宜蘭的某疑獄事件、如鳳山農民組合的疑獄事件等、都是臺灣青年的熱々的〇抗精神的表現、在臺灣求解放運動史上是値得特書的記錄。

總之、無論在農民、在工人、在青年、在婦女、都漸々覺醒起來。由這覺醒所發露的民衆的要求以至開始爭鬪了！這些形勢的總和、都足以證明臺灣的思想界己入轉換期了。

最近、自陳芳園君發表「中國改造論」以來、引起了許乃昌君蔡孝乾君等的反駁、資本主義和社會主義的論戰正在劇烈。這也是臺灣思想界轉換期中的特徵之一。

在這種形勢之下、思想團体的臺灣文化協會實行改組、在臺灣的解放運動上、(雖是一個小過程)是頗有意義的。退一步說、假使臺灣文化協會依然故舊、沒有實行改組、那恐怕要陷於熄滅呢、這並不是過火的話。此次實行改組、在來佔在反對或不滿文協的青年勇躍加入爲會員、參加此次的改組。這可以說是文化協會的展開的一要素。

在此次的改組、制定了綱領及要目、通過了委員制、除非他不是帝國主義者、眼光稍些放大的人、大概是不反對的。有了思想界的轉換、才促成了文化協會的有意義的改組、同時有了文化協會的改組、才證明了臺灣思想界的有意義的轉換。

（一月二十二日未完）、

給陳逢源氏的公開狀

（下）

許乃昌

關於中國資本主義的發達問題、你費了不小的氣力、想要來否認我的話。可是你的這種企圖、又是沒有成功了。你說「許氏的統計表的數字、不知道由何處抄出來、其確實的程度我却有多小的疑問」哈々、你用這幾句話想要來中傷我們、其實這不過是表示你自己眼界不廣而已。我那個統計表、是你心目中的中國教主——中國資本家的一團体、華商紗廠聯合會之報告。你若有疑問、儘可以去向該會抗議就是了。至於你所引用的統計表和所說的那些話、我却很知道其來源。那完全是根據通俗財政經濟大系第二十二編「支那經濟の見方」一書來的。可是你用那些數字、就能够駁到我的話麽？不成不成。爲什麽不成？ 我和你所爭論的不是現在的靜態、而是其年々的趨勢。因此我們應當把中國和外國的年々的增減比較起來才對。所以你抄出來的那些數字、簡直沒有糸毫的用處。不但如此、在那本書中、有一段話、反能証實我的話、我又要把這段話抄出來給你：

……中國人紡績也是站在苦境。在此中間、獨自活潑々地、表現着隆々昇天之勢的是在華邦人(日本人)紡績、或進行新設增錘的計畫、或買收英華人紡績等々、形成隱然的勢力、把英華人紡績公司的不況視之度外、表示着獨得的活躍。

這是你抄統計的那本書的第三八

（11）

圖（24）：許乃昌〈給陳逢源氏的公開狀〉刊影〔註57〕

〔註57〕《臺灣民報》，第143號，(1927年2月6日)，頁11。

第三節　〈中國改造論〉論戰的影響與相關研究探討

　　陳逢源與許乃昌的論戰如火如荼之際，正是中國、臺灣、日本左翼積極活動的時代：日本共產黨重建；中共隨著北伐擴大勢力，最終引發清黨與寧漢分裂；臺灣左翼人士掌握了臺灣文化協會，積極展開農工運動，是爲「新文協」，使活動力與影響力更甚於前。本節將視角再拉回臺灣，透過蔡孝乾〈轉換期的文化運動〉系列文章來看這場在臺灣、大陸兩地延燒的左右派論戰具體動向，藉此一探中國改造論論戰發生的期間，臺灣文化協會左右分裂的過程，並探討這場論戰的先行研究，最後以 SM 生〈中國統一運動〉一文綜合、總結這場論戰。

一、論戰尾聲與文協分裂──蔡孝乾〈轉換期的文化運動〉介紹

　　本段介紹 1927 年臺灣文化協會分裂、重組的過程，並以蔡孝乾〈轉換期的文化運動〉系列文來看左右決裂後的臺灣文化協會，如何在《臺灣民報》被呈現。

　　臺灣文化協會的分裂種種，當事人葉榮鐘《日據下台灣政治社會運動史》一書的說法極具參考價值。葉榮鐘指出，文化協會的分裂早有開端，如 1926 年 6 月 17 日即發生臺北無產青年的家宅被搜出《始政紀念日宣言書》，內容提到：「資本家即榨取膏血的群盜首領，敵人既已認清，請諸君速站起開火攻擊。」〔註 58〕意味著臺灣左翼人士已將本土資本家視爲敵人，並準備有積極作爲。1926 年 10 月 17 日，臺灣文化協會在新竹開第 6 次年會，通過修改組織章程的議案，導致林獻堂、蔣渭水、蔡培火等人的總理制本部案，與連溫卿等人主張的委員長制案進行對決。

　　1927 年 1 月 2 日，在榮町東華名產會社召開臺灣文化協會的臨時理事會，林獻堂致詞完畢後，蔡培火提議先審本部案，但思想已左傾的蔣渭水則提出要先進行連案、本部案孰先孰後的表決，結果推翻了蔡培火的提議；再經過蔣渭水的一些操作，導致蔡培火與陳逢源退出會議旁聽以示抗議，卻不受蔣渭水理會，乃至最後形成以連案爲底本、蔣案爲修正的結果，蔣渭水支持的總理制也被推翻。次日，在臺中市公會堂舉行臺灣文化協會臨時大會，選舉中央委員，非左翼人士僅蔡培火、林獻堂兩人，然最後均直接、間接退出該

　　　　　　　　　　　　　　　　　　　　　　　

〔註 58〕葉榮鐘，《日據下台灣政治社會運動史（下）》，（臺中：晨星，2000），頁 382
　　　　～383。

會，臺灣文化協會乃由民族文化啓蒙組織，轉爲以階級鬥爭爲務的無產階級團體。〔註59〕

此時，中國改造論論戰依然正在進行中，在許乃昌發表〈給陳逢源氏的公開狀（上）〉一文時，臺灣文化協會的分裂已成定局，陳逢源與蔡培火拂袖離去新文協尚未滿一個月。與許氏文章載於同一期的《臺灣民報》「論壇」欄位，尚有蔡孝乾〈轉換期的文化運動〉系列文，自 1927 年 1 月 30 日起連載三期，直到同年 2 月 13 日結束。儘管〈轉換期的文化運動（三）〉文末有「未完」二字，但在之後並未再看到同標題的文章，下一期的論壇欄位接著是張月澄鼓吹無產階級婦女要聯合、支援無產階級男子社會革命的文章，以及 SM 生〈中國統一運動〉一文。

蔡孝乾〈轉換期的文化運動〉三篇文章分別以「文化協會的改組」、「思想界的轉換期和文協的改組」、「展開嗎？分裂嗎？」爲題，茲介紹於下。

第一篇介紹文協改組的文章中，蔡孝乾指出文化協會已經由 1 月 2、3 日的改組，讓該會進入文化運動、解放運動的第二期，成爲不散漫的文化協會。改組後新文協具有以下特點：

第一，宗旨將從原本由「有閒階級、智識階級」佔有、包辦的文化，解放爲大多數流汗苦力的大眾文化，讓新的文化協會接近大多數農工婦女群眾，與他們發生關係，糾合這些大眾參加文化運動，領導他們參與臺灣的解放運動。〔註60〕

第二，新文協採用委員制，而非右派主張的理事制，也證明右派的方針錯誤。

第三，新文協有嚴密的組織，改善了舊文協散漫、少數人壟斷活動等問題。新的組織是本部與支部、特別支部二級制，支部則是分部的聯合體；最高的機構是由 5 名會員選 1 位爲代表的全島代表大會，大會代表不能無故缺席。

第四，有配合正確綱領的嚴整紀律，以實現團體的完整發展，否則只會歸於流俗與散漫。

最後，有中央統一、統制的財政，組織才得以運轉。〔註61〕

〔註59〕葉榮鐘，《日據下台灣政治社會運動史（下）》，頁 384～385。

〔註60〕蔡孝乾，〈轉換期的文化運動（一）〉，《臺灣民報》，第 142 號，1927 年 1 月 30 日，頁 8。

〔註61〕蔡孝乾，〈轉換期的文化運動（一）〉，《臺灣民報》，第 142 號，頁 9。

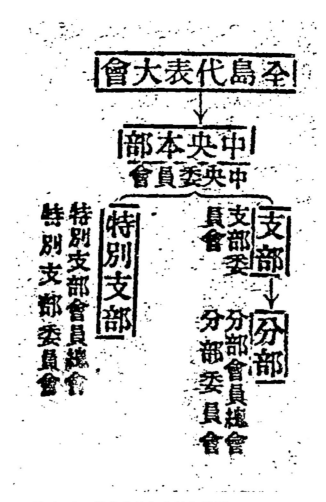

圖（25）：蔡孝乾的新文協組織圖〔註62〕

於《臺灣民報》「論壇」欄位，許乃昌〈給陳逢源氏的公開狀（下）〉一文之前的版面，蔡孝乾繼續發表其〈轉換期的文化運動（二）〉一文，論證臺灣思想界已進入轉換期。他指出正當世界思潮已邁入日上三竿的時期了，思想落後的臺灣還在轉換期，已嫌太晚。蔡孝乾指出《臺灣青年》發刊的時代，是臺灣思想的黎明期，讓原先隸屬於統治者的思想得以打破，重新發現「臺灣人的臺灣」，該刊對統治者的怒吼與御用紳士的攻擊很有意義；然而，臺灣經濟界在戰後經濟恐慌與關東大地震後，已陷於顛危，也動搖了臺灣的思想界。蔡孝乾舉出員林芭蕉爭議、二林蔗農爭議、退休官員土地爭議、竹林爭議和大湖小作爭議等案例，來說明資本家與殖民統治者對臺灣農工的剝削，

〔註62〕 《臺灣民報》，第142號，1927年1月30日，頁9。

以及法律代表的生產關係與生產力之間的矛盾，還有農工階級的不滿與活動。接著該文也以各地農民組合、機械工會、青年讀書會、無產青年會以及婦女協進會的成立，以及他們熱烈的各項宣傳、反抗活動為例，說明臺灣民眾已覺醒並開始鬥爭了。〔註63〕

蔡孝乾接著以「中國改造論論戰」為例，宣稱臺灣確實已進入思想轉換期，並認為此時局下的文化協會改組是很有意義的。這次的改組，讓很多原先不滿文協的青年踴躍加入，除非是帝國主義者，否則不會有人反對文協的新綱領。最後，蔡孝乾說明文協改組和思想界轉換的關係：

> 有了思想界的轉換，才促成了文化協會的有意義的改組；同時有了
>
> 文化協會的改組，才證明了臺灣思想界的有意義的轉換。〔註64〕

中國改造論論戰結束的次週，蔡孝乾於《臺灣民報》發表〈轉換期的文化運動（三）〉，意圖緩解文協分裂後新文協面對的壓力。蔡孝乾指出文協內部本來就有左右派的陣營，但文協這次的分裂並非如同御用新聞所述，是感情的、私情的分裂，而是帶著理論鬥爭色彩，解放運動中必然的變化。因此，無論是歐洲的左右派、中國的國民黨，還是日本的勞働農民黨都有分裂，但分裂的結果都是為促進解放運動而展開的；事情不能只抽一部分來觀察，要從全體的觀察來看，才能得到正確的理解。

蔡孝乾提到，文協的分裂在膽怯的人眼中，是一種不良現象，但儘管新文協確實少了幾位右派幹部的活動力，卻能讓不滿文協的進步民眾，包括大部分留中學生、部分留日學生和島內進步成員的加入。儘管新文協目前尚在準備期，但在「實現大眾文化」與嚴整的組織、紀律等條件下，新文協必定能充分開展，是臺灣解放運動的一個進步現象。另一方面，舊文協是由少數幹部包辦的專制組織，除了這此幹部，大多數人沒有活動，但新文協能得到大多數會員的協力，所以不必擔憂。〔註65〕

接著蔡孝乾指出，文協舊幹部還是得積極從事其他事情，若從解放運動的過程來看，這些人也是「共同戰線」的同胞，只是理論和步調不同而已。這種差別在支配階級與民族解放運動陣營都會發生，如日本內部有政友會、

〔註63〕 蔡孝乾，〈轉換期的文化運動（二）〉，《臺灣民報》，第143號，1926年2月6日，頁10～11。

〔註64〕 蔡孝乾，〈轉換期的文化運動（二）〉，《臺灣民報》，第143號，頁11。

〔註65〕 蔡孝乾，〈轉換期的文化運動（三）〉，《臺灣民報》，第144號，1926年2月13日，頁7。

憲政會、研究會等，以松島事件、機密費事件、怪寫眞事件等裝飾著新聞版面，但卻也都一致對付殖民地與國內無產階級。因此，無產階級縱使發生左右派之爭，卻都是要反抗資本主義的「友軍」；文協的分裂如同支配階級的內鬥，都是必然的過程，反而會促進臺灣解放運動的展開。

蔡孝乾接著以黑格爾正反合論證，強調不能將一切事物看作是靜態、死板的，應該從動態、過程來看，一切事物都是「發生－發達－終熄」的規律變動，文化協會正是如此。所以大正 10 年的舊文協已熄滅，新文協也於昭和 2 年產生，儘管新文協終將熄滅，但那只是邁向一個新階段而發達的過程。

最後，蔡孝乾再一次抨擊「不明時勢」的人們並勸誘之：

> 在這過程中，自任爲指導者的人，須認清社會進化的必然律，須明白時勢的推移，不可以誇張自大，而弄出「捨我其誰」的時勢錯誤的笑話來。時勢是不斷地推移的，能夠明白時勢的推移，而且能夠跟著時勢跑去，才能夠做一個眞正的解放運動的鬥士。〔註66〕

蔡孝乾這些文章顯然極富運動性，主旨在推崇新文協、創造臺灣思想新風向之輿論，以達擴大臺灣左翼勢力、降低文協分裂之負面影響的目的。從組織來看，新文協在左翼操作下，改組爲以社會主義爲核心，具有嚴密的紀律、組織的列寧式政黨社會團體。另一方面，蔡孝乾也寫道臺灣思想風潮向已由民族革命吹向無產階級鬥爭，大多數臺灣社會運動也是如此，故分裂是必然的，宜樂觀文協分裂的發生。另外，蔡孝乾將舊文協幹部納入「共同陣線」，除建立讀者對新文協理智、大度的印象，也對右傾者釋放些許善意甚至勸誘的聲音，留一線人情作爲日後再合作的契機，意圖減緩分裂後新文協面對來自舊勢力的壓力。然若細觀其論，仍極富左翼戰鬥色彩，邏輯也難稱強固。

這幾篇文章雖以臺灣文化協會的改組爲主要論述客體，呈現了新文協的改組意義、組織模式與將來會採取的行動，不屬於「中國改造論論戰」的內容，卻可視爲前揭許乃昌的中國改造論述，在現實臺灣的具體實踐；除此之外，蔡孝乾也將中國改造論論戰視爲臺灣文化協會改組前的思想轉換期必經之路。許乃昌、蔡孝乾的文章均表現了當時臺灣、中國兩地左翼的共同思想與行動方略，《臺灣民報》作爲這些論爭的載體，記錄了那個時代兩岸早期共產勢力的發展，也可以看出在世界無產階級團結的大纛下，兩岸共產黨之間

〔註66〕蔡孝乾，〈轉換期的文化運動（三）〉，《臺灣民報》，第 144 號，頁 8。

行動方針與時機具高度相關性。「中國改造論論戰」對左右兩翼各有不同的意義：縱使對陳逢源而言，眞正關注的重心是在臺灣，不在中國，然而對蔡孝乾、許乃昌等人而言，臺灣和中國一樣，都是世界革命的一環，他們不僅是臺灣的社運人士，更是中國歷史的參與者，對他們而言，中國是他們改變臺灣戰場之一。

二、中國改造論論戰的相關研究與討論

　　以《臺灣民報》爲舞臺的中國改造論戰，已有不少相關研究。本大段將整理、介紹黃俊傑、邱士杰、陳芳明的先行研究，並提出一些看法。

　　黃俊傑認爲「中國」在這篇論戰中，是做爲「想像的他者」被呈現出來的，他也引矢內原忠雄的說法，認爲臺灣的階級革命與民族革命一致，因爲臺灣的資產階級除了少數御用紳士外，絕大多數是日本人；中國則是資本主義和民族主義結合的一派，對抗主張階級革命的左翼。〔註67〕黃俊傑認爲，台灣人當時對中國的了解不夠透徹，只是在資本主義與無產革命路線中拉扯：上海《申報》提出的「有限制的資本主義」、「發展工商」、「打倒帝國主義」與《臺灣民報》相比，更符合中國國情。台灣只是依殖民經驗，把自己對中國的想像套用在中國，但其實他們眼中的中國卻是臺灣的投影。〔註68〕

　　另一方面，黃俊傑也認爲中國人看自己的問題講求實際，與臺灣將中國視爲「虛幻的客體」不同。從《申報》來看，中國不會執著於應從左右派路線選擇何者，而是主張中國乃非封建、非資本、非共產的複式社會，認爲應該「從政治上想出根本徹底的辦法」：提高生產力、改善經濟，之後走受節制的資本主義。日據時代臺灣知識份子的盲點在於僅將中國當作一種抽象的概念，而不是視爲一種具體的存在。〔註69〕

　　看待中國的態度方面，黃俊傑認爲臺灣人將中國視爲「想像中美好的祖國」，但這樣的中國只是臺灣人將自己投影在中國，使這場論戰的中國以「想像的他者」姿態出現，實際上他們對中國的認識不夠透徹確實。祖國意識與民族情懷確實讓中國與臺灣兩地有很強的連結，黃俊傑的著作也具體呈現出

〔註67〕黃俊傑，《臺灣意識與臺灣文化》，（台北：臺灣大學出版社，2006），頁 120～121。
〔註68〕黃俊傑，《臺灣意識與臺灣文化》，頁 100～124。
〔註69〕黃俊傑，《臺灣意識與臺灣文化》，頁 124。

臺灣的強烈祖國意識形成與表現。然而，重新將這場論戰在《臺灣民報》審視，細究當時時代背景，以及分析許乃昌、蔡孝乾的經歷，可以再重新細究若干事項。

首先，投稿於《臺灣民報》的臺灣人，不乏在中國留學、長期旅居、工作者，如張秀哲、翁澤生、黃朝琴、蘇維霖，以及參與這場筆戰的許乃昌、蔡孝乾等，他對中國大陸的理解遠勝於一般臺灣民眾，活動場域也甚大，也必有直接與深刻的親身經歷，未必僅為想像。其次、臺灣人對中國的觀感也有時代與世代的差異，從《臺灣民報》早期的文章可知，臺籍菁英對對時軍閥割據與列強欺凌時代的中國不抱持良好印象，直到孫文逝世、國民黨得勢乃至北伐開始的時期，《臺灣民報》才呈現對中國近乎一面倒向樂觀之「美好的想像」。另一方面，當日本進入 1941 年後決戰體系時，受日本學校教育與社會氛圍影響的新一代臺灣人，其國家認同偏向日本，對所謂「支那」沒有特別的情感，乃至終戰之時，他們意識自己為「戰敗」一方，與中老一輩兩樣情感。

另一方面，黃俊傑同意矢內原忠雄「臺灣經濟上的階級鬥爭，等同於民族鬥爭」的說法，但也認為當時臺灣以自身殖民經驗看待中國問題，認為打倒帝國主義控制的資本主義，就是同時進行了民族革命與階級革命，產生了將中國階級鬥爭民族鬥爭等劃為一的錯覺；但當時的中國實則為左翼階級鬥爭陣營，對上右翼民族主義、資本主義之聯合戰線，《臺灣民報》的中國改造論論戰並未真正認清中國，只是將之當作想像他者，然而從論戰內容與時代背景脈絡來看這種說法仍有討論空間。首先，孫文逝世前後，聯俄容共未破局之時期，縱使中國南方政權內在矛盾未曾稍歇，但階級鬥爭與民族鬥爭、本土資本家確實形成打倒帝國主義的聯合陣線，這點與臺灣左右翼聯合對抗日本殖民統治的狀況一致。其次，許乃昌、蔡孝乾等臺灣左翼人士與中共關係密切，他們與連溫卿等日共派亦順應了當時共產國際造成世界左翼積極行動的一個大時代風氣，中國對他們來說未必只是想像他者，更是世界階級革命的一個環節，也是他們積極參與其中的舞臺。

因此，筆者認為對中國的了解不夠透澈，並將之視為想像他者的情狀，較可能傾向於陳逢源等臺灣資本家與民族主義者等右翼一方，然而縱使如此，亦不能草率推斷陳逢源對中國的認識有限，或指稱臺灣對中國的分析、了解不若中國本土透澈、務實。首先，陳逢源一人於此論戰過程發表的文章

僅有數篇，與《申報》多人多篇幅的內容相較，自非在同一基準點。其次，陳氏與左翼的論戰，原先就是探討中國發展的大方略，而非就中國具體政策、措施做細部討論，其在中國改造論論戰過程未寫出的細節或具體事項，未必代表其對中國認識不透澈、其論不符中國國情。再者，陳逢源身為臺灣橫跨日治、民國兩時代的本土資本主義實業家，在經營實務與具體政策方面必然有其真知灼見，且論戰中陳氏提到「節制的資本主義」、「發展中國工商」等論點與中國右翼的論點高度相似，較之《申報》上「從政治上想出根本徹底的辦法」：提高生產力、改善經濟，之後走受節制的資本主義，並無太大二致。

　　另外，「外國人」身分造成臺灣左右翼具有旁觀者清的便利，甚且與中國實際上的歷史發展有高度相關。舉例來說，雙方的立論頗直接且毫無顧慮地彼此攻防，未若中國在聯俄容共時期仍有考量維護表面上的左右翼和諧，乃至文化協會終由左翼盡佔優勢。許乃昌很大膽地批判國民主義和資本主義，並鼓吹無產階級共產革命；陳逢源認為直接行使共產主義將對中國造成的危害：諸如缺乏經營大組織的能力、奉公精神不足、無產可共等……。許氏的理想在日後中共推動大躍進時得到一定程度的實現，陳氏的顧慮也在中華人民共和國的歷史上得到不少得到應驗。唯二戰後歐洲沒落，美蘇超級強權的興起、核生化等大規模殺傷武器的發明，以及國際間的相互毀滅保證，使中國沒有如陳氏所說共產適足以致瓜分的情狀發生。

　　邱士杰〈從〈黎明期的臺灣〉走向「中國改造論」──由許乃昌的思想經歷看兩岸變革運動與論爭（1923～1927）〉，對這場論戰有精闢的見解：他的研究橫跨臺灣與中國兩場域，交待了許乃昌的思想脈絡，也深究其思想與蔡孝乾的差異，更以其對馬克思主義的深度理解，來看許乃昌從刊於《新青年》的〈黎明期的臺灣〉一文，到這場中國改造論之間，橫跨兩岸的共產思想流動與變化，給予筆者很多啟發。

　　邱士杰認為《臺灣民報》把國家主義和三民主義、國民革命混同，來聲援陳逢源，而許乃昌也大量抄錄瞿秋白的文章，雙方互將中國左右鬥爭的言論，在《臺灣民報》上交鋒，反應雙方在「改良」與「革命」路線上的矛盾已激化到能產生質變的可能。〔註70〕是以「改良」抑或「革命」早已不是中國革命陣營的話題，因為國民革命已如普照之光，淹沒了中國 1920 年代左傾

〔註70〕邱士杰，〈從〈黎明期的臺灣〉走向「中國改造論」──由許乃昌的思想經歷看兩岸變革運動與論爭（1923～1927）〉，《史繹》，第 135 期，頁 120。

的改良派、革命派，甚至右傾的國家主義者。因此，左右翼從改良與革命的路線理論之爭，轉爲各自尋求新發展空間的具體行動：北伐。然這是當時國民黨左右翼失衡的結果，左翼一派漸成爲絕對弱勢，蔣介石的 412 清黨與汪兆銘 715 分共，證明了他們並非忠實於中共的「民主革命」，乃是在奉行「國民革命」。〔註 71〕

若依此觀之，發生在臺灣的中國改造論論戰，可視爲在非中國國民革命戰場的殖民地臺灣理論之爭的延續，縱使在北伐期間，左、右翼雙方仍在各自所能觸及的任何場域上盡量發揮其影響力，卻鮮少在同一平面刊物上相較勁。兼容左右的《臺灣民報》出現這場激烈論戰，意味者在中國檯面上陷入沉寂的理念之爭在檯面下更劇烈，臺灣更成爲中國共產勢力低潮期另闢戰場的空間之一。

另一方面，邱士杰指稱《臺灣民報》將國家主義、三民主義與國民革命混同，來聲援陳逢源，然而事實上在中國改造論論戰的近幾期《臺灣民報》，左傾激烈的文章出現漸增，乃至蔡孝乾、張月澄、SM 生等人均常將無產階級解放掛在口中，陳逢源亦未否定社會主義，甚且將之視爲社會發展的最終目標。而且，中共於聯俄容共期間，操作將三民主義與國民革命、共產主義混同而爲新三民主義，《臺灣民報》左翼人士所撰文章亦表現出類似論述，這樣的混同雖未必能代表《臺灣民報》之立場，卻絕非爲聲援陳逢源而刊出。

陳芳明〈「中國改造論」論戰與二〇年代台灣左翼思想的傳播〉一文，注意到「中國改造論論戰」的核心可移回臺灣，「中國」在這裡並不是參與論戰的辯士們關注的焦點，只是一個用來向臺灣介紹兩派理念以鑑照臺灣，論理的「他者」，完成了一次思想上的偷渡，反映出台灣知識分子在殖民地的有限條件裡所做的極限挑戰。〔註 72〕他指出這次的論戰，其實只要將「中國」改成「臺灣」，一切迷霧都昭然若揭。陳逢源、許乃昌雙方以「中國」來論臺灣，可以省去不少來自總督府的壓力與麻煩，又可清楚表達自己有點超過總督府底線的論點，蔡孝乾最後將該論戰的意義重新拉回臺灣本島，點明了論戰雙方的眞實意圖。

〔註 71〕邱士杰，〈從〈黎明期的臺灣〉走向「中國改造論」——由許乃昌的思想經歷看兩岸變革運動與論爭（1923～1927）〉，《史繹》，第 135 期，頁 121。

〔註 72〕陳芳明，〈「中國改造論」論戰與二〇年代台灣左翼思想的傳播〉，收於第六屆「中國近代文化的解構與重建」學術研討會論文集，《中華文化與台灣文化：延續與斷裂》

〈「中國改造論」論戰與二〇年代台灣左翼思想的傳播〉的論點予筆者極大的啓發，拂去了不明白當時臺灣知識分子爲何如此細究前途的迷霧。再重新細究《臺灣民報》脈絡與當時時代背景後，筆者發現這場論戰不唯是爲臺灣而中國的單純思想介紹與偷渡，更是國際共產革命的一環對上民族主義、資本主義於海峽兩岸的具體呈現。另外，儘管雙方在馬克思主義的進化理論、資本主義可行性、中國國情與民族產業等概念，都可以遷移到臺灣來看，但卻也討論到專屬中國而臺灣沒有的條件，如門戶開放造成的列強競逐、帝國主義與地方軍閥勾結割據等。臺灣並無像黃埔軍校或國民政府那樣獨立軍隊與自治政府，也並非共產國際直接介入的場域，卻有強大的總督專制體制與嚴密的社會控制系統，且民間較之中國富足穩定，要進行民族鬥爭或階級鬥爭，難度遠比中國甚高。

自參與論戰的雙方辯士背景來看，許乃昌、蔡孝乾均留學於上海大學，前者更於東京潛心研究馬克思主義，是中共黨員，也是中國共產革命的參與者，對中國不可謂不熟。至於陳逢源，儘管對中國的商業有一定的熟悉，然他的活動場域仍以臺灣爲主，其「最近之感想」系列文第一、三篇均在批評臺灣殖民當局，對中國的認識、了解應不及許乃昌，故將中國視爲「想像他者」的說法適用在他身上。無論如何，當時部分臺灣知識分子將積極參與中國革命甚至世界革命，視爲改善臺灣的可能選項，以改造新中國作爲改造新臺灣的手段，焦點仍回歸臺灣。

忍者我手寫他口的不便，以白話漢文刊載，具有強烈民族自決性質的《臺灣民報》，擔負了向群眾介紹中國時局之責任，至 1925 年前後更達到高峰。該刊依編輯群之取捨建立起與《臺灣日日新報》等「支那」不同的中國意向，這種殖民地刊物雖受總督府管控，卻較之中國本地刊物可以更不必顧慮對中國當事人、事、物的直接效果而享有不同的言論場域自由度。因此，不論是陳逢源代表的三民主義派，或是許乃昌代表的共產主義派，均在這一系列的論戰中盡情揮灑其論，透過《臺灣民報》傳達出去。雖然這系列論戰於臺灣、中國造成的影響有多大仍有待細究，但可以確定的是這場激辯正值臺灣社會運動大本營「臺灣文化協會」左右翼對立激化的關鍵時刻。論戰尾聲之時，臺灣文化協會正式分裂，參與論戰的辯士也各自更堅定地走向自己的道路：陳逢源繼續在工商業界活躍，許乃昌則成爲左翼的精神領袖，蔡孝乾則到中國大陸加入中共，成爲唯一隨毛澤東等人長征的臺灣人。

三、再探中國改造論論戰

　　1920 年代，社會主義思潮漫佈全球，如何實現平等正義也有不一樣的路線：階級鬥爭與民族革命之別、改革修正與激烈革命之別、自創特色與忠於學說之別、服從第三國際與否之別……這些歧異漫延在在中國、日本、臺灣之間交互影響。從中國改造論論戰得知陳逢源、許乃昌雙方均對馬克思主義的最終理想持正面態度，唯爭議於時程、路線等過程問題，包括馬克思的歷史階段是進化抑或突變，或者農民是否適用於「都市經濟學」體系內的無產階級，以及中國當時的歷史階段定位等。如單純就馬克思主義而言，許乃昌的認識應較陳逢源深入、清楚，然而實務界出身的陳逢源卻相對切合實際，甚至其認爲中國人奉公精神與經營大組織的能力不足，準確預示了之後中華人民共和國曾面臨的經濟問題，以及走資本主義、改革開放的必要。

　　縱使無法得知這篇文章的確切影響，但這幾回的論戰篇章確有其指標性：之後左翼運用新文協組織，發起更多的激烈社會運動，將許乃昌爲論戰陳述的內容化爲具體行動，諸如新竹事件、臺南墓地問題、臺中師範事件等……。可見新文協在改組之後，影響力與行動力不減反增，在簡吉等人的努力下，會員也增加。然而這些社會運動因民眾不夠堅強而常常離反，兼之小市民階級與資產階經觀望不前，新文協也在常在《臺灣民報》批評舊幹部與「臺灣民眾黨」，導致財政出現極大危機。〔註73〕另一方面，新竹事件等社會運動導致許多新文協的中堅分子，如王敏川、連溫卿等人被捕或受拘役；新文協的左翼理論人士：蔡孝乾、翁澤生、王萬得等人又相繼遠走中國，許乃昌則多留在東京，致使臺灣左翼的指導者不足。這一類操之過急的激進行動，被日本官方視爲「有自滅的危險」。〔註74〕

　　從上述現象可得知，縱使許乃昌、蔡孝乾等對中國、馬克思主義的了解充分深入，也將臺灣與中國均視爲世界共產革命的舞臺，故在以中國爲論述客體的「中國改造論」論戰中，比陳逢源有較佳的論述表現，其日後行動也多依此論戰內容進行。然而若論及對臺灣現實的認識與了解，許乃昌等人顯然不及陳逢源，他們以中共在中國的思想與行動模式套用在臺灣，表現出忽視臺灣、中國兩地現實差異，而以理論爲行動最高指導原則的盲進，終致臺灣左翼無法像中共那樣有龐大影響力或取得執政權建國，左派在臺灣功敗垂成。

〔註73〕 葉榮鐘，《日據下臺灣政治社會運動史》，頁 391。
〔註74〕 葉榮鐘，《日據下臺灣政治社會運動史》，頁 391。

　　我們無法得知這些文章對大多數無法閱讀白話漢文的臺灣農民、工人有何影響，但從數據來看，論戰的前後幾年臺灣勞動爭議案件大幅增加：1925年有 18 件，牽涉人員 539 人，到 1926 年增加為 26 件，牽涉者增為 1280 人；1927 年時，暴增為 69 件，牽涉人數 3334 人，勞動爭議到最高點是 1930 年，計 59 件，但動員人數高達 15706 人，為 5 年前的 30 倍左右。罷工行動的部分，1926 年計 15 件，到次年增加到 47 件，乃至 1928 年的 83 件，3 年內增加了 5 倍以上。〔註75〕可見得工人意識抬頭，抗爭的次數明顯增加，除了有1928 年左翼指導的臺灣工友總聯盟在背後給予思想與行動上的指導，世界性共產主義積極行動的風潮與「資本主義第三期（末期)」的提出，必然在這之間有不可忽視的影響力。

　　至於農人方面，從 1926 年佃農爭議件數有 15 件，牽連 823 人，到 1927年暴增為 432 件，計 2127 人涉入。1928 年更形成高峰，雖僅有 143 件，但牽涉人數高達 3194 人，較之 2 年前近乎成長 4 倍。〔註76〕其中 1926 年 6 月，簡吉等人成立的臺灣農民組合並介入農民爭議後，案件數和人數愈來愈多。然而之後農民組合也出現路線之爭，於 1927 年 12 月 4 日第一次全島大會後，原受新文協指導的農民組合即和台灣共產黨發生關係而漸漸傾向極左，甚至出現中共派系的上大派翁澤生等人，逐走日共體系山川均主義的連溫卿，造成組織分裂。1928 年，新文協被強制解散，隔年發生 212 事件，許多農民組合的幹部被逮捕，加上共產主義階級鬥爭不完全為農民接受，農民運動漸漸走向沉寂。〔註77〕

　　綜上所述，中國改造論論戰除了顯示臺灣左右翼意識型態的異同，也是雙方對彼此理念的再次確認與宣傳，並走向不同的道路。陳逢源與林獻堂、陳炘等人於 1927 年創立「糾集臺灣人的資金，供臺灣人利用」之大東信託株式會社，以資本主義謀求臺灣人的經濟自立。〔註78〕1927 年 6 月 7 日，謝春

〔註75〕　王乃信等譯，台灣總督府警察沿革誌第二篇領台以後的治安狀況（中卷），《台灣社會運動史（一九一三～一九三六）第五冊　勞動運動、右翼運動》，（台北：海峽學術出版社，2006 年），頁 47～49。

〔註76〕　王乃信等譯，台灣總督府警察沿革誌第二篇領台以後的治安狀況（中卷），《台灣社會運動史（一九一三～一九三六）第四冊　無政府主義、民族革命運動、農民運動》，（台北：海峽學術出版社，2006 年），頁 14～15。

〔註77〕　葉榮鐘，《日據下臺灣政治社會運動史》，（台中：晨星，2000），頁 600。

〔註78〕　臺灣省資議會檔案，〈臺灣高等法院電復未曾受理陳所案暨其夫人謝綺蘭陳情書〉，內容說明 http://www.tpa.gov.tw/upfile/www/pdf/228/4_1.pdf

木、蔣渭水、蔡培火、彭華英等，於臺灣民報社樓上協議組織「臺灣民眾黨」事宜，並於同年 7 月 10 日下午 3 時召開成立大會，以現實民本政治為目標，展開政治抗日事宜。〔註 79〕

　　這番論戰以中國為探討客體，雙方將各自的理念正面、直接又對比鮮明地討論、交鋒，也成為臺灣以右派為主的走資國家社會主義者，與走階級鬥爭的共產主義者，兩派決裂的里程碑。爾後 1927 年的中國、日本政府，都出現較大規模逮捕甚至迫害共產勢力的行動，更促使臺灣的社會割裂一去不復返；兼之臺灣左、右翼雙方在之後都各自有內部的矛盾，基本理念含有強烈鬥爭意識的左翼團隊內鬥更為激烈，致使臺灣思想界走向多元分歧的同時，彼此理念的互斥性終將招致不同陣營間的意氣之爭。

　　1921 年成立的臺灣文化協會，於中國改造論論戰發生的時期，正處於左右派路線之爭日益激化的年代。1927 年 1 月，林獻堂、蔣渭水等右翼人士出走，文化協會分裂，但資金由右翼掌控的《臺灣民報》依然願意接納新文協人士的左翼思潮文章並刊載之，論戰中也可得知陳逢源並未完全放棄社會主義或節制資本等理念。然而，《臺灣民報》已漸漸無法滿足的新文協的極左傾的人士，兼之臺灣民眾黨的成立地點也在臺灣民報社樓上，故左傾人士又另行成立《臺灣大眾時報》與之抗衡，唯影響始終未如《臺灣民報》重大。〔註 80〕

　　《臺灣民報》如何評斷這場中國改造論論戰的意義？筆名 SM 生的〈中國統一運動〉一文，也許最能代表臺灣人研究、討論甚至參與中國改造議題背後的目的與意義。

　　〈中國統一運動〉一文刊載於 1927 年 3 月 6 日的《臺灣民報》論壇專欄，SM 生指出，世界事勢已進入「國際的」時代，任何偏僻地方的事件都能一時傳遍全球，且同時受到國際的影響。日本、臺灣與中國一衣帶水，在歷史、政治、經濟上均有直接、間接的密切關係，所以中國時局受臺灣影響很多，臺灣的也受中國不少影響。因此，在當時中國國民革命將成功的時期，久在混亂狀態的中國已要恢復為太平天下，對中國抱悲觀態度者，已可改為樂觀了。〔註 81〕

〔註 79〕 葉榮鐘，《日據下臺灣政治社會運動史》，（台中：晨星，2000），頁 417～419。

〔註 80〕 陳芳明，〈「中國改造論」論戰與二〇年代台灣左翼思想的傳播〉，《中國近代文化的解構與重建論文集【中華文化與臺灣文化：延續與斷裂】》，2005 年 5 月 6 日，頁 192。

〔註 81〕 SM 生，〈中國統一運動〉，《臺灣民報》，第 147 號，1927 年 3 月 6 日，頁 9。

　　SM 生認為，中國的國民革命運動，不只是內部的統一，也是一種在列強壓迫下的弱小民族「民族的解放」運動成功。原因是佔世界四分之一的中國 4 億人口，數十年來都是被列強壓迫的弱小民族，列強也陰謀讓軍閥鬧騰不休，讓資質不壞的漢族也無法發揮能力去努力爭取解放。但這次的國民革命是由不抱持地盤、不中飽私腹的新青年熱血湧出的，他們只有愛國救民的信念，所以不會去求列強援助、仰其鼻息。這些中國民眾的盛大勢力，已讓列強懼怕，如漢口問題已讓英國屈服、上海問題也處於有利形勢，新興中國已讓列強不蔑視，反而以種種嬌態來討好中國，這是新興中國對外的成功。

　　該文接著提到中國國內政策部分。SM 生指出，中國已實行很理想的民本政治，他們徹底尊重民權的自由，也以節制資本與平均地權保護民生，緩和了貧富差距，減少了資本家的暴利，更保障了無產者的生活安定。所以國民政府統治下的民眾，對外恢復了對等國際地位，在國內也得以享受自由的民權與安樂的民生。臺灣當局的統治方針因為受到中國時局的影響，已不得不重新考慮了，且臺灣的思想界也已進步，對問題的見解也多樣化，但還是不能滿足現在的總督府統治方針。故處於這「東洋變局期」，當局非得改換政策方針來緩和臺灣民心，一改強制消極的統治，以積極緩和的方式施政，方可事半功倍。〔註 82〕

　　最後，SM 生給臺灣統治者一個「中庸的提議」：容許臺灣住民早日有「自治生活」。他指出，讓臺灣的住民能在一定規範內實行自治，就能使日本內地人和臺灣人站在同一條地平線上，緩和民族差別感受。讓臺灣居民能參議臺灣施政問題，不但可以消滅過去鬱悶惱怒的情感，還能發揮自治能力，根據真正的民意，解決切實的民眾生活問題，如此臺灣的前途必定會安定。否則，再持續舊時代的政策，屆時外界的影響愈來愈大，內部的鬱惱日益增加時，總督府難免會有「六菖十菊」之嘆了。〔註 83〕

　　SM 生是誰？李玉姬指出 SM 生是張我軍；若以此文能流暢使用日本成語與中國白話文，兼之對臺灣政局與時勢有深刻的認識，頗合乎在北京居住的

〔註 82〕 SM 生，〈中國統一運動〉，《臺灣民報》，第 147 號，頁 9～10。
〔註 83〕 SM 生，〈中國統一運動〉，《臺灣民報》，第 147 號，頁 10。
　　　　 六菖十菊「六日の菖蒲、十日の菊」（ろくにちのあやめ、とおかのきく），
　　　　 日本成語，即端午後的菖蒲、重陽後的菊花，意味著這些花到手的時日已晚，
　　　　 引申為好東西來的時機已遲，失去其意義。參見《日本辭典》「十日の菊六日
　　　　 の菖蒲」條目：http://www.nihonjiten.com/data/795.html

臺灣人身分，兼之張我軍曾以 MS 生爲筆名，此說可信度頗高。〔註84〕張我軍（1902～1955），臺北板橋人，原名張清榮，筆名一郎、憶、野馬、M.S、劍華、大勝 雲逸、廢兵、以齋、迷生、小生、四光、小童生。張我軍曾在 1927年 1 月 2 日被推舉爲北京臺灣青年會主席，與連震東、洪炎秋、蘇薌雨同爲旅居北京的臺灣作家，共同創辦《少年臺灣》期刊。張我軍年少時家貧，以自學爲主，曾隨前清秀才趙一山學漢詩，之後在廈門鼓浪嶼的新高銀行任職，同時接觸新式教育下五四運動新文學的衝擊，與授其筆名「我軍」的老秀才引領於舊文學領域。1927 年 10 月，張我軍插班考入北京師範大學國學系，並於 1929 年於北京師大與北大任教。〔註85〕

　　張我軍最著名的成就，在於引燃臺灣新舊文學的論戰，龍瑛宗譽之爲「高舉五四火把回臺的先覺者」，陳芳明認爲他深受胡適理論的影響，中島利郎推測他是將魯迅作品與譯文以《臺灣民報》介紹來臺灣的推手。1955 年病逝於臺北的他，生前養育之四子各自的行蹤，亦可見其生前活動場域之大：長子張光正在中國大陸參與共產革命，其他三子則在臺灣完成學業後，均留學美國，其中次子張光直曾任中研院副院長，並任教於耶魯、哈佛大學，成爲世界知名的考古學者。

　　從張我軍此文可以得知，他將臺灣視爲全球化時代的一環，地理位置彼此接近的臺灣、中國、日本，交互關係更是密切，特別是臺灣與中國的互相影響。張我軍讚美國民革命，認爲這是弱小民族的解放，也宣稱中國已達成國際地位對等、節制資本、尊重自由民權的理想民本政治型態。張我軍認爲這樣可樂觀看待的中國，將會促使臺灣統治當局重新考慮對臺灣的方針，實行臺灣住民的自治，以平息臺灣人民的鬱悶惱怒，否則再慢下去，恐怕爲時晚矣。

　　張我軍 1927 年寫就的此文顯然有不少溢美之論，對照於陳翠蓮的研究，1930 年到中國的謝春木、陳旺成，1940 年到北京的鍾理和，以及 1941 年到

〔註84〕李玉姬，〈日治時期臺灣新文學作家的漢文兒童文學作品以《南音》、《臺灣文藝》、《臺灣新文學》和《臺灣新民報》爲探討內容〉，《全國新書資訊月刊》，2010 年 8 月，頁 10。
　　　　http://isbn.ncl.edu.tw/NCL_ISBNNet/C00_index.php?Pfile=1971&KeepThis=true&...
〔註85〕柳書琴，《荊棘之道——臺灣旅日青年的文學活動與文化抗爭》，（台北：聯經，2009 年），頁 145～146。
　　　　張光正編，《張我軍全集》，（台北：人間，2003 年），頁 475～485。

中國的吳濁流，他們「一瞥」到的「新中國」均讓其大失所望：髒亂、破敗、淫穢、貧窮、自私自利、缺乏尊嚴、一無所取，他們親身所及反而回頭印證了殖民統治者描述的「祖國惡印象」，產生「理智上向日本代表的文明進步感到認同，情感上則向著血緣文化的祖國靠攏」這種拉扯矛盾。〔註86〕

然而另一方面，張我軍這篇報導卻也表達了中國之於臺灣的另一種向度：用一個超越真實的美好中國，對臺灣統治當局施壓或加強、喚起臺灣民眾的政治覺醒意識，縱使這種作法實際上對能親見真實中國的統治當局，以及部分親臨中國的臺灣人士效果不大，但對廣大臺灣群眾而言，卻成功創造了正向嚮往中國的社會氛圍，由前揭吳濁流描述的光復初期的情狀即可得知。

綜上所述，這篇文章的實際目的在為臺灣民眾、讀者創造一個與殖民統治當局相互參照，又與臺灣惜惜相關的客體：一個實現民本、均富的中國，對比於總督專制、受資本主義剝削的臺灣。中國是否具有真正達成民本政治的事實並不重要，重要的是，讓臺灣一般讀者相信中國已是民主、均富的自由社會，在反觀自己的處境時，將更積極參與、追求「理想的中國」在臺灣實踐，這也是陳逢源、許乃昌等「中國改造論論戰」欲達致的目的之一。

小結

本節介紹中國改造論論戰發生前後的中國、臺灣時勢，也介紹、補充了黃俊傑、邱士杰、陳芳明、陳翠蓮的研究。中國改造論論戰是臺灣左右翼從聯合戰線走向各奔前程的分裂指標，「中國」在這裡的意義，並非全然「為中國而中國」，或「明論中國、暗論臺灣」，實乃將中國視為國際革命的一環，或改善臺灣的參照指標，或思想偷渡的客體，或政治抗日的新舞臺。無論如何，出現在《臺灣民報》的中國，均是「為臺灣而中國」，只是在不同人士的眼中，各自有其行動方向與解讀方式。從整個《臺灣民報》的脈絡，以及這篇中國改造論來看，中國是臺灣改造的參照或戰場，所以中國的國是變化、左右翼分合、階級鬥爭或民族革命與歧見、漸進或突變的社會主義完成路徑，皆延燒到臺灣來。

〔註86〕 陳翠蓮，《台灣人的抵抗與認同（1920～1950）》，（臺北：遠流，曹永和文教基金會，2008），頁179～222。引文出自於頁221。

表（3）：中國改造論論戰論點比較表

論　客	陳逢源	許乃昌/蔡孝乾
馬克思主義進程	進化論	突變論
引用學說	河上肇	佐野學與自行研究/上海大學
中國時局狀態	封建制度末，資本主義初期	帝國主義時代畸型中間制度
資本主義	宜走日本式資本主義發展	中國已處於國際資本主義後期
時程	先資本再共產	打倒列強軍閥，進入共產
本土資本主義	充分發展中，與日俱增	受帝國主義打壓、淪為工具
能力與公德心	無經營組織能力、奉公精神	資本主義公司無法培養這些
民族主義	先解放民族，再解放階級	民族聯合解放階級
社會主義	節制資本	無產階級專政 / 改良主義
革命	資本家發起國民革命	無產階級革命
共產主義可行性	列強均已共產後	可直接學習蘇聯
蘇聯	獨裁、特務政治與恐怖統治	陳氏造謠，日後再細細介紹

結　論

　　本論文希冀透過細閱《臺灣民報》後，從中找出對中國論述中具代表性的文章數篇，以了解 1920 年到 1927 年該報刊呈現出怎麼樣的中國時勢，進而了解這些報導產生的背景、報導內容的立場變化，以及這些報導的「中國」對臺灣有何價值和意義，以更了解這個時期臺灣與中國之間的糾葛。筆者從《臺灣日日新報》與《臺灣民報》對中國前途與民族性的不同論述開始探討不同立場的中國印象，再仔細介紹《臺灣民報》對北洋軍閥的報導，以了解臺灣人當時對中國時局的報導與態度的變化。爾後《臺灣民報》的中國焦點自北京漸漸移轉到廣州，介紹孫文、國民黨以及聯俄容共下的左傾理念，呈現了從殖民地臺灣視角，觀察國民黨內左右翼矛盾的潛勢。最後，將焦點拉回臺灣的中國改造論論戰，從這場筆仗探索臺灣、中國兩地左右翼的牽連互動，以了解中國對當時臺灣而言具有怎麼樣的意義。

　　柳書琴《荊棘之道》一書的一段結論，堪爲《臺灣民報》系列報刊的起點：

> 來自殖民地的失意知識青年，一波波湧入內地。他們其中一部分在佇立帝國土地以後，更透徹地看清了故鄉遭受殖民的各種慘狀，因而悖離留學初衷踏上反日反帝的荊棘之道。謝春木放棄學業返鄉聲援農運，王白淵奔赴祖國抗日，張文環篤志以文學提昇文化，吳坤煌浪跡左翼文化圈等等，莫不與這樣的覺悟有關。
>
> ……這些中部青年前仆後繼的朝聖之旅，在側身帝都期間都成了覺悟殖民陰影的變調之旅。難兄難弟們對帝國的神聖性產生質疑，因而悲慟地探尋個人的、社會的以及民族的出路，在覺悟殖民的過程

中，他們憂鬱、憤怒，他們先後景從，四處奔走尋找同志。在沉思
殖民的不幸時，他們不約而同地以筆代劍，將革命蘊藏於藝術之中。
此時「鄉土」提供他們豐沛的靈感，與特出的競爭力。〔註1〕

　　如引文所述，部分臺灣青年留學日本後，見識到殖民地臺灣與殖民母國
的差異，不但沒有更心誠悅服於帝國，反而從兩地的比較見識到自己家鄉臺
灣之慘狀，走向反日反帝的荊棘之路。在這條路上，有返臺者，有赴中者，
有留美者，這些人遊走於若林正丈提出的待機派、祖國派、臺灣革命派這些
不同象限，於中國、臺灣、日本甚至歐美的空間中，以及從極左翼到極右翼
的意識型態光譜中遊走。不同立場與經歷，決定了這些留學各地最後卻又返
回臺灣的青年，以各自的理念與方式，在不同的道路上，抱持著改善家鄉的
理想行動著。《臺灣青年》的創刊，正是這種青年具體實踐的結果，以及散播
各自理想的場域。

　　從《臺灣青年》到《臺灣》，乃至《臺灣民報》的創刊，這些得到臺籍士
紳的支持的報刊，網羅了左右翼的菁英們，成為「反日本帝國主義」的聯合
陣線，並以臺灣文化協會作為發揮行動力之組織。另一方面，總督府與小野
西洲等日籍漢學家，自領臺以來即有意無意間將臺灣人的「民族」推向軍閥
征戰、紛擾不斷的中國，指為「清國奴」，同時給予雙方極負面的評價，論斷
中國必將滅亡；而日本正是東亞的拯救者，《臺灣日日新報》成為這些理念的
宣傳平面。臺灣除了傳統上對中國大多原先就存有原鄉、宗族的民族認同外，
總督府無方針主義與內地延長主義等政策，讓臺灣人在通往「成為日本人」
的方向時，受不斷提高的門檻為難而舉步維艱，「成為中國人」自是大多數臺
灣人僅存的唯一選項。〔註2〕

　　第一章論述在此背景之下，臺灣民報社於創刊號引用羅素之文為中國與
中國人辯護，也是為臺灣人自己的未來與民族性辯護，致使中國、臺灣兩地

〔註1〕柳書琴，《荊棘之道——臺灣旅日青年的文學活動與文化抗爭》，（台北：聯經，
　　　　2009年），頁522。
〔註2〕舉例來說，《亞細亞的孤兒》一書，臺籍教師胡太明向日籍教師內藤久子告白
　　　　時的橋段：『「我，很高興，可是……還是不能夠的，因為，我跟你……不同。
　　　　（內藤久子）」什麼不同呢？這是在當場不必聽她說明也知道的，她還是拘泥
　　　　於彼此的民族不同。「啊！」太明心裡絕望地叫著，他感到腳下的大地彷彿崩
　　　　落了。她的話是多麼令人感到絕望的宣告，久子對太明而言，已經是遙不可
　　　　及的人了。』語出吳濁流，《亞細亞的孤兒》，（新竹：竹縣文化局，2005），
　　　　頁78。

的前途與民族性有了連結與類比。羅素指出中國文明的愛調合、享樂主義等較無害的特質，對比於西洋文明愛權力、重物質與暴力等傷害力強大的特質，讓臺灣人得以在日本殖民統治下，仍以自己的民族爲榮。羅素也指出中國可以走國家社會主義而富強均富，並在之後創造世界最高的文化，也暗示著臺灣可走一樣的路，創造超越「脫亞入歐」的日本，更高度的文明，這種想法成爲陳逢源等臺灣右翼、三民主義者的基本教範。

歸納《臺灣民報》與《臺灣日日新報》於中國未來與中國人民族性兩議題的報導可發現以下幾點：

一、滿足臺灣漢人的民族主義自尊心與自信心。如荊子馨的研究，殖民當局常常將所謂「本島人」指爲「清國奴」，在後藤新平與日本右翼國家主義者眼中，**臺灣人/日本人呈現出低劣的漢民族/高貴的大和民族**如此鮮明對比。《臺灣民報》這一類關於中國人與中國未來的文章，顯然與代表總督府立場之最大官報《臺灣日日新報》立論相反，若能證明漢民族或中國人是優秀民族，自然也能爲住在臺灣的漢人辯護。置身東亞利害關係之外的著名學者羅素，發表對中國民族性與前途的樂觀的言論，不僅具公信力，且符合《臺灣民報》編輯群的需求，引用其文正符合這群社會菁英謀求民族自尊自信的目標，也讓讀者對自己的民族與前景有樂觀的期待甚至願意參與奮鬥。

第二、謀文化向上，以提升「民度（公民素養）」與促進現代化。提升臺灣文化是《臺灣民報》與文化協會的宗旨，羅素所言貪婪、儒弱、無同情心正可呼應後藤新平評臺灣人爲「愛錢、怕死、愛面子」。這些缺點在臺籍知識分子的眼中，不只很在意且引以爲恥，更希冀能改善。〔註3〕雖有羅素的辯護，但這些批評指教也讓期望與日本人進行「道德競賽」的臺灣菁英，更深切地希望臺灣人可以做得更好：更具勇氣、公義心和同理心，並對世界知識文化、思潮與科技有更多的了解。

第三、探尋臺灣未來的走向，喚起臺灣人積極參與政治活動：筆下中國面對未來的策略，包括社會主義、民族主義和民主主義，深爲不少臺籍菁英認同。文章提及的建立穩固民族自主政府、發展實業、推廣教育三策，也呼應當時臺灣人所追尋的目標：撤廢六三法並倡立臺灣議會、強化本土民族產業，以及提升臺灣人的智識，唯如何達致此目標，尚有左右翼之分歧，臺灣、

〔註3〕菊仙，〈後藤新平氏的「治臺三策」〉，《臺灣民報》第145號，（1927年2月20日），頁14～15。

中國於此時兩派間表面上均較相安無事。另外，也藉由羅素筆下中國民氣驚人、公意有影響力等現象，宣導臺灣人民可藉由團結行動，予以殖民政府施壓。

第四、建立未來的願景，致力成為更勝殖民母國的臺灣：羅素對中國民族性的肯定，在臺灣人的眼中，可以視為對自己民族與血統的肯定；對中國未來的肯定，也是對「臺灣未來」的肯定，一如吳濁流描述當時臺灣人的自信：成為超越日本人的民族。如前揭陳培豐的研究指出，臺灣人寧願視日本化為走向現代化的工具與途徑，僅取「同化於文明」的向度，也不願意加入「同化於民族」的腳步。除了基於殖民統治的歧視讓臺灣人無法真正加入大和民族，脫亞入歐走向殘暴之路的現在「真實日本」，對比於羅素描述出來可為世界第一文明的未來「理想中國」，這位世界知名學者的背書，讓臺灣人對自己的未來有更高的期待與嚮往，甚至親赴大陸成為參與者。

接著第二章研究臺灣人被迫或自願在民族與未來靠向中國與中國人同時，《臺灣民報》如何處對理現實上軍閥割據、列強欺凌的中國，且如何為這樣的中國做解釋與尋找出路。自直系專權時代到第二次直奉戰爭、反奉聯軍，乃至最後奉系掌權，《臺灣民報》均有相關報導，我們可以從中看到該刊之中國報導視角與支持對象的變化，以及其一貫反帝國主義、反軍閥的立場。

《臺灣民報》建構臺灣人對大陸政局的了解，其中黃朝琴對中國政黨派系的介紹堪為臺灣人對中國政局之基本認識。黃氏將中國分為安福派、直隸派、奉天派、南方派、雲南派五大派，其內部尚有其他較小的黨系，如中國國民黨、政學系、研究系等，這些團體造就中國政局的變化，黃氏的報導也讓臺灣人對這些中國軍政要人派系有初步的了解。

在直系掌權時代，《臺灣民報》1923 年刊載子嬰的評論，以及黃朝琴 1924 年寫的文章，都嚴厲譴責直系的曹錕、吳佩孚，甚至蘇維霖的文章以舊時代稱謂強烈嘲諷直系掌權人物；此時期《臺灣民報》對中國的前景悲觀甚於樂觀，呈現一種對日本期待高於對中國期待的現象，中國於此更像一個與臺灣關聯不大的外國。爾後，自江浙戰爭開打到第二次直奉戰爭開打，《臺灣民報》對張作霖等反直聯軍持正向態度，直到直系倒臺後，該刊重新出現對新政府充滿樂觀與期待的文章，以及對帝國主義的批判，呈現「對日本期待降低，對中國期待提高」的現象，即呈現一種在若林正丈座標下，自待機派往祖國派接近的動向。

　　隨著反直聯軍內部的矛盾日益加劇，張作霖的野心導致段、張的不合，直系的反撲與馮玉祥的伺機而動，為北方政局平添諸多變數，《臺灣民報》的輿論也轉向反奉。該刊除批判奉張限制言論自由，也支持郭松齡、馮玉祥、國民黨之的反張軍事行動，並為郭之戰敗感到惋惜。此後對軍閥已不再抱持期待，將重心日益轉於有理想且漸有實力的中國國民黨勢力。此後，因國民軍系的馮玉祥支持孫文的三民主義，故成為《臺灣民報》唯一持正面態度的北洋軍閥，然而卻也未完全信任之：兩岸的左傾人士，中國的高一涵、臺灣的翁澤生等，認為與軍閥合作打倒軍閥是愚蠢的決定，部分左傾的國民黨員也無法接受馮玉祥反勞工運動的作風，中國與臺灣左右派的歧異矛盾，已可略見端倪。

　　無論如何，《臺灣民報》對中國政局的報導儘管較不具新聞業者「公正客觀」的理念型，卻有其正義價值觀偏好的運動型，也象徵著臺灣人的中國立場與對未來的期待：不論是基於同文同種的情懷，或是篤信日本提出大東亞和解的論調，甚至以中國或共產國際運動作為解放臺灣的舞臺，均在探索臺灣獨一無二的價值與出路。至於《臺灣民報》何以對當時屬「不同國家」的中國政局投入如此多的關心？又何必要去幫中國批評軍閥與帝國主義、支持南方政權？自該刊的表現可歸納如下：

　　第一、將中國視為開創臺灣前途的舞臺。如同陳培豐指出日本的種族政策將臺灣人民在民族情感上，更推向中國大陸的一方。特別是在林獻堂與坂垣退助等成立的「同化會」被打壓後，他們寄情並期待中國，甚至以相信中國終將超越日本成為精神寄託。因此，除了基於同文同種的「祖國」溫情關懷外，臺灣民報社社員與投書者不少人有在中國經商、留學，甚至運作政治活動的經歷，對中國發生的種種均超出身為一位「日本國民」的敏感。他們對軍閥的支持、嘲諷是基於他們在意中國未來的命運且持正面期待，故一方面盼臺灣人諒解中國的種種，另一方面也讓臺灣成為中國「輿論戰」的延伸。

　　第二、影射、批判日本帝國主義武力強權殖民統治的專橫。《臺灣民報》批判帝國主義列強干涉中國，也是對日本殖民統治臺灣的批判，例如提到軍閥高掛文明的假招牌無視民意，或查封、鎮壓學界、輿論界與農工群眾運動，或以武力打擊異己，甚至對日本支持奉張、介入中國勞資糾紛略有微詞。武力手段正是總督府在臺灣的絕對優勢，如西來庵事件、苗栗事件，以及 1923

年的治警事件，日本均使用強暴手段處理臺灣民意。《臺灣民報》在第二次直奉戰爭後，大肆宣揚中國的國民會議與新政府組織、建國理念，一個完美的中國政府呼之欲出。儘管現實之實踐狀況頗令人質疑，但透過討論中國，知識分子不但歷經了尋找臺灣未來道路的過程，更間接地將民主、自由、法制、和平等理念傳達給臺灣群眾，藉此喚醒臺灣人的政治運動意識。

第三、形塑一種符合當時臺籍菁英和臺灣民眾的需要與期待的中國形象。《臺灣民報》從刊出黃朝琴對中國派系未必正確的介紹，到報導直奉戰爭、反奉戰爭與北伐；從批評直系到指責奉系，乃至支持馮玉祥與孫文一派……時間的演進看得出他們對中國從無感走向期望，且呈現日益詳細、即時的新聞。這些新聞取材的過程中具有明顯立場且未必符合事實，例如有時會出現以「據聞」開頭，撰寫無法查證、道聽塗說的報導，礙於科技能力當然是重要條件。然而，對臺灣民報社來說，更重視的是將他們意圖傳達之「中國形象」塑造公開，畢竟他們有對新聞刊載與否的選擇權。該社呈現的中國能讓臺灣讀者對比於日本殖民政府，進而要求自詡較中國先進文明的日本對待臺灣的政策有所改革，甚至期待臺灣民眾像中國民眾一樣有所行動。

第四、民報社理念的傳播與輿論操作性的價值觀建立、運動性宣傳。若將李承機對媒體兩義性的研究透過《臺灣民報》來看，該刊創造出來的中國雖是軍閥征戰不休與列強控制的亂局，但仍有熱衷於國家事務的學生與人民，為了他們的信念拋頭顱灑熱血，他們反對軍閥與帝國主義暴力、支持民主共和、關心政治與公共事務。《臺灣民報》形塑的中國印象是軍閥暴橫只是一時，思想先進的學生、人民終將努力讓中國強大繁榮。這也提醒、喚醒臺灣人總督府的武力統治、專制只是一時，民眾只要多關心、支持甚且投入公共國家事務與政治社會運動，達成如蔣渭水「同胞要團結，團結真有力」的口號，團結的民眾將成為反抗帝國主義殖民統治的重要推手。

第五、左右翼歧見初現端倪。1926 年，對反奉戰爭時期國民軍系馮玉祥輸誠南方國民政府一事，臺灣、中國左右翼，即有不同看法。如持階級革命的左翼臺灣的翁澤生與大陸的高一涵，顯然對與馮玉祥之間的合作不抱持信任甚且持反對態度，而福建省國民黨右翼官員在則宣稱「馮玉祥已完全是我們的人」，表達對兩方的合作持強烈信任態度，或至少是如此的政治正確宣稱。

　　第三章探討南方孫文政權，也可見到《臺灣民報》漸漸以這一方為主要視角。孫文與中國國民黨在《臺灣民報》創始之初，即在該刊編輯群內不乏認同甚且推崇者，故很早就有他的相關報導。孫文政權從《臺灣民報》創刊（1922 年）起即多災多難，後來連入佳境：1917 年護法運動、1922 年陳炯明發起六一六事件、1923 年孫文開始聯俄容共並克復廣州、1924 年段祺瑞相約南北和談。1925 年孫文逝世後，廣州建立國民政府，並展開 1926 年到 1928年的北伐，其中又發生清黨、寧漢分裂等事件，乃至最後東北易幟，中國達成表面上的統一。〔註4〕《臺灣民報》處理孫文政權有怎麼樣的趨勢？又有什麼意義？歸結如下：

　　第一、宣揚對抗日本帝國主義與殖民統治的政治意識型態，特別是三民主義與共產主義。《臺灣民報》大肆宣揚三民主義，包括民族自決平等、民權至上自由、民生富足均衡，依陳君愷的說法，讓當時的臺灣菁英神往不已，三民主義被當作能讓臺灣超越日本帝國主義殖民統治的萬靈丹，也合乎臺灣文化協會理念與社會菁英批判殖民當局以進行社會運動的需求。另外也呼應第一章羅素述及拯救中國的方法，即國家社會主義、發展民族資本、學習西方文化、留存東亞文化，均符合三民主義理念。再者，孫文的三民主義本身即具有社會主義理念，兼之其採聯俄容共政策，讓共產主義透過中國，成為日共之外另一輸入臺灣的方向。

　　第二、在臺灣形塑有理想抱負並付諸實踐，烝烝日上的中國與國民黨。《臺灣民報》形塑出中國軍閥亂政與受帝國主義者欺凌只是一時的亂象的輿論，強烈批判、譴責這些中國的加害者，同時也稍寄期待於實力不足卻有理想、聲望的南方孫文政權。然而隨著第二次直奉戰爭造成北京易主，直、奉、皖、國民軍、孫文各方勢力彼此制衡膠著，因聯俄容共而實力大增，以三民主義為理念孫文，成為《臺灣民報》的焦點。另外，在北方受各方包夾，急尋新盟友的馮玉祥，也與孫文聯合，段祺瑞也在直奉戰後邀之共商國事，孫文乃成為臺灣、中國更加關注的焦點。

　　第三、建立與宣傳孫文的正面形象，形塑兩岸政治上共同的精神象徵偶像。《臺灣民報》的孫文形象從一開始「窮而不通」但肯定其在海外的聲望，到後來大肆報導其寄港於神戶、進入天津之事；孫文逝世後，一再有文章報導其生平事蹟、理念，且一周年忌日時更達另一高峰。《臺灣民報》顯然漸漸

〔註4〕郭廷以，《近代中國史綱　下冊》，頁 641～669。

將孫文捧上神壇，「孫文」已不只是一位人物，更是一個致立於實行三民主義、一生奮戰不懈的英雄，是一種信念象徵、一種符號偶像。另一方面，孫文身為聯俄容共政策的催生者，維繫脆弱的國共合作，故對左翼與右翼而言，孫文在政治思想上的極大空間能兼得左右派之青睞，其知名度與終身革命的奮戰精神，符合臺灣知識分子的價值與需求。

第四、呈現將中國視為抗日舞臺的臺灣人在中國的活動狀況與理念宣達。如黃朝琴、張我軍、蔡孝乾、張月澄，乃至之後的吳濁流、黃旺成等，選擇在中國為臺灣奮戰，浸沐在三民主義或共產主義的理想大纛下，努力將羅素預告未來將擁有世界第一文明的中國付諸實現。是以《臺灣民報》有大量他們撰寫或引自中國的正面文章，其中包括學生與農工階級的奮鬥、國民黨內部的團結整合與北伐的相關消息等。但隨著孫文逝世後，國民黨左右翼在三民主義的解釋上產生根本歧異，特別在中國路線上該採取民族階級聯合的資本主義與國民革命，或透過國際階級鬥爭並走向無產者專政的共產主義等議題上。廣州國民黨內左右派理論與行動針鋒相對，縱使中山艦事件後左翼勢力稍有消停沉寂，但爾後隨著北伐開始，雙方各謀利己的發展與生存空間。國民黨內部左右歧異，國民政府的左右翼路線之爭延燒到《臺灣民報》上，也吹響了臺灣左右立場交鋒的號角。

第五、提供左右翼宣揚其理念的場域，進而探討臺灣未來的走向。無論是右翼發展民族資本以對抗帝國主義資本，或是左翼的階級鬥爭與共產主義，均是臺灣總督府嚴格審查的對象，在東京發行的《臺灣民報》以「中國」為討論客體，除了可避免審察的麻煩，更成為不同意識型態交匯的場域。我們可以從《臺灣民報》了解臺灣共產黨建立前左翼思想的傳播與相關人士的活動，也可以看到民族資本主義者如何透過對三民主義的宣傳得到支持，甚至了解 1927 年文協分裂時期的思想激辯與社會氛圍。

第四章透過研究 1926 年 8 月到 1927 年 2 月間「中國改造論論戰」的背景與論點，分析臺灣與中國兩地左右分裂的關係，也重新審視無論作為命題客體或實體的「中國」與臺灣之間的交互意義與影響。隨著 1925 年孫文逝世與 1926 年北伐開始，中國左右翼的歧異矛盾日益加劇，包括西山會議、中山艦事件與新三民主義之爭等，北伐成為尋求新發展空間的契機，雙方的活動均更趨積極。這種發生在中國的勢態於兼容左右的平面媒體《臺灣民報》上，勢必展開一場激辯。

　　透過這場激辯的研究探討，歸結出以下論點：

　　第一、「中國」為一多面向的概念，對不同人物與立場有不同的意義：對陳逢源、許乃昌、蔡孝乾三人而言，在這場中國改造論論戰探討的「中國」並非在同一個頁面上。自陳逢源「最近之感想」系列文章脈絡得知，其關注的對象主要還是臺灣，他的「中國改造論」可如陳芳明所言視為「臺灣改造論」：「中國（臺灣）」不應走向共產革命，應效法日本走民族資本主義的路線，最後才達致共產世界。陳氏的論述顯然將鋒頭指向當時在臺灣文化協會與群眾間日益興盛共產勢力，也符合學經歷與活動場域以臺灣、日本為主的資本家陳逢源個人的立場與利益。然而對許乃昌、蔡孝乾等活動場域廣及莫斯科、上海等共產主義者來說，臺灣、中國甚至日本，均屬世界共產革命的一環，其奉行如佐野學所言打破階級界線、保存民族特色、無產階級團結等理念，因此中國、日本均是其活動以解放臺灣的戰場，而解放臺灣更是共產黨世界革命的一環。因此對陳逢源來說，中國只是個論述客體，然而對許乃昌、蔡孝乾而言，中國是他們親身參與其中的實體，這也表現了「中國」一詞在當時的複雜性與多面向。

　　第二、這場論戰讓左右翼雙方自籠罩於孫文「聯俄容共」與「三民主義」下混同且合作迷霧中現形，於世人面前攤牌對立。在這場論戰中，雙方就孫文理念、馬克斯主義內涵、中國的時局狀態、民族資本主義可行與否，以及面對未來的行動方針等論點展開筆戰，去同存異乃至互相攻詰，最終刺激臺灣反日反帝的聯合陣線文化協會分裂。陳逢源主張行經民族資本主義最後仍可達致共產；但許乃昌、蔡孝乾等對此採強硬的否定態度並批判之，亦合乎中共聯合左派、批判中間分子、打倒右派的方針。然而，左翼強大的鬥爭意識雖然為其取得臺灣文化協會與農工群眾間的優勢，但如此激進鬥爭也致使左翼失去活動財源與不少有力人士的支持，甚至引起統治當局的強力打壓。右翼也因文協分裂而失去左傾廣大群眾的合作支持，行動力大不如前。

　　第三、臺灣的三民主義派與共產主義派拉緊了中國與臺灣之間的連結線，形成中國與臺灣互相影響的可能。無論是來自中國孫文的三民主義，抑或極富世界性的共產主義，中國均在其間扮演中介者、傳播者、論述客體，或成為創造臺灣嶄新可能性的活動場域。此外，中國也具有參照的作用：一個被形塑出充滿正面未來展望的中國，不論事實上是否如此，得喚起臺灣群眾在「新中國」的對照之下，產生對「新臺灣」的期待甚且願意投身行動即

足矣。中國改造論論戰如同《臺灣民報》其他與中國有關的文章，大多均在「爲臺灣與中國而『中國』」的前提下發表，張我軍論述臺灣與中國互相發揮影響，意即在此。

新文協與臺灣共產黨縱使最後均受殖民當局的打壓而消沉，然而社會主義在臺灣亦如柳書琴於《荊棘之道》一書所言，彷若青年聞到、看到後都會瘋狂地向革命奔進的「妖魔之花」。對殖民地臺灣的青年而言，儘管有左翼反國家民族主義人士，但對大多數臺灣人而言，社會主義和民族主義混同的複雜想望，讓殖民地青年魂牽夢縈地賭命爲之，如此絕色之花也使這些青年奉獻青春與生命，慷慨激越地行在這條坎坷之路上。〔註5〕左翼勢力繼續在中國、臺灣、日本等地尋求解放臺灣的機會，蔡孝乾甚至成爲中共二萬五千里長征的參與者，堅信「資本主義第三期」已達致的蔣渭水因獄災與傷寒身心煎熬逝世，徒讓深具鬥爭、分化、仇恨卻富致命吸引力的意識型態，一再再創造永無止盡的遺憾。〔註6〕

至於臺灣右翼勢力，依然透過改組後的《臺灣新民報》、經濟上的大東信託，以及政治上的臺灣民眾黨、臺灣地方自治聯盟，致力於民本政治、地方自治等理想，就算最後也因進入決戰體制而歸於沉寂，然而與日本合作乃成爲一種可能，最終達成半數地方民意代表民選的目標，爲臺灣選舉史寫下第一頁。其他如吳濁流、黃旺成等「瞥」過新中國之後，縱使抱持著與想像中極大落差的失望，最終選擇回臺灣繼續苦鬥，然「三民主義」在其心中一直都是重要理想，直到二二八事件前後，標榜服從三民主義的國民黨政府「五天五地」，帶給老一輩臺灣人「日本狗壞，中國豬惡」的評價。

綜合四章各議題橫向的研究之後，再以縱貫的角度，總結一些從當時《臺灣民報》中國報導中發現的一些論點，與這些報導的意義：

第一、提供不同於總督府官方輿論的視角。如李承機的研究，《臺灣民報》本身即是在重重政治壓力下持續經營的民族資本產物，可視爲被殖民者對殖民者在輿論反抗上的成功，「異議刊物」即爲《臺灣民報》的前提定位。若將代表總督府立場的《臺灣日日新報》與《臺灣民報》相比較即可以發現，在中國未來與民族性、孫文、國民黨、國家社會主義與共產主義等議題上，兩造有許多相異甚且相反，或《臺灣民報》出現《臺灣日日新報》上不會出

〔註5〕柳書琴，《荊棘之道——臺灣旅日青年的文學活動與文化抗爭》，頁228。
〔註6〕趙勳達，〈蔣渭蔣渭水的左傾之道（1930～1931）：論共產國際「資本主義第三期」理論對蔣渭水的啓發〉，《台灣文學研究》，第4期，2013年6月。

現、禁止的觀點。這些觀點不只來自臺灣民報編輯群，也來自各界，譬如刊載廣東《民國日報》中國國民黨的觀點、天津《益世報》上歐美列強等外國人與教會的觀點、大阪《朝日新聞》代表總督府以外的日本內地的其他觀點，以及《改造》代表的共產左翼觀點等等。其他還有旅居美國、日本、中國的臺灣人士撰寫的文章，呈現給臺灣讀者在主流輿論下不同的文化刺激，帶來更廣大的世界與視野。

　　第二、介紹記錄 1920 年代殖民地臺灣視角的中國時事與思潮。以和中國身處不同政權的臺灣看待中國時勢的《臺灣民報》，表現出與中國新聞媒體相呼應或不同立場的觀點，甚至言中國所不能言之事，是研究兩岸關係歷史與中國近代史無可取代的獨特材料。臺灣民報創刊之初，臺灣、日本對中國存有日益漠視甚且輕蔑的態度，這些表現在《臺灣民報》重申對中國關心、了解的重要，以及日本漢學家在《臺灣日日新報》大力呼籲應重視對中國的研究可得知。然而，隨著第二次直奉戰爭與反奉戰爭、北伐的開展，《臺灣民報》的支持方向除了與總督府立場差異日大，甚至成為比中國內地更毫無顧忌暢談意識型態，甚且筆鋒相交的場域，表現了與中國左右和諧表象下，更真實的左右翼關係，這種左右決裂甚至最終直接影響文化協會的分裂。

　　第三、可了解 1927 年以前臺灣左翼思潮在臺灣的萌芽、生根與發展。兼容左右且影響力甚鉅的《臺灣民報》，自然是當時左右翼反帝國主義的聯合陣營下，宣揚左傾思想的重要舞臺，從該報系早年引進佐野學思想以來，一直都可見社會主義在該刊的理念宣導。臺灣左翼人士與中共、國民黨，在聯俄容共時期與三民主義派建立聯合陣線，但隨著孫文的逝世、廣州政權的左右矛盾加劇而漸走向歧途，北伐後更各覓發展空間而積極行動。左右翼共處的最後舞臺《臺灣民報》發生論戰，影響了臺灣文化協會分裂，中國也在隨後發生象徵第一次國共合作結束的清黨。1920 年代後期之後，左右派總決算活動場域廣及中國、日本、臺灣甚至全世界，左翼在莫斯科的積極指示協助下達成一次活動顛峰，卻也逼出極右派勢力大增的局勢，乃至 1930 年代初德、日極權政治興起，甚且美國中央得以直接強力介入自由經濟市場。在臺灣，翁澤生、許乃昌、蔡孝乾甚至連溫卿、謝雪紅等，緊密牽連臺灣與中國的左翼活動，以兩地做為完成莫斯科指示與共產社會理想的主要舞臺。

　　第四、「中國」對日治時代臺灣的多重意義。對殖民地臺灣而言，「中國」不單只一個普通外國，對不同立場、不同時期的臺灣知識分子而言，更有著

不同的意義。在時間方面，從最初基於同文同種的「祖國」溫情或厭惡其甲午戰後斷尾求生的績怨，到子嬰得在《臺灣民報》為當時已對之日益疏離的臺灣人，重申宜將中國置於東亞前途與日華親善的一環而關注之。後來孫文一派興盛，無論共產主義派或三民主義派，均寄期待甚至積極成為中國的參與者，以此開闢臺灣新的可能性。1920 年代後期起，對臺灣人而言，一個「美好中國的想像」實際上有利於臺灣的政治社會運動與發展，所以《臺灣民報》出現為中國辯護與樂觀其未來的文章，或介紹中國的新政治組織、人民與學生的積極運動等。這些內容是真實或虛構顯非重點，如何讓閱聽眾相信怎麼樣的內容，才是該社編輯重視的地方。縱使最後《臺灣民報》也將中國的左右翼對立風潮帶進臺灣，但中國對兩方人士有不同的意義：成為國際共產革命的舞臺，或產生對孫文與中國國民黨不真實期待與想像。

第五、補充臺灣人政治傾向維度座標。整理《臺灣民報》對中國政局與左右派的相關報導時，也試圖將這些報導與人物置於若林正丈的抗日座標下，卻不易解釋如陳逢源、林獻堂等「待機派」本人主觀上否定其於殖民體制下受益度高的人物，也難說明臺灣左翼分為中共派、日共派與共產國際派的現象。若將「殖民體制受益度高低」的座標軸改為「日本期待度高低」，並加上 1 維「階級論的諧調／衝突」，形成 3 維 8 象限的座標系，或可更完整說明臺灣人當時的立場。從《臺灣民報》的脈絡來看，隨著孫文與南方派的崛起，許多人對中國的期待度漸次提高。然隨著左右分裂，臺灣上大派左翼無法寄望中國右傾的當政者，故降低對中國的期望同時，也與中共、莫斯科密切聯繫，受其指導乃成為臺灣獨立革命派，甚至鬥倒同為左翼之山川均日共連溫卿。三民主義派的蔣渭水則於 1929 年大蕭條後，更堅定左傾路線，並信奉史達林所謂「資本主義第三期」已然到來，最終使其又走向不同於日共、中共與共產國際的系統。若時間心力許可，也期能將日治時代臺灣人的政治意向三維座標更深化詳細研究。

第六、見證參與臺灣價值觀與思想界走向現代化的歷程。羅素讚揚中國人的同時，也是對臺灣人的支持與肯定；相對的，其對中國人「享樂主義」下有貪婪、無同情心、怯懦的批評指教，也堪為臺灣人的省思。羅素為臺灣人建立一種希望的方向：若能解決貧窮、政治混亂與帝國主義問題，再根本地改善「中國人」舊有的缺點，也是改善臺灣人的缺點，即可「成就世界第一的文化」。一如 1927 年 2 月筆名菊仙的黃旺成在〈後藤新平氏的「治臺三

策」〉一文寫道，歐戰之後臺灣人漸漸覺醒，不再甘心屈服於強權之下，乃至治警事件與一連串文化協會的社會運動。臺灣人從羨慕到鄙夷、嘲笑御用紳士與專賣小販，推翻了後藤新平認爲臺灣人「貪財、怕死、愛面子」的說法。

　　這份研究呈現的「中國論述」限定於中國政治、思想層面，其他還有外交、國際觀的部分，特別是中國與蘇聯、日本、歐美列強的關係，若對比於總督府立場官報如何報導這些國家，頗令讀者好奇，可待日後研究補充，並審思臺灣在當時國際間的角色。另外，《臺灣民報》論述中國經濟、女權、社會風俗文化等方面的議題，堪爲了解臺灣、中國兩地現代化歷程與交互關係，亦饒富興味。本文斷限於 1927 年臺灣文化協會剛剛分裂，中國清黨將進行之前，將來若能將對《臺灣民報》系列報刊的研究，再延伸到中日漸走向決裂的九一八事變前後，相信亦將爲臺灣史、中國史帶來新的視角與空間。

　　期待透過研究《臺灣民報》，更全面地呈現當時臺灣人對中國的觀察、了解、參與和想像，以及去中心化地呈現以邊緣殖民地臺灣看待中國的新視角。雖地氈式翻閱《臺灣民報》與中國相關的文章，然爲避免掛一漏萬或造成取材發生偏向，對引用取材的處理不免造成略嫌瑣碎難讀的部分，於茲由衷感謝讀者用心耐心閱覽與包涵。

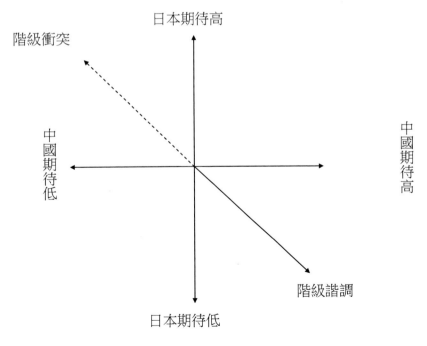

圖（26）：補若林正丈之三維立體圖

表（4）：抗日民族運動三維向度列表整理

中國期待 （高/低）	階級論 （諧調/衝突）	日本期待 （高/低）	派別 （人物）
高	諧調	高	待機派（林獻堂、蔡培火）
高	諧調	低	小資本家（陳逢源）
高	衝突	高	臺灣民眾黨主流派（蔣渭水） （三民主義派）
高	衝突	低	中共派（翁澤生、蔡孝乾）
低	諧調	高	御用士紳（辜顯榮）
低	諧調	低	一般民眾
低	衝突	高	日共派（連溫卿）
低	衝突	低	臺獨革命派、共產國際派（謝雪紅）

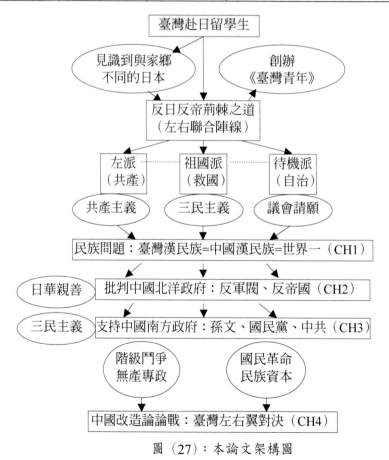

圖（27）：本論文架構圖

參考資料

一、史料

1. 《臺灣青年》
2. 《臺灣》
3. 《臺灣民報》,臺灣民報社
4. 《臺灣日日新報》,臺灣日日新報社

二、專書

(一) 中文專書

1. 柳書琴,《荊棘之道——臺灣旅日青年的文學活動》,(台北:聯經出版社,2009 年 5 月。)
2. 吳文星,《日治時期臺灣的社會領導階層》,(台北:五南出版社,2008 年 5 月。)
3. 陳翠蓮,《台灣人的抵抗與認同 1920〜1950》,(台北:遠流出版社,2008 年 8 月。)
4. 黃俊傑,《臺灣意識與臺灣文化》,(台北:臺灣大學出版社,2006 年 11 月。)
5. 若林正丈,《台灣抗日運動史研究》,(台北:播種者出版社,2007 年。)
6. 葉榮鐘,《日據下台灣政治社會運動史》,(台中:晨星出版社,2000 年 8 月。)
7. 吳濁流,《亞細亞的孤兒》,(新竹:竹縣文化局,2005 年 4 月。)
8. 吳濁流,《無花果》,(台北:草根出版社,1995 年 7 月。)

9. 王錦雀，《日治時期臺灣公民教育與公民特性》，（台北：臺灣古籍出版社，2005 年。）

10. 陳培豐，《「同化」的同床異夢：日治時期臺灣的語言政策、近化化與認同》，（台北：麥田出版社，2006 年，10 月。）

11. 吳密察，《帝國裡的「地方文化」：皇民化時期臺灣文化狀況》，（台北：新自然主義出版社，2009 年 1 月。）

12. 薛化元，《近代化與殖民：日治臺灣社會史研究文集》，（台北：臺灣大學出版社，2012 年 5 月。）

13. 矢內原忠雄著，林明德譯，《日本帝國主義下之臺灣》，（台北：吳三連臺灣史料出版社，2004 年。）

14. 張玉法，《中華民國史稿》，（台北：聯經出版公司，20011 年 7 月。）

15. 來新夏，《北洋軍閥史》，（上海，東方出版中心，2011 年 5 月。）

16. 郭廷以，《近代中國史綱》，（台北：曉園出版公司，1994 年 5 月。）

17. 葉榮鐘，《臺灣人物群像》，（台中：晨星出版社，2000 年 8 月。）

18. 張秀哲，《「勿忘台灣」落花夢》，（新北：衛城出版社，2013 年 2 月。）

19. 施淑編，《日據時代臺灣小說選》，（台北，麥田出版，2007 年 9 月。）

（二）西文專書

1. Rwei-Ren Wu（吳叡人）, *The Formosan Ideology: Oriental Colonialism and the Rise of Taiwanese Nationalism, 1895～1945*（Chicago: Illinois,2003）.

三、論文

（一）期刊論文

1. 李承機，〈殖民地臺灣「輿論戰線」之變遷——〈輿論〉兩義性的矛盾與「臺灣人唯一之言論機關」的困境〉，六然居存《日刊臺灣新民報社說輯錄 1932～1935》，（臺南：國立臺灣歷史博物館，2009 年 12 月）。

2. 李承機，〈日本殖民地統治下「臺灣人唯一之言論機關」的「苦鬪」——在「抵抗日本統治」與「經營新聞媒體」之間〉，《日刊臺灣新民報創始初期 1932/4/15～5/31》，（台南：國立臺灣歷史博物館，2008 年 7 月），

3. 陳培豐，〈日治時期臺灣漢文脈的漂游與想像：帝國漢文、殖民地漢文、中國白話文、臺灣話文〉，《臺灣史研究》，第 15 卷第 4 期（2008 年 12 月），頁 31～86。

4. 林美秀，〈一種想望中國姿態的辯証——論日治時期王則修的殖民地經驗與文化敘事〉，《高雄應用科技大學學報》，（第 37 卷（2008 年 05 月），頁 23～44。

5. 劉名峰，〈現代性與國族認同的建構：從日治時期到民主鞏固期間之想像中國時的道德視域〉，《臺灣社會研究》第 79 卷（2010 年 09 月），頁 159～202。

6. 陳慧先，〈華麗島看中國：日治時期臺灣公學校歷史、地理科的支那意象〉，《臺灣文獻》卷 62 第 3 期（2011 年 09 月），頁 93～124。

7. 趙勳達，〈蔣渭水的左傾之道（1930～1931）：論共產國際「資本主義第三期」理論對蔣渭水的啓發〉，《臺灣文學研究》第 4 期，2013 年 6 月，頁 131～165。

8. 邱士杰，〈從〈黎明期的臺灣〉走向「中國改造論」──由許乃昌的思想經歷看兩岸變革運動與論爭（1923～1927）〉，《史繹》，第 135 期。

（二）會議論文

1. 陳芳明，〈「中國改造論」論戰與二○年代臺灣左翼思想的傳播〉，收於第六屆「中國近代文化的解構與重建」學術研討會論文集，《中華文化與臺灣文化：延續與斷裂》。

2. 陳君愷，〈我本將心託明月──日治時期臺灣的「孫文主義者」〉，《孫山中與日本殖民時期臺灣政治社會運動學術研討會論文集》（臺北：國立國父紀念館，2005 年），頁 197～228。

（三）學位論文

1. 吳春成，〈日據下臺灣知識份子反殖民之意識研究──臺灣民報（1920～1927）個案研究〉，（高雄：國立中山大學中山學術研究所碩士論文，1987 年）

2. 蕭柏瑋，〈臺灣的報業傳承與政治社會運動──以臺灣民報社員人際網絡爲中心〉，（台北：國立臺北教育大學臺灣文化研究所碩士論文，2011 年。）

3. 邱士杰，〈臺灣主義運動的起源及其資本主義論〉，（台北：國立台灣大學歷史學研究所碩士論文，2008 年。）

四、網路資源

1. 中華民國文化部臺灣大百科全書：http://taiwanpedia.culture.tw/web/index 維基百科：http://zh.wikipedia.org/zh-tw/Wikipedia:%E9%A6%96%E9%A1%B5

2. 臺灣總督府官報資料庫：http://db2.lib.nccu.edu.tw/view/

3. 臺灣大學中國哲學研究室，日治時期臺灣哲學：http://www.philo.ntu.edu.tw/chinese/page.php?no=14

4. 日本辭典：http://www.nihonjiten.com/

5. 中華民國教育部重編國語辭典修訂本：http://dict.revised.moe.edu.tw/

6. 百度百科：http://baike.baidu.com/